国家重点档案专项资金资助项目

抗日战争档案汇编

抗战时期江西人口伤亡及财产损失档案汇编

1

江西省档案馆 编

中華書局

图书在版编目（CIP）数据

抗战时期江西人口伤亡及财产损失档案汇编 / 江西省档案馆编. －北京：中华书局，2021.8
（抗日战争档案汇编）
ISBN 978-7-101-15160-2

Ⅰ. 抗… Ⅱ. 江… Ⅲ. 抗日战争－损失－史料－江西 Ⅳ. K265.06

中国版本图书馆 CIP 数据核字 (2021) 第 070011 号

书　　名	抗战时期江西人口伤亡及财产损失档案汇编（全三册）
丛 书 名	抗日战争档案汇编
编　　者	江西省档案馆
策划编辑	许旭虹
责任编辑	徐麟翔
装帧设计	许丽娟
出版发行	中华书局 （北京市丰台区太平桥西里38号 100073） http://www.zhbc.com.cn E-mail:zhbc@zhbc.com.cn
图文制版	北京禾风雅艺文化发展有限公司
印　　刷	天津艺嘉印刷科技有限公司
版　　次	2021年8月北京第1版 2021年8月第1次印刷
规　　格	开本889×1194毫米 1/16 印张84¼
国际书号	ISBN 978-7-101-15160-2
定　　价	1300.00元

抗日战争档案汇编编委会

编纂出版工作领导小组

组　长　李明华

副组长　胡旺林　王绍忠　付　华　刘鲤生

编纂委员会

主　任　李明华

副主任　王绍忠

顾　问　杨冬权

成　员（按姓氏笔画为序排列）

于学蕴　于晶霞　马振犊　王　放　孔凡春　田　洪

付　杰　白明标　邢建榕　刘玉峰　刘新华　许桂清

苏东亮　杜　梅　李华强　李宗春　吴志强　张荣斌

林　真　罗亚夫　郑惠姿　孟玉林　赵国强　赵　深

胡元潮　耿树伟　徐春阳　徐　峰　黄凤平　黄菊艳

常建宏　覃兰花　程　勇　程潜龙　焦东华　谭向文

编纂出版工作领导小组办公室

主　任　常建宏

副主任　李莉娜　孙秋浦

成　员（按姓氏笔画为序排列）

石　勇　李　宁　贾　坤

抗战时期江西人口伤亡及财产损失档案汇编编委会

编纂出版委员会

主　任　方维华

副主任　方华清　谭荣鹏　李继国　谭向文　毛海帆

委　员　方丽萍　邓东燕　钟海鹰　田丹华　李丽萍
陈　宇　洪英梓　邱　娟　曾勤生　杨　杰
梅晓媛　唐俊琼

编辑组

主　编　方维华

副主编　谭荣鹏　谭向文　邓东燕

编　辑　陈　宇　唐俊琼　姚　伦　邝卓一　冷敏剑

总序

为深入贯彻落实习近平总书记「让历史说话，用史实发言，深入开展中国人民抗日战争研究」的重要指示精神，国家档案局根据《全国档案事业发展「十三五」规划纲要》和《「十三五」时期国家重点档案保护与开发工作总体规划》的有关安排，决定全面系统地整理全国各级综合档案馆馆藏抗战档案，编纂出版《抗日战争档案汇编》（以下简称《汇编》）。

中国人民抗日战争是近代以来中国反抗外敌入侵第一次取得完全胜利的民族解放战争，开辟了中华民族伟大复兴的光明前景。这一伟大胜利，也是中国人民为世界反法西斯战争胜利、维护世界和平作出的重大贡献。加强中国人民抗日战争研究，具有重要的历史意义和现实意义。

全国各级档案馆保存的抗战档案，数量众多，内容丰富，全面记录了中国人民抗日战争的艰辛历程，是研究抗战历史的珍贵史料。一直以来，全国各级档案馆十分重视抗战档案的开发利用，陆续出版公布了一大批抗战档案，对揭露日本帝国主义侵华罪行，讴歌中华儿女勠力同心、不屈不挠抗击侵略的伟大壮举，弘扬伟大的抗战精神，引导正确的历史认知，发挥了积极作用。特别是国家档案局组织有关方面共同努力和积极推动，「南京大屠杀档案」被联合国教科文组织评选为「世界记忆遗产」，列入《世界记忆名录》，捍卫了历史真相，在国际上产生了广泛而深远的影响。

全国各级档案馆馆藏抗战档案开发利用工作虽然取得了一定的成果，但是，在档案信息资源开发的系统性和深入性方面仍显不足。正如习近平总书记所指出的：「同中国人民抗日战争的历史地位和历史意义相比，同这场战争对中华民族和世界的影响相比，我们的抗战研究还远远不够，要继续进行深入系统的研究。」「抗战研究要深入，就要更多通过档案、资料、事实、当事人证词等各种人证、物证来说话。要加强资料收集和整理这一基础性工作，全面整理我国各地抗战档案、照片、资料、实物等……」

国家档案局组织编纂《汇编》，对全国各级档案馆馆藏抗战档案进行深入系统地开发，是档案部门贯彻落实习近平总书记重要指示精神，推动深入开展中国人民抗日战争研究的一项重要举措。本书的编纂力图准确把握中国人民抗日战争的历史进程、主流和本质，用详实的档案全面反映一九三一年九一八事变后十四年抗战的全过程，反映中国共产党在抗日战争中的中流砥柱作用以及中国人民抗日战争在世界反法西斯战争中的重要地位，反映国共两党「兄弟阋于墙，外御其侮」进行合作抗战、共同捍卫民族尊严的历史，反映各民族、各阶层及海外华侨共同参与抗战的壮举，展现中国人民抗日战争的伟大意义，以历史档案揭露日本侵华暴行，揭示日本军国主义反人类、反和平的实质。

编纂《汇编》是一项浩繁而艰巨的系统工程。为保证这项工作的有序推进，国家档案局制订了总体规划和详细的实施方案，明确了指导思想、工作步骤和编纂要求。为保证编纂成果的科学性、准确性和严肃性，国家档案局组织专家对选题进行全面论证，对编纂成果进行严格审核。

各级档案馆高度重视并积极参与到《汇编》工作之中，通过全面清理馆藏抗战档案，将政治、军事、外交、经济、文化、宣传、教育等多个领域涉及抗战的内容列入选材范围。入选档案包括公文、电报、传单、文告、日记、照片、图表等多种类型。在编纂过程中，坚持实事求是的原则和科学严谨的态度，对所收录的每一件档案都仔细鉴定、甄别与考证，维护档案文献的真实性，彰显档案文献的权威性。同时，以《汇编》编纂工作为契机，以项目谋发展，用实干育人才，带动国家重点档案保护与开发，夯实档案馆基础业务，提高档案人员的业务水平，促进档案馆各项事业的发展。

守护历史，传承文明，是档案部门的重要责任。我们相信，编纂出版《汇编》，对于记录抗战历史，弘扬抗战精神，发挥档案留史存鉴、资政育人的作用，更好地服务于新时代中国特色社会主义文化建设，都具有极其重要的意义。

抗日战争档案汇编编纂委员会

编辑说明

抗日战争时期，作为全国正面战场的重要作战区域之一，江西坚持对日作战八年，先后历经马当之战、德安战役、南昌会战、赣北战役、上高会战、（浙赣）赣东会战、湘鄂赣边区阻击战、赣江追击战等重大战役，基本守住了境内相对稳定的对日作战线、相持线，始终没有全境沦陷，为支撑东南抗战、屏蔽西南大后方、坚持全国持久抗战直至最后胜利做出了重要贡献。从一九三七年八月首次袭赣至一九四五年九月投降，日本侵略军实行「烧光、杀光、抢光」和「以战养战」的罪恶政策，在赣鄱大地肆意横行，烧杀淫掠，制造了无数令人发指的惨案，江西饱受战争蹂躏，江西人民的生命财产遭受了巨大的损失。据不完全统计，战时江西全省八十四个县，有七十八个县惨遭严重轰炸烧掠，百分之五十以上的大城镇房屋被毁，土地被废弃，工业和采矿设施严重受损，财产损失超过万亿。其中，二十四个县市城区几成焦土，四十二个县市遭到日军严重骚扰破坏，十四个县市被日军长期占领。日本侵略造成的江西全省伤亡人口总计为五十余万人，占当时全省人口的百分之三点八，其中死亡三十一万余人。另有五百一十万难民，流离失所而死及致病致残者为数众多，无法统计。

为全面、真实、客观反映江西人民在抗日战争中所付出的巨大牺牲，江西省档案馆从馆藏民国档案中选录一九三九年至一九四八年间有关人口伤亡及财产损失档案一百四十余件，编纂出版《抗战时期江西人口伤亡及财产损失档案汇编》。绝大多数为各地、各部门呈送的统计报表，少数为报告书或概况。档案内容涉及面广，从人口伤亡、公营事业财产损失到私人财产损失，从教育文化产业、工厂实业、农业水利、交通电讯到商业金融等，受损者从乡公所到县（市）、省级机关各类单位，较为真实地反映了江西在抗日战争时期遭受巨大损失的概况。

全书共三册，分为「综合」「专题」两个部分。综合部分主要反映江西全省抗战损失的整体概况，收录了江西省政府关于查报抗战损失的训令、颁发抗战损失追查办法及追查须知等；专题部分则从教育、工业、交通、农业、水利、电讯、工商业、金融等各个方面，从微观的角度更加详细、具体地反映了江西所遭受的人口伤亡与财产损失。

选用档案均据本馆馆藏原件全文影印，未作删节；如有缺页，为档案自身原缺。档案中原标题完整或基本符合要求的使用原标题，原标题有明显缺陷的进行了修改或重拟，无标题的加拟标题。标题中的机构名称使用机构全称或规范简称，历史地名沿用当时地名。

全书选用档案按照文件形成时间先后分别排序，一般以发文时间为准，少数无发文时间的采用收文时间，并加以注明。档案所载时间不完整或不准确的，作了补充或订正。档案时间只有年份和月份的，排在该月末；只有年份的，排在该年末。档案无时间且无法考证的标注「时间不详」。

全书使用规范的简化字，对标题中的繁体字、不规范异体字等予以径改。限于篇幅，本书不作注释。

由于时间紧、档案公布量大，加之编者水平有限，在编辑过程中可能存在疏漏之处，考订难免有误，欢迎方家斧正。

编　者

二〇二一年五月

总目录

第二册

二、专题

（一）工业

（四）农业

第三册

二、专题

（五）水利

（六）电讯

（七）工商业

（八）金融

（九）其他

本册目录

一、综合

二、专题

（一）教育

一、综合

江西省政府关于查报抗战损失并检抄修正抗战损失查报须知及表式致秘书处的训令

（一九四二年九月二十日）

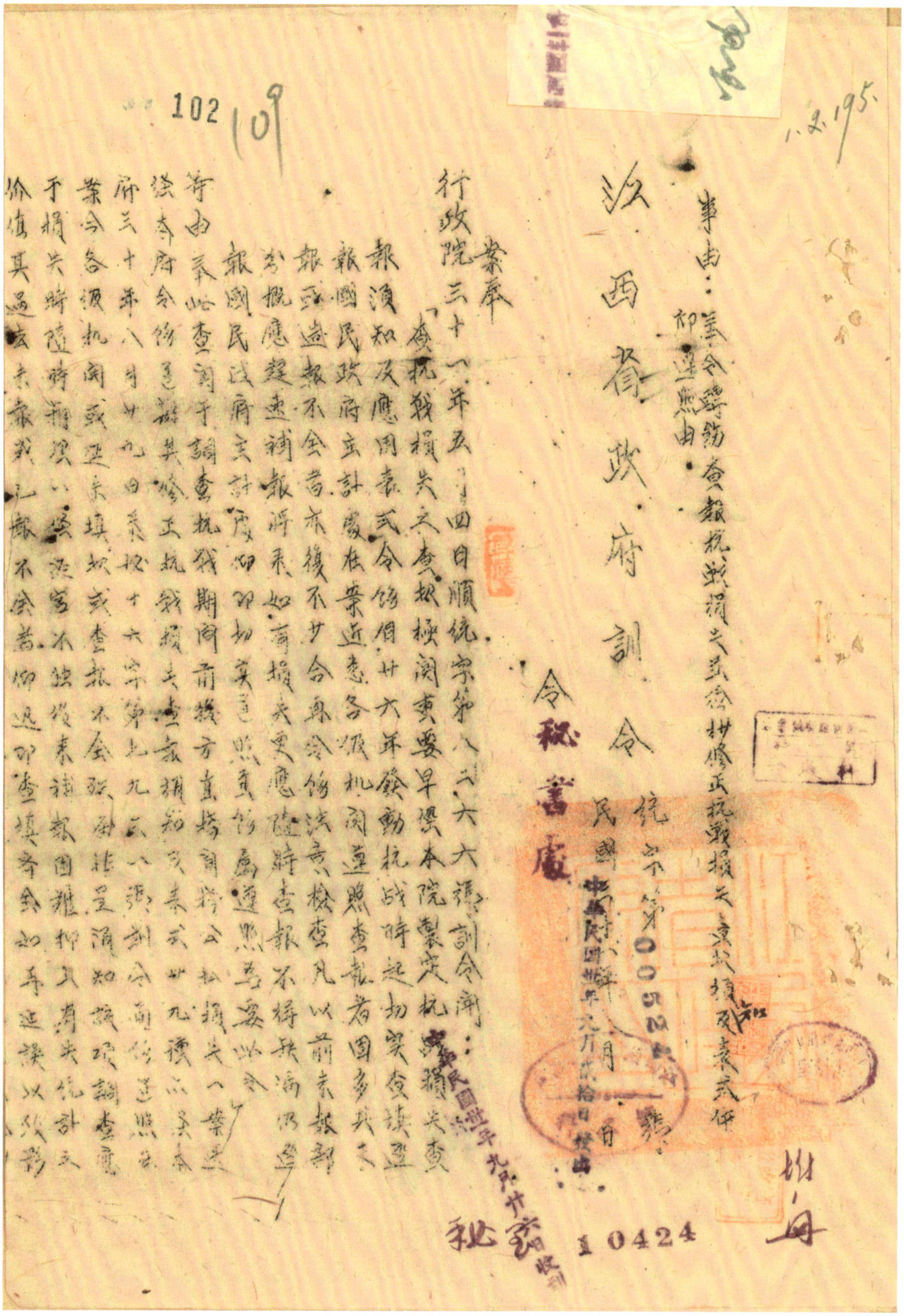

嚮抗戰損失統計之完整，則要由各該機關負責，除分令外，合再檢附修正抗戰損失查報須知六份及表式二十九種，令仰遵照切實辦理為要！

此令。

計附發修正抗戰損失查報須知一份表式廿九種

主席 曹浩森

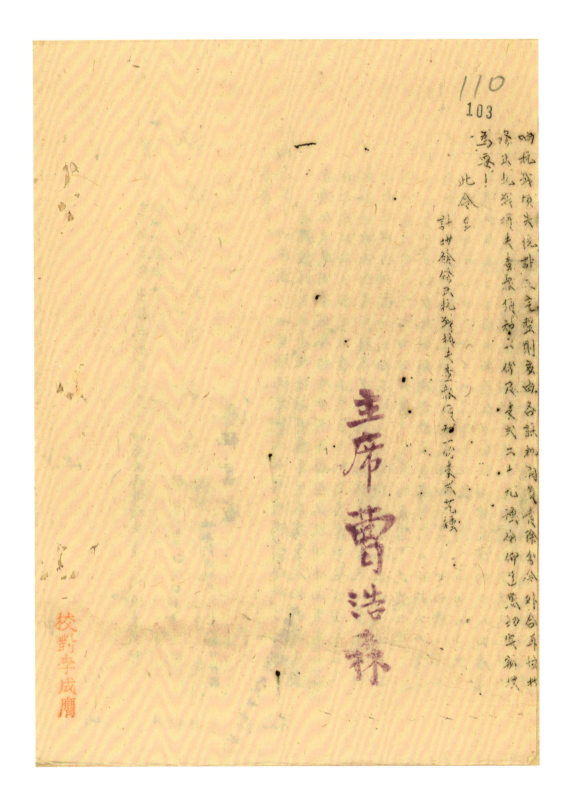

校對李成膺

1/2
105

修正抗戰損失查報須知

(一)人口傷亡查報方法 人口之傷亡，除傷亡將士由軍政部督同各部隊調查外，概由各市縣政府，每遇敵軍攻擊或遭敵機轟炸後，即派員會同該管警察及保甲長，依照行政院頒發人口傷亡調查表式（表式1）逐戶調查，據實填載，報由市縣政府於關係同一事件人口傷亡查齊後，填列人口傷亡彙報表（表式2）連同調查表送國民政府主計處，並另繕彙報表一份，呈送該管省政府備查。

(二)公私財產直接損失之分類，公私財產直接損失，除關於軍事方面者統由軍政部督飭所屬機關部隊查報外，約分左列各類：

1. 中央直轄機關及其所屬機關之損失。
2. 國立學校及私立專科以上學校之損失。
3. 國營事業之損失。
4. 省市政府及所屬機關之損失。
5. 省或市立學校及私立中等學校之損失。
6. 省或市營事業之損失。
7. 縣市政府及所屬機關之損失。
8. 縣或市立學校及縣區鄉鎮立小學私立小學之損失。
9. 縣或市營事業之損失。
10. 民營事業之損失。
11. 人民團體之損失。 1
12. 住戶之損失。

(三)財產直接損失查報方法

(1)第二條(1)(2)(3)各款之損失，由各該機關學校或事業之主辦人員，每遇敵軍攻擊或遭敵機轟炸，如財產受有損失，即於事變發生後三日內填具財產損失報告單（表式3）報告主管部會，由該部會於關係同一事件之報告單收齊後，分別填列彙報表（表式4至18）（但如有官商合辦事業，遭受損失，其商股名下，應攤損失數目應另列一表彙報，

104 111

私立专科以上学校损失，应与国立学校损失分别汇报，以免公私混淆）连同原单送交主计处（如该部本身受有损失，亦应填具财产损失报告单同送该部会及所属机关财产直接损失汇报表送府。

(2) 第二条(4)(5)(6)各款之损失，由各该机关学校或事业之主办人员于遇敌军攻击或遭敌机轰炸，如财产受有损失，即于事变后发生之三日内填具财产损失报告单（表式3）报告该管省市政府，由省市政府于同一事件之报告单收齐后分别填列汇报表（表式4至18）（如有官商合办事业遭受损失其官股名下应摊损失数目应另列一表汇报，私立中等学校损失亦应与省市立学校损失分别汇报，以免公私混淆）连同原单送主计处。如该省市政府本身受有损失亦应填具财产损失报告单连同该省市政府及所属机关财产直接损失汇报表送府。

(3) 第二条(7)(8)(9)各款之损失，由各该机关学校或事业之主办人员于遇敌军攻击或遭敌机轰炸，如财产受有损失，于事变发生后三日内即填具财产损失报告单（表式3）报告县市政府，由县市政府于同一事件之报告单收齐后分别填列汇报表（表式4至18）（如有官商合办事业遭受损失亦应另列；县市立学校及区立乡镇小学损失应分别汇报，以免公私混淆）连同原单送主计处，并另缮汇报表呈送该管省政府备查。如该县市政府本身受有损失，亦应填具财产损失报告单连同该县市政府及所属机关财产直接损失汇报表送府。

(4) 第二条(10)(11)(12)各款之损失，由各县市政府于遇敌军攻击或遭敌机轰炸后，立即派员前往出事地点，会同该管警察、保甲长、及农工商会等团体，令受损失之人民或人民团体，于三日内据实填具财产损失报告单（表式3），交由该管保甲长或所属团体加章转报县市政府（如不能觅得损失者时，可由邻居同事或保甲长代为填报）。由县市政府于同一事件之报告单收齐后分别填列汇报表（表式5至23）连同原单送主计处，并另缮汇报表一份呈送该管省政府备查。但银行业

之損失得[illegible]
須與國家銀行損失分別彙報，以免公私混淆。

（三）官商合辦事業其官股如係由國庫支出，則視為國營事業，其損失逕報主管部會；其官股如為省款或市縣款，則視為省營或市縣營事業，其損失報告省或市縣政府，但各須附該官股與商股成分。該部會或該省市縣政府於彙報損失時，對於此項官商合辦事業，應將其各項損失數目，按照官商股成分攤算，將官股應攤損失，填入國營或省市縣營事業財產損失彙報表內，而將商股應攤損失，填入民營事業財產損失彙報表內，以示區別。

（四）佈告人民報告損失　各地方人口傷亡及私有財產損失，除由縣市政府於事件發生後，依照（一）（二）兩條辦法調查外，並應於事前佈告人民，遇有上項損失，可即向該管保長或所屬農工商會等團體報告，以期周密。

（五）追查補報　除自二十八年七月一日以後，各地方每遇敵機轟炸，所有傷亡人口及公私財產所受之直接損失，應由各部會及各省市縣政府督飭所屬依（一）（三）兩條之規定於事件發生後即行查報外，其自抗戰發生之日起，至二十八年六月底止歷次傷亡之人口及公私財產所受之直接損失，則由各部會及各省市縣政府，督飭所屬限於奉到此項須知後一個月內，追查明確，仍依（一）（三）兩條之規定，分別填具單表補報。 2

其地方現已淪陷者，應由各部會及省市政府，飭令撤退之機關學校事業之原主辦人員，及縣政府臨時辦事處負責辦理追查補報事宜。（淪陷區域人口傷亡及公私財產損失，係只就為敵人殺傷之人口及所破壞掠奪之財產查報，並非將敵人佔領區內之人口財產全數列作損失）。

（六）間接損失之分類　公私財產間接損失，只查報左列三類：

（1）稅收之減少

（2）賑濟費之支出

（3）各機關各學校費用之增加

108

~~(4)各種營業可能生產額暨可獲純利額之減少及其費用之增加~~
(5)傷亡人口之醫藥埋葬費

(七) 間接損失查報方法 前條各類間接損失，均限於奉到此項通知後一個月內，先將二十六年下半年份及二十七年份損失數目查報，以後如戰事延長，每年報告一次，報告表限於次年一月終呈出，其查報之方法如左：

(1) 關於國稅及省市縣稅收之損失，國稅則由財政部及各省市縣政府於每年年終依據以往稅收之情形及其趨勢，估計本年可能收數並查明實收數求出損失數，列表（表式24）送主計處，縣市政府則應另繕一份呈送該管省政府備查。

(2) 關於因抗戰支出之救濟費，無論係由國庫支出，或由省市縣政府籌撥或由國內外個人或團體捐集，統由振濟委員會於每年年終查明實數，列表（表式25）送外

(3) 關於各機關各學校因抗戰增加之支出，如遷移費、防空設備費、疏散費、救濟費、撫卹等費，應由各該機關學校之主辦人員，於每年年終將實在支出數目，列表（表式26）分別報告主管部會及各省市縣政府（各部會直屬機關，國立學校及私立專科以上學校，報告主管部會，省屬機關省立學校及私立中等學校報告省政府，市或縣屬機關，市或縣立學校區坊鄉鎮小學及私立小學報告市或縣政府）該部會及該省市縣政府於收齊所屬機關學校表報後應加入本機關間接損失彙列總表（表式26但私立學校之損失，應與國省市立縣學校之損失，分別列表以別公私）送外。縣市政府則應另繕一份呈送該管省政府備查。

(4) 各種營業可能生產額暨可獲純利額之減少，國營者應由該營業之主辦人員，於每年年終，根據計算方法，覈實估計，並查明因抗戰增加之用費（限於遷移費，防空費，救濟費，撫卹費四項）列表（表式27）報告主管部會彙列總表（表式27）送外，省市營者則應由省市政府彙列總表（表式27）送，縣市營者則由縣市政府彙列總表（表式27）

二份，以一份送外，以一份呈送該管省政府備查，民意會則由農工商会等團体，於每年年終，調查估計，列表（表式××）報由市縣政府彙列総表（表式××）二份，以一份送外，以一份呈送該管省政府備查，官商合辦事業間接損失，依照（三）條（5）款所定辦法查報。

可能生産減少之計算方法如左：

可能生産減少＝＝戰前三年生産額平均數（如無三年數字則兩年一年均可）－本年實際生産額

~~生産在战前最期增加或減少之趋势者用下式~~

可能生産減少＝＝依照趋势推算之本年可能生産額－本年實際生産額。

可獲純利減少之計算方法

營業在战前獲利而本年獲利較少者用下式

營業進款淨數或營業虧（損）淨數＝＝營業進款與營業用款之差

1. 可獲純利減少＝＝戰前三年營業進款淨數平均數（如無三年數字一年亦可，如進款淨數有長期增減之趋势須依照趋势推算本年營業進款可能淨數）

——本年實際營業進款淨數。

營業在战前獲利而本年虧損者用下式

2. 可獲純利減少＝＝戰前三年營業進款淨數平均數（如無三年數字一年亦可，進款淨數有長期增減之趋势須依照趋势推算本年營業進款可能淨數）

——本年營業虧損淨數。

營業在战前虧損而本年虧損更多者用下式

3. 可獲純利減少＝＝本年營業虧損淨數——戰前三年營業虧損淨數平均數（如無三年數字一年亦可，如進款淨數有長期增減之趋势須依照趋势推算本年營業虧損可能淨數）

（1）盟旗地方損失之查報　蒙古各盟旗地方人口傷亡及公私財產直接間接損失，可由蒙藏委員会仿照以上各條辦法，制定表式，令飭各盟旗長官查報。

（1）旅日華僑損失之查報　旅日華僑，因抗战遭受損失，由僑務委員会制定表式，透託僑團調查填報。

（十）地淪陷克復之登記　其地淪陷後，應由該管縣或市政府，立時將

108

115

淪陷日期、地名、面積（方公里數）及經過情形報告省政府記入表內（表式二九），直轄市之土地淪陷，則自行記入同式表內。某地克復後，亦應由縣或市政府將克復日期、地名、面積（方公里數）、克復經過情形及淪陷區內被敵人掠奪資源種類、數量及估價（此處所謂資源係指各地方尚未開採且未設定礦業權之礦業而言，如已設定礦業權之礦產於淪陷期內被敵佔據開採，則應歸入國營市縣營或民營事業（礦業）之損失查報）報告省政府記入同一表內，直轄市之土地克復，則自行記入，均應於本年[illegible]送[illegible]二十八年六月底以前[illegible]奉到此項須知後一月內迅速補報。

（十一）價值之計算及其單位　物品損失價值，均依照購置時之價值折實計算，其單位為國幣一元。

（十二）查報各表紙幅　表格紙幅一律長二八公分，闊二〇、五公分。

市
縣 人口傷亡調查表（表式1）

事件：1

日期：2

地點：3

填送日期　年　月　日

姓名	性別	職業 4	年齡	最高學歷 5	傷或亡 6	費用（元）	
						醫藥	葬埋

調查者＿＿＿＿＿＿＿＿＿＿＿

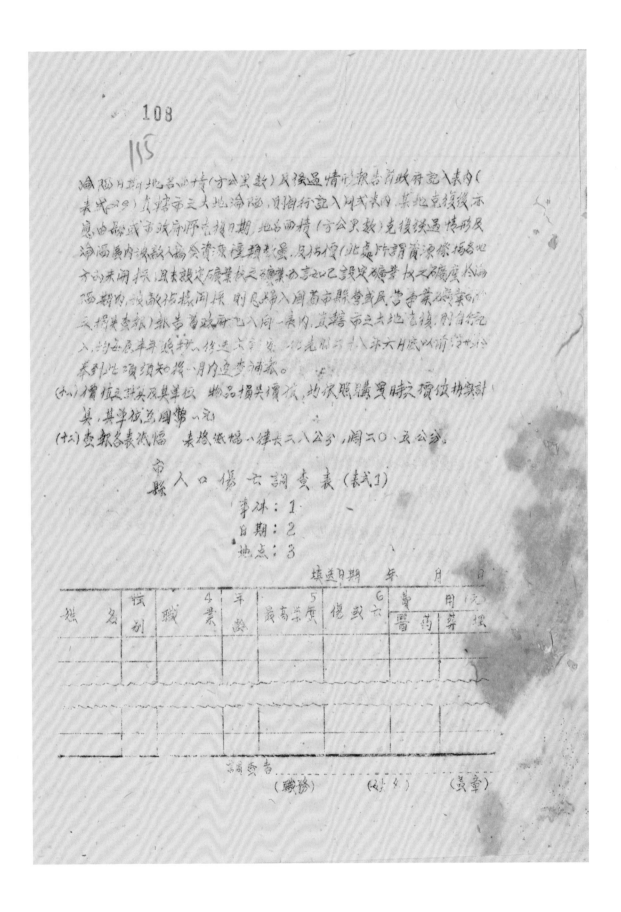

（職務）　（姓名）　（蓋章）

說　明：

1、即發生損失之事件，如日机轟炸，日軍進攻等。
2、即事件發生之日期，如某年日或某年月日至某年月日。
3、即事件發生地点，如某市某縣某鄉某鎮某村等。
4、可分(1)農業，(2)礦業，(3)工業，(4)商業，(5)交通運輸業，(6)公務(7)自由職業，(8)人事服務及(9)無業視傷亡者屬於何業，即填其代表記號，如為律師，屬於自由職業即填(7)如為学生即填(8)。
5、學歷分(1)大学(2)中学(3)小学及(4)其他。視傷亡者最高之学歷屬於何種，即填其代表之記號，如為大学或相当於大学之專门学生，即填(1)如為小学，即填(3)
6、傷或亡分三種：即(1)輕傷，(2)重傷，(3)死亡，所謂重傷即(子)毀敗一目或二目之視能，(丑)毀敗一耳或二耳之聽能(寅)毀敗語能味能或臭能，(卯)毀敗一肢以上之机能，(辰)毀敗生殖之机能及(巳)其他于身体，或健康有重大不治或難治之傷害。輕傷則為不成為重傷之輕微傷害。視傷亡者如為死亡即填(3)如為卯種重傷即填(2卯)
7、如傷亡者姓名不知即劃一△形符號代之其餘各項不明者倣此。

市/縣人口傷亡彙報表（表式乙）

事件：
日期：
地点：　　　　填送日期　年　月　日

傷亡人數 / 性別	重傷	輕傷	死亡
男			
女			
童			
不明			

附人口傷亡調查表　張

110 117

报告者 2

说明 1. 十六岁以下者。

2. 应由填报机关长官署名并加盖机关印信

财产损失报告单（表式3）

事件：1

日期：2

地点：3

填送日期 年 月 日

损失项目 4	单位	数量	价值（国币元）

受损失者 5

代报者

保长或所属团体 6

说明：

1. 即发生损失之事件，如日机轰炸，日军进攻等。
2. 即事件发生之日期，如某年月日或某年月日至某年月日。
3. 即事件发生地点，如某市、某县、某镇、某村等。
4. 包括一切动产（如衣服、什物、财、帛、舟、车等）及不动产（如房屋、田园、矿产等）所有损失，逐项填明。
5. 如为机关学校及团体或事业，则由其主办人员署名并加盖该机关学校等之印信，私人则由本人，人民团体则由其理事务名盖章。
6. 如受损失者为机关学校及团体事业，则可不必由该管保长等加章。

財產直接損失彙報表（表式4）

机關名稱

事件：2
日期：3
地點：4

填送日期　　年　　月　　日

分類	價值
共計	
建築物	
器具	
現款	
圖書	
儀器	
文卷	
醫藥用品	
其他	

附財產損失報告單　　張

報告者6

說明：

1. 各部会彙報該部会及所屬机關損失時應於机關名稱處填寫某部或某会及所屬机關等字。各省市縣政府彙報該省市縣政府及所屬机關損失時應則填寫「某省政府或某市縣政府及所屬机關」等字
試驗研究机關如農業試驗場、工業試驗所之類及公立医院均包含在內，其損失項目如有本表未列者，概歸入「其他」一項
2. 即發生損失之事件；如日机轟炸，日軍進攻等。
3. 即事件發生之日期；如某年月日或某年月日至某年月日。
4. 即事件發生地點：如某市某縣、某鄉、某鎮、某村，
5. 文卷損失之價值難以估計，只需填入毀損及遺失之卷宗數。
6. 應由彙報机關長官署名並加蓋机關印信。

114

财产直接损失汇报表（表式5）

学校名称

事件：
日期：
地点：

填送日期　　年　　月　　日

分类	价值
共计	
建筑物	
器具	
现款	
图书	
仪器	
医药用品	
其他	

附财产损失报告单　　张

报告者

说明：

1. 教育部汇报国立学校损失时，应于学校名称处，填写「国立学校」等字，汇报私立专科以上学校损失时，则填「私立专科以上学校」等字。某省政府汇报该省省立学校损失时，则填「某省省立学校」等字。余仿此

2. 应由汇报机关长官署名并加盖机关印信。

……………营事业财产直接损失汇报表（表式6）

（农业部份）

事件：
日期：
地点：

填送日期　　年　　月　　日

分類		價值
共計		
房屋		
器具		
現款		
產品	農產品	
	林產品	
	水產品	
	畜產品	
工具	農具	
	漁具	
	其他	
牲畜		
運輸工具		
其他		

附財產損失報告單　　張

報告者：

說　明：

1、如為國營，應於營字前只填「國」字，省營則填「省」字，市營則填「市」字，縣營則填「縣」字，民營則填「民」字，並於其前填明該市縣名稱。 6

2、包含農林、漁、牧等業。

3、應由彙報機關長官署名並加蓋機關印信。

--------營事業財產直接損失彙報表（表式7）

（礦業部份）

字號：

112

119

日期：
地点：

填送日期　　年　　月　　日

分類	價值
共計	
房屋	
器具	
礦坑	
現款	
生産品	
機械及工具	
運輸工具	
其他	

附財產損失報告單　　張

報告者 2

說明：

1. 如為國營應於營字前只填「國」字，省營則填「省」字，市營填「市」字，縣營填「縣」字，民營填「民」字，並於其前填明該省市縣名稱。
2. 應由填報機關長官署名並加蓋機關印信。

…………營事業財產直接損失彙報表（表式8）

（工業部份）

事件：
日期：
地點：

填送日期　　年　　月　　日

分類	價值
共計	
房[illegible]	

原　　　　　　料	
機　械　及　工　具	
運　　輸　　工　具	
其　　　　　　他	

附財產損失報告單　　張

報告者2

說　明：

1. 如系國營事業於營字前只填一（國）字，省營、縣營填（省）字，市營填（市）字，縣營、鄉鎮營填（縣）字，民營填（民）字，並於其前填明該省市縣名稱。
2. 應由填報機關長官署名並加蓋機關印信。

………營事業財產直接損失彙報表（表式9）

（公營事業適用之）

事件：

日期：

地點：

填送日期　　年　月　日

分　　　　　類	價　　　　值
共　　　　　計	
房　　　　　屋	
器　　　　　具	
現　　　　　款	
機　械　及　工　具	
運　　輸　　工　具	
其　　　　　他	

附財產損失報告單　　張

報告者3

116 123

說明：

1. 如為國營應於「營」字前只填一「國」字，省營則填「省」字，市營填「市」字，縣營填「縣」字，民營填「民」字，並於其前填明該省市縣名稱。
2. 不包含水電煤氣供給事業。
3. 應由彙報機關長官簽名蓋章，並加蓋機關印信。

______營事業財產直接損失彙報表（表式10）

（商業部份）

事件：

日期：

地點：

填送日期　　年　月　日

分類	價值
共計	
房屋	
器具	
現款	
存貨	
運輸工具	
其他	

附財產損失報告單　　張

報告者2

說明：

1. 如為國營，應於「營」字前只填一「國」字，省營則填「省」字，市營填「市」字，縣營填「縣」字，民營填「民」字，並於其前填明該省市縣名稱。
2. 應由彙報機關長官簽名蓋章，並加蓋機關印信。

______營事業財產直接損失彙報表（表式11）

（金融事業（不包含銀行業）部份）

126

119

事件：

日期：

地点：

填送日期　　年　月　日

分類	價值
共計	
房屋	
器具	
現款	
生金銀	
保管品	
抵押品	
有價證券	
運輸工具	
其他	

附財產損失報告單　　張

報告者乙

說明：

1、可以聲明並未補領者不能列作損失。

2、應由事業机關長官署名並加蓋机關印信。

營事業財產損失彙報表（表式[illegible]）

（銀行部份）

事件：

日期：

地点：

填送日期　年　月日

118

125

分類	價值
共計	
房屋	
器具	
現款	
生金銀	
保管品	
抵押品	
有價證券	
運輸工具	
其他	

附財產損失報告單　　張

報告表3

說明：

1. 如為國營，應於「營」字前只填一「國」字，省營則填「省」字，市營填「市」字，縣營填「縣」字，民營填「民」字，並於其前填明該省市縣名稱。
2. 可以查明遺失而確數不能列報遺失。
3. 應由報告機關長官簽名或加蓋機關印信。

……營事業財產直接損失彙報表（表式13）

（鐵路部份）

事件：

日期：

地点：

填送日期　　年　月　日

分類	價值
共計	
房屋	

器具	
現款	
路線設備	
電訊設備	
車輛	
材料	
修理機械及工具	
貨物[2]	
其他	

附財產損失報告單　　張

報告者3

說明：

1. 如為國營，應於「營」字前只填一「國」字，省營則填「省」字，市營填「市」字，民營填「民」字，並於其前填明該省市縣名稱。
2. 包含轉運及棧存之貨物。
3. 應由彙報機關長官署名並加蓋機關印信。

……………營事業財產直接損失彙報表（表式14）

（公路部分）

事件：

日期：

地點：

填送日期　　年　　月　　日

分類	價值
共計	
房屋	
器具	
現款	

120

路線設備	
電訊設備	
車輛	
材料	
修理机械及工具	
貨物[2]	
其他	

附財產損失報告單　　張

報告者[3]

說　明：

1. 如為國營，應於營字前只填一「國」字，省營則填「省」字，市營填「市」字，縣營填「縣」字，民營填「民」字，並於其前填明該省市縣名稱。
2. 包含載途及棧存之貨物。
3. 應由彙報機關長官署名並加蓋机關印信。

--------營事業財產直接損失彙報表（表式15）

（航業部份）

事件：

日期：

地點：

填送日期　　年　月　日

分類	價值
共計	
房屋	
器具	
現款	
碼頭及躉船設備	
船隻	

130 123

材料	
修理机械及工具	
貨物[2]	
其他	

附財產損失報告單　　張

報告者[3]

說明：

1. 如為國營應於營字前只填一「國」字，省營則填「省」字，市營填「市」字，縣營填「縣」字，民營填「民」字，並於其前填明該省市縣名稱。
2. 包含載運及棧存之貨物。
3. 應由填報机關長官署名並加蓋机關印信。

__________營事業財產直接損失彙報表（表式16）

（民用航空部份）

事件：

日期：

地點：

填送日期　　年　月　日

分類	價值
共計	
房屋	
器具	
現款	
机場設備	
飛机	
油料	
其他材料	
机械及工具	

122 17

货 物[2]	
其 他	

附财产损失报告单 张

报告者 3

說 明：

1. 如系國營，應於營字前只填一「國」字，省營則填「省」字，民營填「民」字，並於其前填明該地方名稱。
2. 包含轉運及栈存之貨物。
3. 應由彙報机關長官署名並加盖机關印信。

______營事業財產直接損失彙報表（表式22）

（電訊部份）

事件：

日期：

地点：

填送日期 年 月 日

分 類	價 值
共 計	
房 屋	
器 具	
現 款	
路 線 設 備	
材 料	
其 他	

附財產損失報告單 張

報告者 2

說 明：

1. 如系國營應於營字前只填一「國」字，省營則填「省」字，市營填「市」字，縣營填「縣」字，民營填「民」字，並於其前填明該省市縣名稱。

10

125
132

2、應由彙報机関長官署名並加蓋机関印信。

營事業財產直接損失彙報表（表式18）

（郵務部份）

事件：

日期：

地点：

填送日期　　年　月　日

分類	價值
共計	
房屋	
器具	
現款	
郵票	
郵件	
運輸工具	
其他	

附財產損失報告單　　張

報告者：

說明：

1. 應由彙報机関長官署名並加蓋机関印信。

人民團体財產直接損失彙報表（表式17）

（文化團体部份）

事件：

日期：

地点：

填送日期　　年　月　日

分類	價值

124　131

共計	
房屋	
器具	
現款	
圖書	
古物	
其他	

附財產損失報告單　　張

報告者

說　明：

1. 應由彙報機關長官署名並加蓋機關印信。

人民團体財產直接損失彙報表（表式20）

（宗教團体部份）

事件：

日期：

地點：

填送日期　年　月　日

分類	價值
共計	
房屋	
器具	
現款	
經典	
法物	
古物	
其他	

附財產損失報告單　　張

報告者

說　明：

1. 應由呈報機關長官署名并加蓋機關印信。

人民團体財產直接損失彙報表（表式21）

（慈善團体部份）

事件：

日期：

地點：

填送日期　　年　　月　　日

分類	價值
共計	
房屋	
器具	
現款	
圖書	
其他	

附財產損失報告單　　張

報告者　章

說　明：

1. 應由呈報機關長官署名并加蓋機關印信。

人民團体財產直接損失彙報表（表式22）　12

（其他公益團体部份）

事件：

日期：

地點：

填送日期　　年　　月　　日

分類	價值
共計	

126 (13)

房屋	
器具	
現款	
圖書	
儀器	
糧穀	
醫藥用品	
其他	

附財產損失報告單　　　張

報告者

說明：

1. 試支費說王損失應填入此表

2. 應由填報機關長官署名並加蓋機關印信

社產財產直接損失彙報表（表式23）

事件：

日期：

地點：

填送日期　　年　月　日

分類	價值
共計	
房屋	
器具	
現款	
服著物	
古物書畫	
其他	

附財產損失報告單　　　張

報告者

12

說　明：

1. 與事業不分之住宅所受之損失填入事業部份。
2. 應由填報機關長官署名並加蓋機關印信。

稅收損失報告表（表式24）

填送日期　　年　月　日

稅目	可能(元)收數	實徵(元)數	損失(元)數
總計			

報告者1

說　明：

1. 應由報告機關長官署名並加蓋機關印信。

振濟費支出報告表（表式25）

單位：國幣元　　填送日期　　年　月　日

來源＼用途	共計	急振	工振	難民還鄉	難童教養	失業人員	[illegible]	[illegible]	難民醫療	其他
共計										
國庫支出										
省市支出										
縣市支出										
國內團體人民及捐集										
國外團體人民及捐集										

報告者1

說　明：

1. 應由報告機關長官署名並加蓋機關印信。

13

128 135

財產間接損失報告表（表式26）

------（机關學校名称）

填送日期　年　月　日

分類	數（單位：國幣元）額
共計	
遷移費	
防空設備費	
疏散費	
救濟費2	
撫卹費2	

附表　張

報告者

說明：

1、各机關学校對上級机關報告該机關学校財產間接損失及上級机關彙報所屬机關学校財產間接損失均用此表

某机關或学校報告該机關或学校財產間接損失時應於机關学校名稱處填寫該机關学校名稱如「四川稅務局」「湖北省立武昌中校」之類。如各部会彙報該部会所屬机關財產間接損失時，應於机關学校名稱處填寫「某部会及所屬机關」等字樣，如省或直轄市政府彙報公私立中等学校財產間接損失時應填寫「某省或某市私立中学」等字，餘類推。

13 2、為本机關支出者

3、應由報告机關長官簽章，並加蓋机關印信。

營業財產間接損失報告表（表式27）

---------- 部份2

填送日期　年　月　日

分類	數（單位國幣元）額
可能生產額減少3	
可獲純利額減少3	
費 拆遷費	

費用之增加	防空費	
	救濟費[4]	
	撫卹費[4]	

附表　　張

報告者5

說　明：

1、各國營或省市縣營事業機關對主管部會或省市縣政府報告該機關財產間接損失，各部會彙報國營事業財產間接損失，省政府彙報省營事業財產間接損失，及市縣政府彙報市縣營及民營事業財產間接損失，均用此表。
各國營或省市縣營事業機關對主管部會或省市縣政府報告該機關財產間接損失時，應於「營」字前填「國」字或「省」「市」「縣」等字。
各部會彙報國營事業財產間接損失時，則於「營」字前填「國」字，各省政府彙報省營事業財產間接損失時，則填「某省」等字，各市縣政府彙報市縣營或民營事業財產間接損失時，則填「某市市」「某縣縣」或「某市民」「某縣民」等字。

2、國省市縣營及民營事業財產直接損失彙報表共分為農業、礦業、工業、公用事業、商業、銀行業、金融事業（不包含銀行）、鐵路、公路、航業、民用航空、電訊、郵務等十三部份，財產間接損失報告表亦依此分類各填一張。

3、可能生產額減少應依市價估計所值國幣數填入數額欄內，如某營業生產額及純利額均減少者，則兩項並填，否則只填一項。

4、係指營業本身對於傷亡之工人或店員支給之救濟費撫卹費。

5、填明本機關名稱，由主管人員簽名，並加蓋機關印信。

14

民營事業財產間接損失報告表（表式28）

（單位：國幣元）

……………部份　　填送日期　年　月　日

類別 / 受損者	可能生產額減少1	可能純利額減少	費用之增加			
			拆遷費	防空費	救濟費	撫卹費2

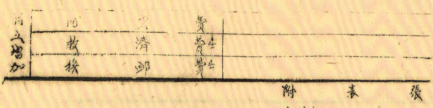

130 137

報告者3

說明：

1、可能生產額減少應依市價估計所值國幣數填入數額欄內，各某種營業生產額及純利額均減少者，則兩項兼填，否則填一項。

2、係指營業主對所僱用之工人，或店員支給之救濟費總額而言。

3、報告者下填明某市縣農會漁會商會或工會同業公會並加蓋各該會圖記。

省/市土地淪陷及克復情形登記表（表式29）

填送日期　　年　　月　　日

淪陷							克復			
日期	地名[1]	面積（方公里）	淪陷情形畧述	期內敵人竊取資源			日期	地方	面積（方公里）	克復情形畧述
				種類	數量（單位注明）	價值[2]（元）				

登記机關＿＿＿＿省/市政府

說明：

1、如某省某縣某鄉某村某鎮等。

2、依淪陷期間物價估計。

江西省政府关于依式填报收复区财产损失情况致江西水利局的训令（一九四三年）

此件係抄財廳來文

江西省政府訓令　　財三字第一〇九七號

令江西水利局

案准財政部第一三〇八二號公函開：

「查關於查報國有財產一案，前奉　行政院令飭由本部辦理以來，各地機關多已依照本部前頒調查表式先後填報到部核辦。茲查各淪陷區域前以戰事關係未能悉行辦理，前以戰事擾動各淪陷區接收工作次第展開，所有各該區內國有財產自應賡續清查，以竟全功。除分行外，相應檢同清查國有財產辦法及各種調查表式填表須知，函請查照轉飭所屬將收復

省中所有主管之一切国有财产迅予依式填报呈由各
主管机关核转本部以便办理为荷。”此致
等由；附发查国有财产报表及各种调查表式填表须知全份。准
此，自应照办。除分行外，合行令该县遵照附件，仰迅予依式填报呈
转饬所属遵照填报为要。
此令。
附发查国有财产报表及各种调查表式填表须知全份
主席 曹浩森

协记纸号代印

0033

附（一）清查国有财产暂行办法（一九四三年八月二日）

--23

0034

清查國有財產暫行辦法

行政院卅二年八月二日公布

第一條：國有財產由財政部依照本辦法清查之

第二條：凡屬國家財政系統內中央及省（市）縣各機關所有之不動產及動產均為國有財產

第三條：左列各國有財產應先行清查登記

甲、土地——凡田地山地荒地及其他特殊收益之附着物均屬之

乙、土地之附着物房屋倉廒及其他特殊收益之附着物均屬之

丙、有價證券——股票債票及其他定期一年以上之有

0035

有證券均屬之

丁、營業資金——中央及省（市）縣機關於農業礦業工業商金融業森林業漁業牧業交通業運輸業及其他營業所投資本

上列建設事業之投資視同營業資金查報

戊、特種基金——營業基金以外之特種基金均屬之

第四條 前條應先行清查之國有財產由財政部頒訂調查表送由各機關依左列規定查明填報

甲、中央各機關所有之財產由各該機關查填彙送財政部

乙、省（市）各機關所有之財產由各該機關查填呈由各該省

協記紙號代印

（市）政府彙送財政部

第五條：國有財產之價值照原價列報無原價者填時價原價及時價俱難查者應依資本還原法或其他可靠方法估計之

第六條：財政部應備置國有財產總冊依據各機關填報之調查表按財產別機關別整理登記之

第七條：凡無管理機關之國有財產應由各省（市）政府查明事實開列清單報由財政部核明登記其未經各省市政府查報者並得由財政部根據可資證明之記載或事實向有關機關查明登記之

第八條：營業資產應分別營業種類名稱各依其計數量查填並按

0037

附前述年度之資產負債表

第九條：國有財產經查報後各機關所有財產如有增減移轉變賣抵押及因災害毀損之情事發生時應報經各該主管機關核轉財政部備記

第十條：財政部對於國有財產所為之查詢事項各機關應儘先迅速查復必要時并得由財政部派員實地調查之

第十一條：本辦法自公布之日施行

協記紙號代印

25

0038

国有土地調查表填表須知

一、各機關所有或經管之土地如有多處每處填一表

二、種類欄分(甲)田地如沙田梯田屯田柳田王田学田水田旱田園田等(乙)山地如林地牧地荒山等(丙)其他如塘地池蕩及其他可以獲得收益之地

三、權利証明文件欄填該地權利書狀印契執照及捐獻文書上年老契一切証明權利之文件

四、每年收益欄填該土地租賃抵押及土地改良之農作物每年所得收益

五、附着物欄填該土地農作物種類及種植情形

0039

六、該土地原係公產業係價者應按時價估計填入現值欄內

七、國營機關所有土地之價值及收益已括於所填國營資金調查表及資產負債表內，無需另填本表

八、建築用地應填國有土地附着物調查表，無需另填本表

國有土地附着物調查表填法須知

一、種類欄填房屋倉棧碼頭廠房及其他建築物

二、建築概況欄房屋間數建築高度及建築材料式樣等

三、價值欄如係購地或就已有土地自行建築者應分別填明地價及建築費，如係租賃者應將土地及附着物整個價值填入合計欄內

〤、國營機關所有土地附着物之價值及收益包括所填國營資金調查表及資產負債表内毋庸另填本表

江西省政府关于清查抗战损失计划费用在第一预备金项下开支等情致社会处等的训令（一九四五年七月十九日）

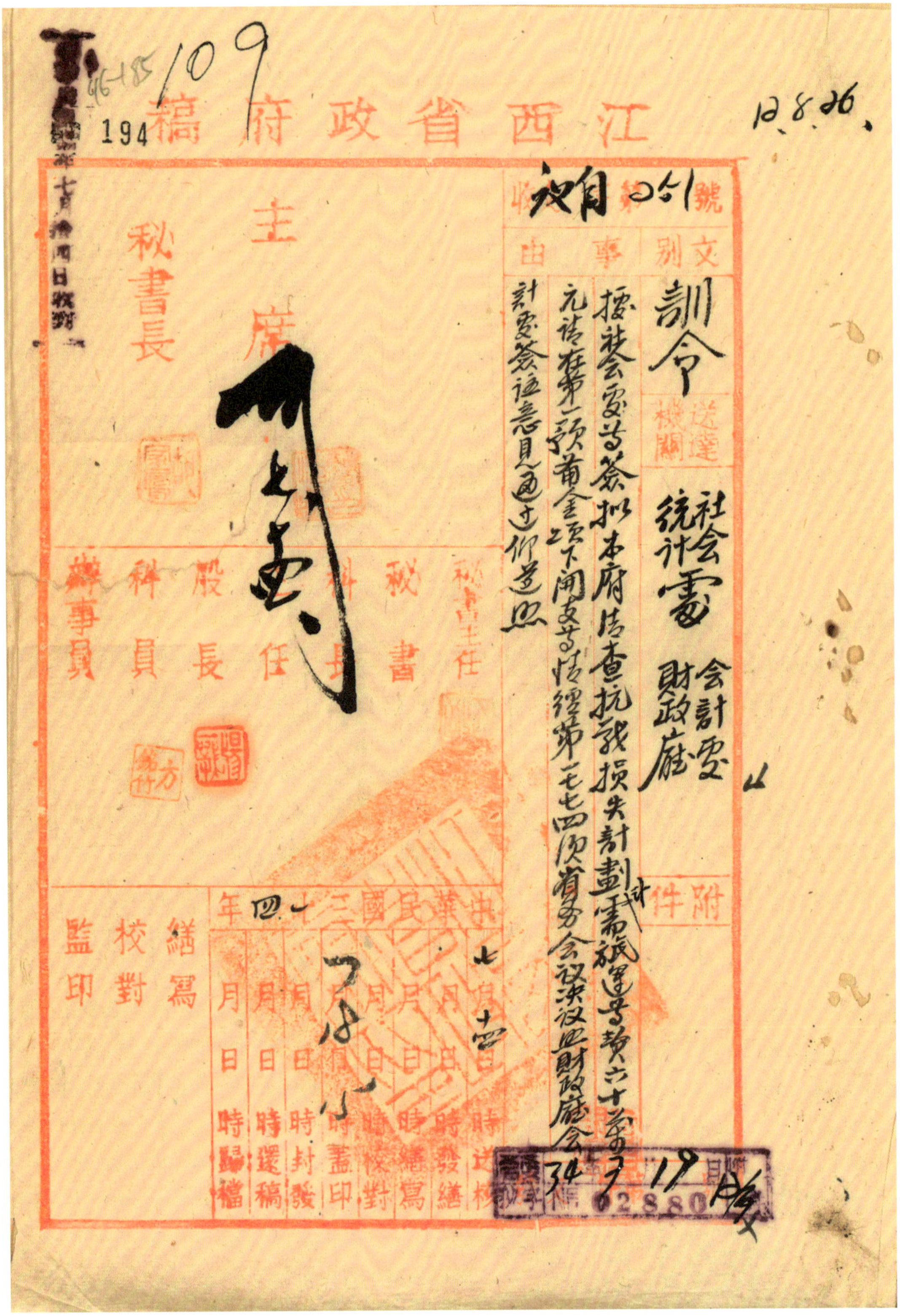

186

195

全銜訓令　秘叙字第　號

令社會處
　統計處
　會計處
　財政廳

案據社會處與統計處簽呈：「為依照本會三十四年度施政方針之規定，擬具本府清查抗戰損失計劃，計需旅運印刷等費六十萬元，請准在第一預備金項下開支」等情，經會計處與財政廳簽註意見，提交本府第一七七四次省務會議決議：「照財政廳、會計處簽註意見通過」紀錄在案。除分令財政廳、會計處、社會處、統計處外，合行錄案，并抄發原簽及原案等件，令仰遵照！

檢抄發原簽并原案共三件（送會計社會統計等處）（送財政廳）

此令

主席曹〇〇

附（一）会计处、财政厅的签呈（抄件）

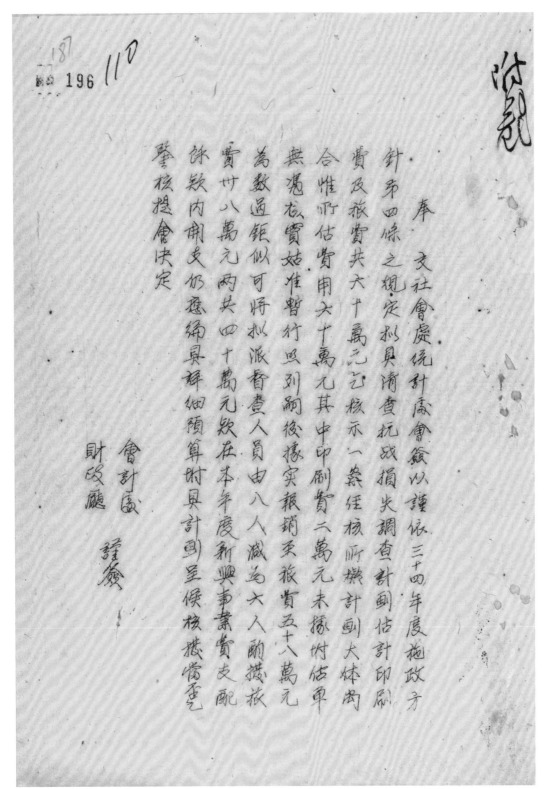

附錄

奉

文社會處統計處會簽以謹依三十四年度施政方針第四條之規定擬具清查抗戰損失調查計劃估計印刷費及旅費共六十萬元乞核示一案經核所擬計劃大体尚合惟所估費用六十萬元其中印刷費二萬元未據附估單無憑核實姑准暫行照列嗣後據实報銷至旅費五十八萬元為數過鉅似可將擬派督查人員由八人減為六人酌撥旅費卅八萬元兩共四十萬元款在本年度新興事業費支配餘款内開支仍應編具詳細預算附具計劃呈候核撥當否乞

鑒核提會決定

會計處

財政廳　謹簽

附（二）社会处、统计处的签呈（一九四五年五月）（抄件）

簽呈　卅四年五月　日

查本省三十四年度施政方針第四款甲二「指定有關機關經常設法調查本省淪陷區域之各項情況尤應注意調查我方損失情形以供善後工作進行之參考」誠以抗戰損失數字對於戰時行政設施戰後復員及外交諸端所關甚鉅在中央在省均為必須提供之資料亟應及時調查以免臨渴掘井惟此種調查範圍廣泛項目繁多本府雖曾轉頒「抗戰損失查報須知」通飭各縣遵照終因調查技術牽涉複雜或填報欠確或不知從何下手於焉擱置尤于損失重大又無統計人員之淪陷縣份更非轉頒一紙公文所能收效為謀澈底清查計經會擬江西省政府清查抗戰損失計劃一種編列旅運印刷等費二十一萬元于三十三年十月二十六日以人計一自字第四一二〇號簽請鑒核就新興事業費項下款撥辦在案茲敵寇竄擾本省西南各縣損失綦重則一律清查其人員之增派表格之加印需款益多加以物價

198

愈漲交通愈困原列旅運印刷各費不敷甚鉅而新興事業費尚待通盤分配緩不濟急爰將前項計劃加以更改切實估計共需經費六十二萬元請准改在第一預備金項下撥款開支俾便早日舉辦以赴事功是否可行理合繕具更正計劃一份簽請

鑒核示遵謹呈

主席曹

附江西省政府清查抗戰損失計劃一份

社會處處長黃光斗

統計處處長劉南溟

112

199

江西省政府清查抗戰損失計劃

(一)創辦緣起

抗戰損失查報範圍廣泛，項目繁多，其間調查技術固已甚為複雜，而地域遼闊，時日遷延，數字尤難期正確。蓋以事件發生時既不易將損失情形及時記錄，而事後追查則事過境遷，案卷散失，所遭困難殊非無從克服。故中央雖早有「抗戰損失查報須知」之頒行，而全國抗戰損失數字之編訂尚屬有待。中央最近成立抗戰損失調查委員會，其意即在彌補此項缺憾。過去本省省屬各機關對抗戰損失查報尚屬認真，惟各縣每多疏忽，尤以損失最大之游擊區縣份極少查報，齊全縣響應，但抗戰損失統計殊非淺鮮。查抗戰損失數字關係抗戰時行政設施、戰後復員及外交諸問題至為重大，亟應澈底清查，務使本省「九一八」以來敵寇侵害所蒙之直接間接損失得有詳確之統計，以為將來辦理復員及外交之依據。

（二）實施限度

1、澈底清查已往抗戰損失自實地調查之日起溯至民國二十年九月十八日止所有抗戰損失澈底總清查一次期於十一月彙編全省抗戰損失總報告

2、切實督導即事即時調查切實督導各機關凡遭敵機轟炸或敵軍竄擾如有公財產之損失及土地淪陷等情事均應隨時依照規定表式詳細查報

（三）實施方法

1、簡化查報辦法 中央頒發之「抗戰損失查報須知」適用全國各機關表式繁多推行不便應製簡明查報辦法各縣損失只須遭受損失之機關學校團體或住戶填具簡單報告表不必由縣整理以資便捷其整理工作集中本府統計處辦理每種調查表式報告單省級機關由省製發縣級由縣依式翻印

182 113

201

備用

二、喚起社會注意：利用報章公文及長官告示發動全省民意機關及人民團体群起協助並昭示此項調查完成後將由省政府呈請中央於戰後向敵寇索取賠償並酌斟情形辦理救濟及復員

三、特派人員輔助查報：凡游擊縣份及其他損失重大縣份由統計處社會處會同有關機關特派人員實地輔導清查工作其餘各機關之損失採用通訊調查方法辦理之

四、督導即事即時查報：俟清查後如再遇有事變發生或遭受敵機轟炸隨時飭令各機關注意查報

（四）經費及其來源

一、調查表格印刷費：省級機關印刷費估計二萬元由第一預備金項下開支縣由各縣負担

183

202

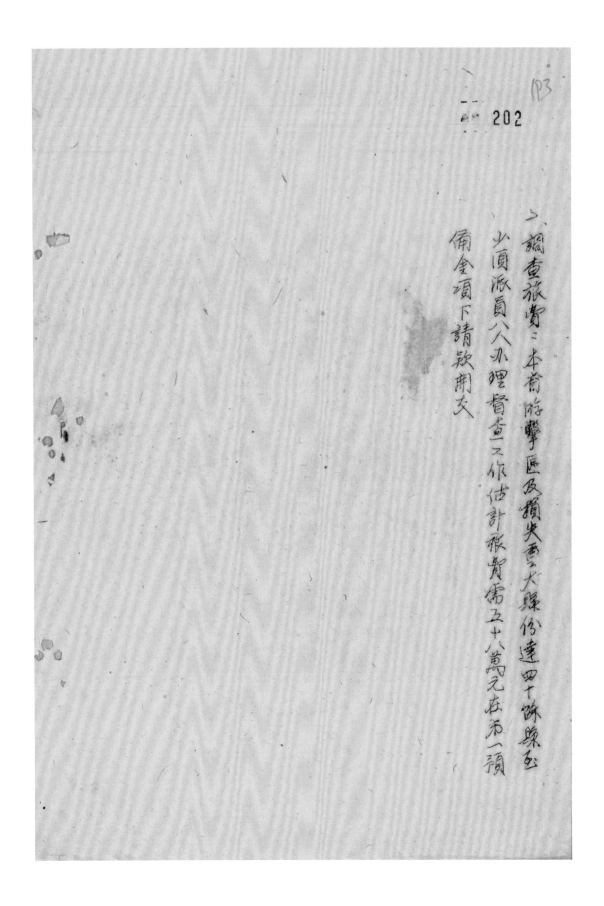

二、調查旅費：本省淪陷區及損失重大縣份達四十餘縣，至少需派員八人辦理督查工作，估計旅費需五十八萬元，在第一預備金項下請款開支

江西省政府关于颁发该省抗战损失追查办法、追查须知及应用表格限期填报致秘书处的训令（一九四五年十月十二日）

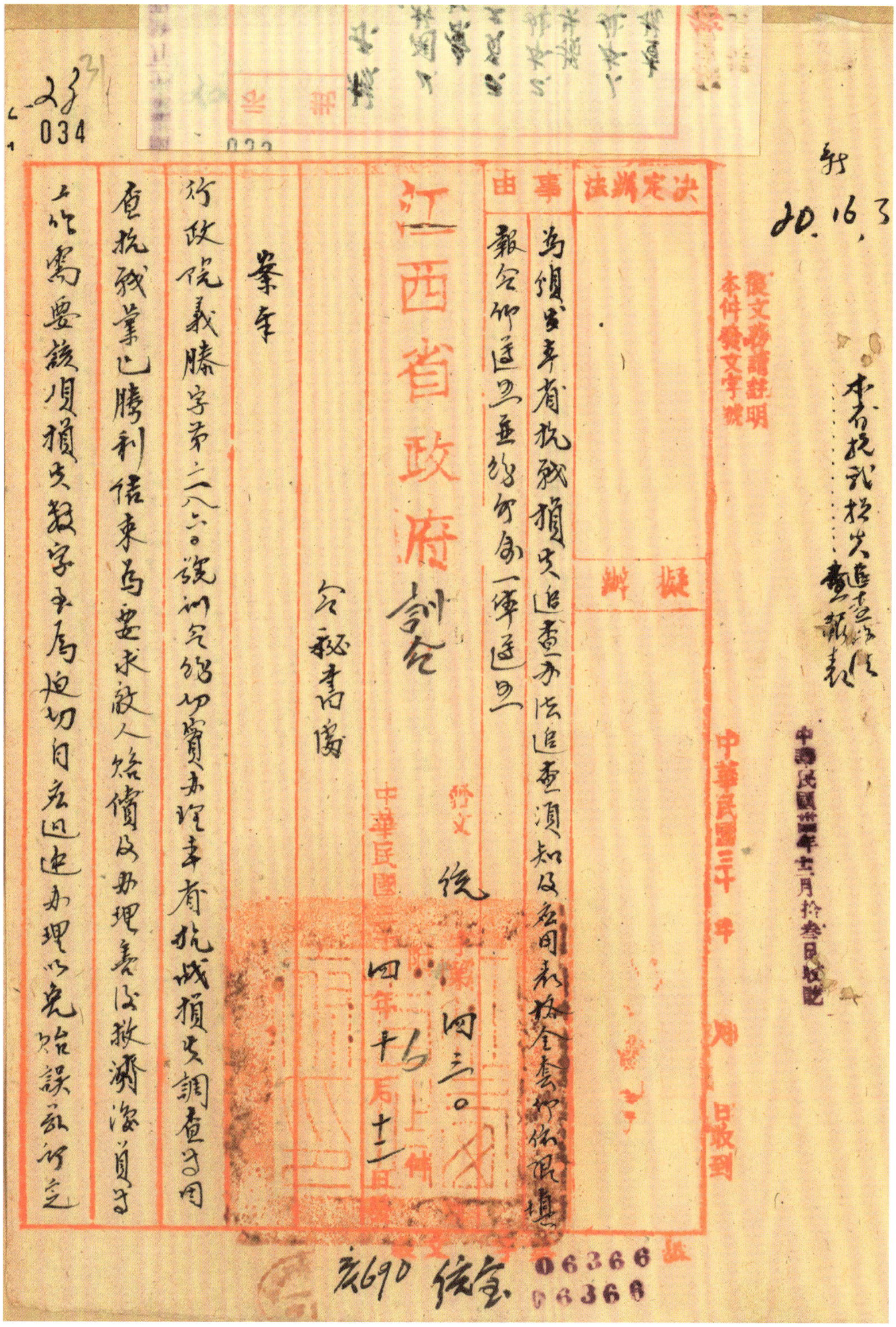
034

决定办法

事由

为颁发本省抗战损失追查办法追查须知及应用表格全套仰依限填报

令仰遵照并转饬所属一律遵照

江西省政府训令

令秘书处

案奉

行政院义胜字第二八六〇号训令：查抗战损失调查事宜……

抗战业已胜利，将来为要求敌人赔偿及办理善后救济……

工作需要该项损失数字至为迫切，自应迅速办理以免贻误……

中华民国三十四年十月十二日

拟办

32

035

查抗戰損失追查辦法追查須知及應用表格全套除分別損失
已分派調查專員實地追查外所有各級機關學校公營事業及
其服務員工之損失依追查辦法內第三款之規定用通訊調查法由該
主管機關負責辦理除分行外合行檢發上項辦法及須知該管暨
所屬應用表格等件令仰遵照並轉所屬一體遵照該管應於文到一月
內將主管部份調查各表彙齊報府毋延為要
此令
附調查表格全套

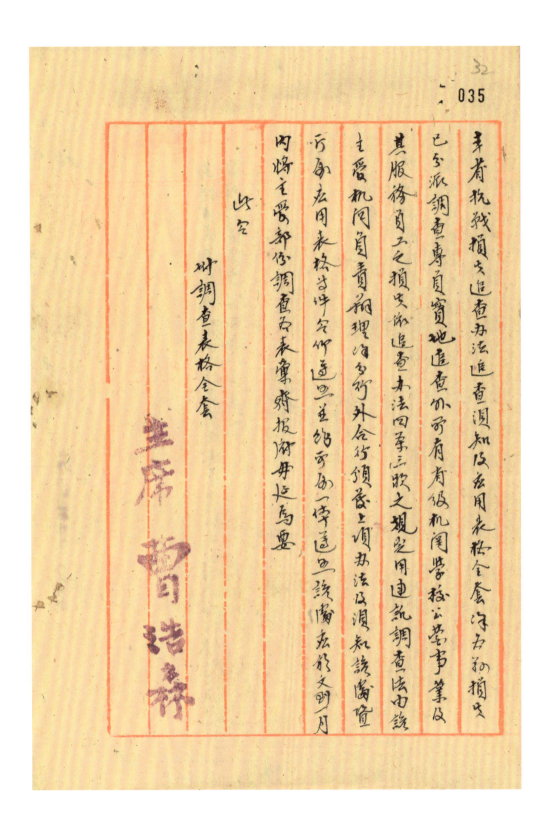

主席 曹浩森

中華民國三十四年九月

江西省抗戰損失追查辦法及追查須知

江西省政府統計處印

江西省抗戰損失追查辦法

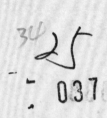

中華民國卅四年八月廿八日第一七八二次省務會議通過

一、江西省政府爲澈底追查九一八以來抗戰損失依抗戰損失調查辦法第五條之規定訂定本辦法

二、自九一八事變日起至三十四年九月底止凡在本省境內所有本省省縣公私機關學校團體及人民因抗戰所遭受之直接間接損失悉依本辦法追查清楚

三、前項追查事務由本府統計處會同有關機關辦理並由本府就各該機關調集富有調查統計學驗之高級人員三十至四十人爲調查專員歸本府統計處指揮調遣分赴各縣實地追查不另設調查機構

四、追查方法如左

1.人民及團體之損失——用實地調查法由調查專員代爲填表

2.縣市各機關學校（包括私立以下同）公營事業及其服務員工之損失——用實地調查法由調查專員指導填表

3.省各機關學校公營事業及其服務員工之損失——用通訊調查法由各該主管機關負責辦理

五、各調查專員于派定調查區域後應依江西省抗戰損失追查須知及調查日程分赴各指定縣份爲詳確

一

之實地追查由本府統計處隨時督責考核

六・各縣縣政府于奉到本辦法後半月內根據本辦法及追查須知與應用表格廣爲宣諭並搜集有關損失資料以爲省派調查專員實地追查之準備

七・各縣縣長鄉鎮長應於調查專員實地追查時盡力協助其有敷衍從事者由本府予以懲處

八・追查工作定二個月辦理完竣由統計處彙編追查總報告呈府轉呈　行政院

九・本辦法由省務會議通過施行並呈請　行政院備案

26

039

江西省抗戰損失追查須知

中華民國卅四年八月廿八日
第一七八二次省務會議通過

一．抗戰損失追查之範圍

所有自九一八事變起至三十四年九月底止凡本省省縣公私機關學校團體及人民因抗戰遭受之直接間接損失均在追查之列

二．人口傷亡追查方法

人口傷亡由縣長責成鄉鎮長中心學校校長及其他有關人員隨同省派調查專員以鄉鎮爲單位逐一追查（無損失之鄉鎮免查）每一事件均應塡具人口傷亡調查表（表式1）及彙報表（表式2）各四份一份存鄉鎮三份呈縣政府內一份抽存二份由調查專員攜呈省政府存轉

三．公私財產直接損失之分類

1.人民私有財產之損失

2.省縣級政府及其所屬機關公有財產之損失

3.公立或私立各級學校財產之損失

三

040

4.公營或民營事業財產之損失

5.人民團體財產之損失

6.淪陷區天然資源之損失

7.淪陷區金融破壞之損失

8.因敵人在淪陷區經營工礦交通及其他生產事業所受之損失

9.人民在淪陷區因被迫吸食毒品及種植毒品所受之損失

10勞力損失

11其他損失

四、財產直接損失追查方法

1.第三條各款之損失屬於人民及團體者由縣長責成鄉鎮長中心學校校長及其他有關人員隨同省派調查專員以鄉鎮為單位逐一追查（無損失之鄉鎮免查）每一事件填列彙報表（表式6 7 8 9 10 11 12 14其中無損失部份之表免填）四份一份存鄉鎮三份送縣政府內一份抽存二份由調查專員攜呈省政府存轉

041

2.縣級機關學校（學校包括私立以下同）公營事業財產直接損失由省派調查專員指導追查填具報告單（表式3）並按年填彙報表（表4—15）各三份送縣政府內一份抽存二份由調查專員擕呈省政府存轉縣政府仍為縣級機關其本身損失追查手續同此

3.省級機關學校公營事業財產之直接損失由主管廳處局會院分令所屬填具報告單（表式3）並按年填彙報表（表式4—15）各三份呈送各該主管機關內一份抽存二份彙送本府存轉各該主管機關本身之損失應照前項規定填具表單隨同彙報其他非各廳處局會院所屬之省級機關學校公營事業由本府分別函令填具報告表（表式3）並按年填彙報表（表式4—15）各二份逕送本府存轉

4.省縣級機關學校或公營事業內之員工其私人財產之直接損失應填具財產損失報告單（表式3）由服務之機關學校或事業之主辦人收集彙總連同彙報表（以該機關學校或事業為單位填具彙報表）（表式16）轉報屬於省級者其辦理手續同上第三款屬於縣級者同上第二款

前項損失不得在鄉鎮中申報以免重複

5.官商合辦之事業其官股由省款支出者視為省營由縣款支出者視為縣營官股損失部份照本條二

、三款分別辦理商股損失部份應另列一表分別隨報

五．公私財產間接損失只追查左列三類

1.省縣各機關學校費用之增加

2.省縣各種公私營業可獲純利之減少及其費用之增加

3.傷亡人員之醫藥埋葬等費

六．間接損失追查方法

1.關於省縣各機關學校因抗戰增加之支出（如遷移防空設備疏散救濟撫卹等費）應由各該機關學校按年將實在支出數目填就報告表（表式17）屬於省級者填具三份呈送主管廳處局會院部內一份抽存二份彙送本府存轉各該主管機關本身之損失應照前項之規定填具表單隨同彙報其他非各廳處局會院所屬之機關學校由本府分別函令填具報告表（表式17）二份逕送本府存轉屬於縣級者由調查專員指導追查仍按年填具報告表（表式17）三份送縣政府內一份抽存二份由調查專員擕呈省政府存轉縣政府仍爲縣級機關其本身損失追查手續同此

2.各種公私營業可獲純利額之減少　省營或縣營者由該事業主辦人民營者由農工商業各業團體

按年依後列計算方法覈實估計並查明因抗戰增加之費用（如遷移防空設備疏散救濟撫卹等費）填就報告表（表式18）屬於省營者填具二份逕呈本府存轉縣營及民營者由省調查專員指導追查填具三份呈送縣政府內一份抽存二份由調查專員攜呈省政府存轉官商合辦事業仍照四條五款辦理可獲純利減少之計算方法分左列三種

甲、營業在戰前獲利而本年獲利較少者用下式

可獲純利減少＝戰前三年平均純利數（如無三年數字一年亦可）×當年物價指數－本年純利數

乙、營業在戰前獲利而本年虧損者用下式

可獲純利減少＝戰前三年平均純利數（如無三年數字一年亦可）×當年物價指數＋本年虧損數

丙、營業在戰前虧損而本年虧損更多者用下式

可獲純利減少＝本年營業虧損數－戰前三年營業平均虧損數（如無三年數字一年亦可）×當年物價指數

七・追查時已不存在而曾受抗戰損失之機關學校及公營事業其損失由各該主管機關依照前列有關各條規定代爲填報

八・收復區損失之查報

收復地區應由該管縣政府協同省派調查專員儘量依照前列有關各條追查本區內損失實情除比較開始淪陷及收復時狀況並斟酌疏遷情形估計損失填具前列有關各表外並按年填就報告表（表式19）二份呈本府存轉

九・價值之計算及其單位

財產損失之價值應以追查時之價值爲準其單位爲國幣「元」

十・表格紙幅一律長二八公分，寬二〇、五公分。

附（二）填表须知

填表須知

一、表式(3)財產損失報告單——公私機關學校團体各公營事業與其服務員工之損失均適用本表，每單位壹樣張，由各單位自行照式翻印，填具本單位之損失，其有損失之員工，每人各發給本表一張，分別填報，並由該單位彙填具員工損失彙報表（即表式16）

二、表式(4)為機關財產直接損失彙報表——根據表式(3)所載數字，分年彙填于本表

三、表式(5)為學校財產直接損失彙報表——根據表式(3)所載數字，分年彙填于本表，

四、表式(6)及表式(8)為公營事業財產直接損失彙報表，均分年查填、

五、表式(16)為員工財產直接損失彙報表——根據表式(3)所載數字，不分年彙填于本表。

六、表式(17)為財產間接損失彙報表，不分年查填。

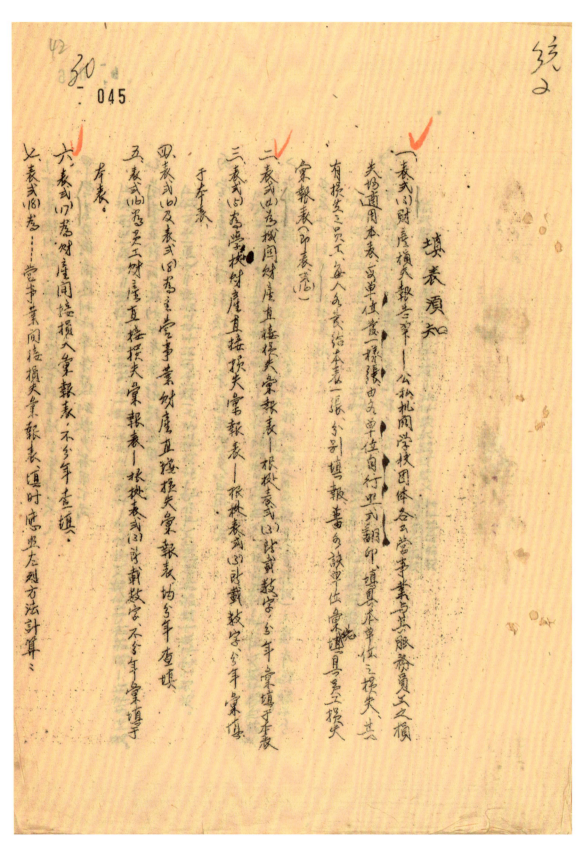

七、表式(18)為……營事業間接損失彙報表，填时應照左列方法計算：

1、可獲純利欵之減少，應依照下列方法分年計算之：

甲、營業在戰前獲利而本年獲利較少者用下式

可獲純利減少＝戰前三年平均純利額（或其三年較高一年亦可）×該年物價指數－該年純利額。

乙、營業在戰前獲利而本年虧損者用下式：

可獲純利減少＝戰前三年平均純利額（或其三年較高一年亦可）×該年物價指數＋該年虧損數。

丙、營業在戰前虧損而本年虧損更多者用下式

可獲純利減少＝該年營業虧損額－戰前三年營業平均虧損額（或其三年較高一年亦可）×該年物價指數

計算各該年純利減少時應折合為現值。

2、如因帳簿遺失或記載不全，致不能根據戰前及現在（查帳時）之資本總額分年度照下列方法估計其減損：

本年度可獲純利減少總額＝該年以前資本（以前額×P00－34年資本總額。

3、各年之現款損失應照下列方法折合為現值。

損失現款折合現值（三十四年）數＝某年損失現款數×$\frac{\text{三十四年物價指數}}{\text{某年物價指數}}$

31

047

如27年某商号损失现款1260元，27年物价指数为117，34年物价指数为87,226，则折合34年数额为 $1260 \times \frac{87,226}{117} = 1260 \times 746 = 939,960$ 元。

九、本须知未规定事项概依照追查办法及追查须知办理。

十、所发各表如不敷用可自行油印使用、

附江西省历年零售物价总指数表

基期：26年1至6月

年别	总指数
26年	102.07
27年	117.00
28年	190.29
29年	420.60
30年	1081.90
31年	3367.33
32年	11737.00
33年	33551.00
34年	87226.00

现款折合率
—
8.55
746
458
207
81
26
7
3

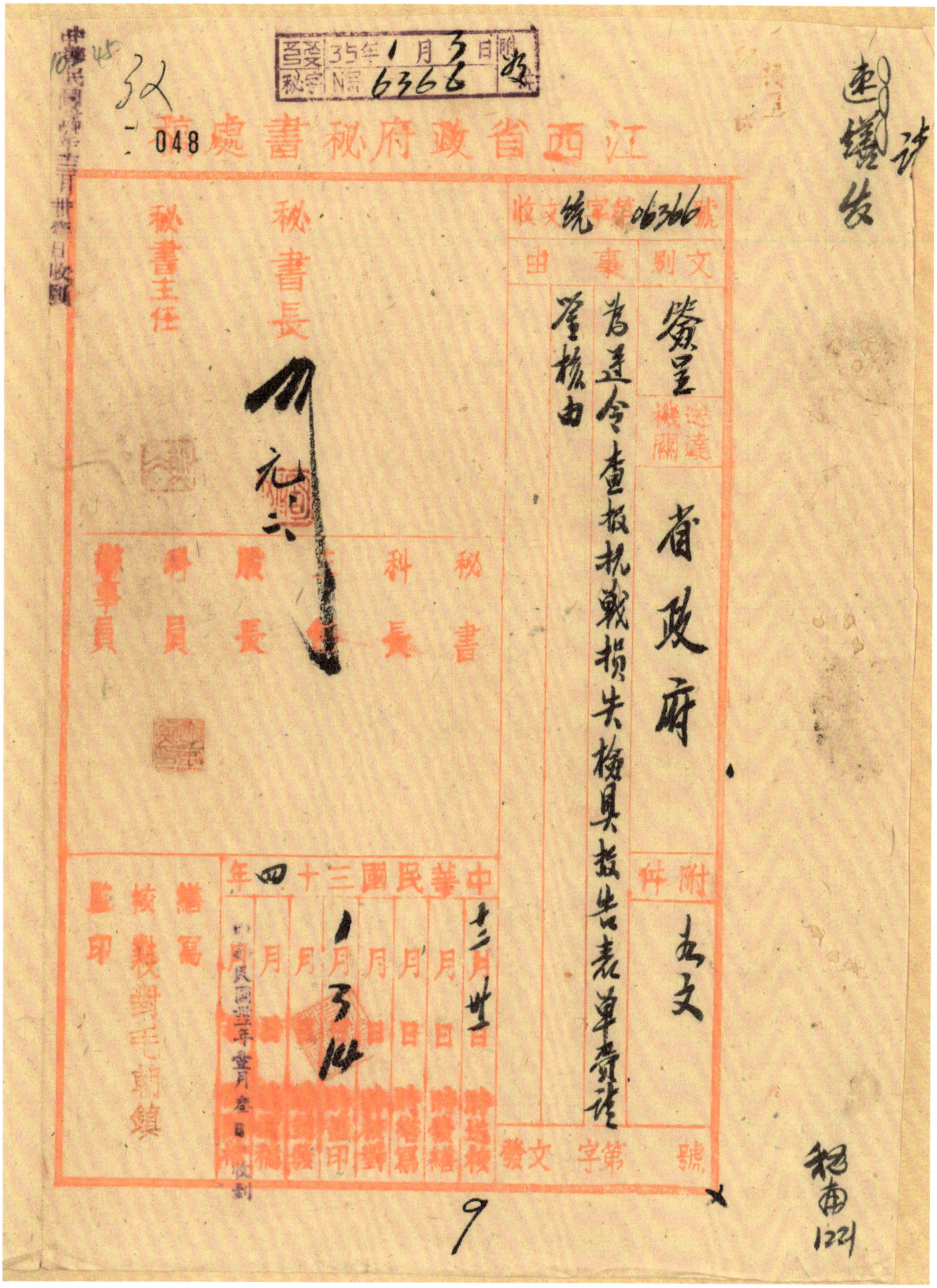
江西省政府秘書處簽呈
收文 統字第06366號
文別 簽呈
送達機關 省政府
事由 為遵令查報抗戰損失檢具報告表單賚請鑒核由
附件 如文
秘書長
秘書主任
秘書 科長 股長 科員 辦事員
繕寫 校對 監印
中華民國三十四年 十二月廿日 一月三日
發文 字第 號

江西省政府秘书处关于遵令查报抗战损失检具报告表单致省政府的签呈（一九四六年一月三日）

46 45

049

签呈 卅四年十二月 日

案奉

钧府统字第00430号训令核发本省抗战损失追查办法追查须知及应用表格等件，令仰遵照办理，并转饬所属一体遵照等因，附发调查表全套，奉此，遵经依照规定将本处暨委员会公私抗战损失报告单暨汇报表分别填就，理合检具该项表单赍请

钧座鉴核

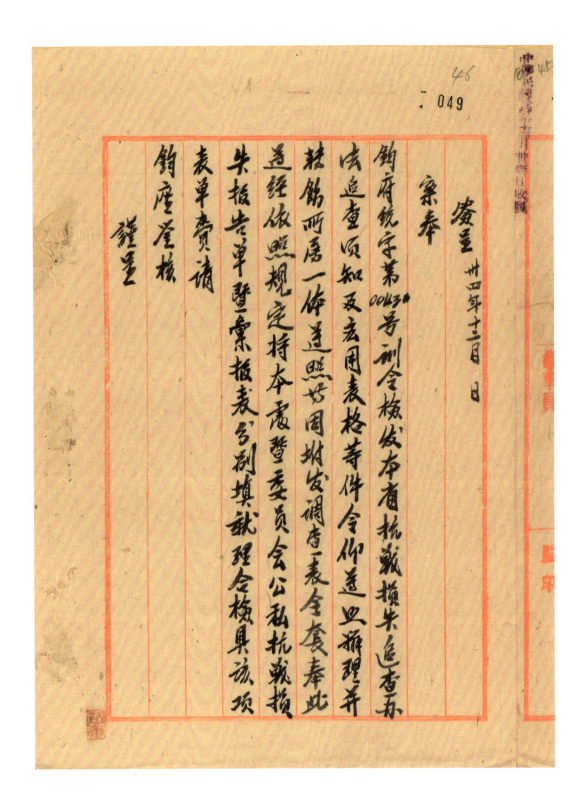

谨呈

47

33

050

主席曹

谨呈：一、委员会员工财產直接損失彙报表二份暨财產損失报告单捌份

二、员工财產直接損失彙报表二份财產損失报告单百卅一份

三、秘書處廿八卅四年财產直接損失彙报表各二份财產損失报告单十三份共計十五份

四、秘书处财產間接損失报告表二份

秘書長胡○

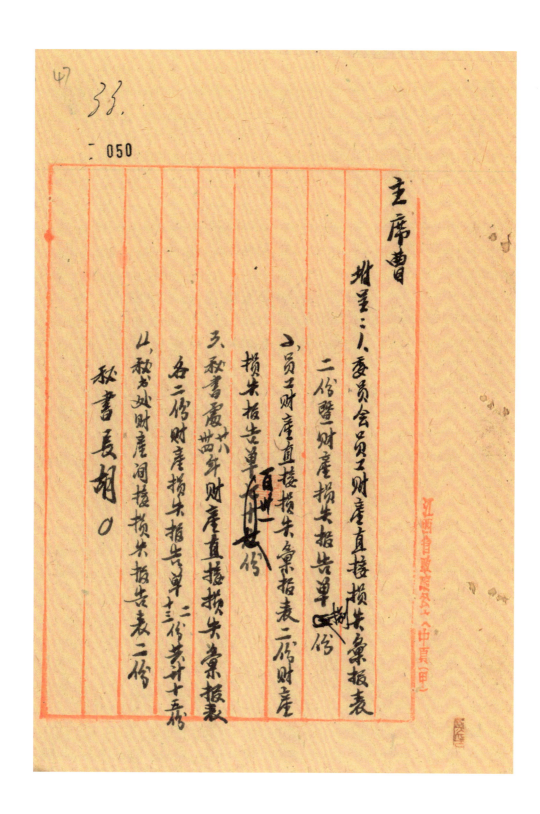

江西省政府公八中頁（甲）

附（一）江西省政府委员会员工财产直接损失汇报表

存卷十二 卅　48　34

稿

051 江西省政府委员会員工財產直接損失彙報表（表式16）

（機關學校或公營事業名稱）

填送日期三十四年　　月　　日

分類	查報時之價值（國幣元）
共計	294,380,000元
房屋	154,000,000元
器具	65,310,000元
衣物	48,730,000元
現款	—
圖書	10,510,000元
其他	14,730,000元

附財產損失報告單 捌 張

主管長官（簽蓋）　　　　填表人（簽蓋）

說明：1.本表根據本機關各個員工財產損失報告單編製。

2.主管長官及填表人應將報告單嚴加審核，如填報不實，應連帶負責。縣級機關學校或公營事業並加由調查專員簽蓋。

存卷

江西省政府秘書處員工財產直接損失彙報表（表式15）

（機關學校或公營事業名稱）

填送日期三十四年十二月　　日

分類	查報時之價值（國幣元）
共計	1,717,748,800元
房屋	1,164,620,000元
器具	146,172,000元
衣物	230,179,000元
現款	
圖書	41,810,000元
其他	134,967,800元

附財產損失報告單 131 張

主管長官（簽蓋）　　　　填表人（簽蓋）

說明：1.本表根據本機關各個員工財產損失報告單編製。

2.主管長官及製表人應將報告單嚴加審核，如填報不實，應連帶負責。縣級機關學校或公營事業並加由調查專員簽蓋。

附（二）江西省政府秘书处员工财产直接损失汇报表

附（三）江西省政府秘书处一九三九年、一九四五年财产直接损失汇报表

3-6 80

053 江西省政府秘書處財產直接損失彙報表（表式4）

機關名稱(1)

年份：(2) 民國廿八年

事件：(3) 敵陷南昌，敵机轰炸

地點：(4) 南昌，泰和

塡送日期三十四年十二月 日

分類	查報時之價值（國幣元）
共計	173,577,480元
建築物	29,240,000元
器具	8,514,880元
現款	
圖書	11,620,000元
儀器	5,702,100元
文卷(5)	
醫藥用品	10,800,000元
其他	107,700,500元

附財產損失報告單十三張

報告者(6) 胡〇

說明：1.試驗研究機關如農業試驗場工業試驗所等之類及公立醫院均包含在內，其損失項目如有本表未列者概歸入『其他』一項。

2.即損失發生之年份。

3.即發生損失之事件，如日機轟炸日軍進攻等。

4.即事件發生之地點，包括某市縣某鄉某鎮某村。

5.文卷損失之價值難以估計，只須塡入毁損及遺失文卷宗數。

6.除由該塡報機關長官簽名加蓋機關印信外，縣級機關並應由調査專員及縣長簽蓋，省級機關並應由主管廳處局會院長官簽蓋。

存卷

37.

054

江西省政府秘書處財產直接損失彙報表（表式4）

機關名稱(1)

年　份：(2) 民國卅四年

事　件：(3) 敵竄泰和

地　點：(4) 泰和上田村

填送日期三十四年十二月　　日

分　　　類	查報時之價值（國幣元）
共　　　計	4,807,850元
建　築　物	210,000元
器　　　具	3,197,850元
現　　　款	
圖　　　書	
儀　　　器	
文　　　卷(5)	
醫　藥　用　品	
其　　　他	1,400,000元

附財產損失報告單貳張

報告者(6) 胡〇

說　明：1.試驗研究機關如農業試驗場工業試驗所等之類及公立醫院均包含在內，共損失項目如有本表未列者概歸入『其他』一項。

2.即損失發生之年份。

3.即發生損失之事件，如日機轟炸日軍進攻等。

4.即事件發生之地點，包括某市縣某鄉鎮某村。

5.文卷損失之價值難以估計，只須填入毀損及遺失文卷宗數。

6.除由該填報機關長官簽名加蓋機關印信外，縣級機關並應由調查專員及縣長簽蓋，省級機關並應由主管廳處局會院長官簽蓋。

存卷 [illegible]

附（四）江西省政府秘书处财产间接损失报告表

存卷十二(?)

055

江西省政府秘书處財產間接損失報告表
（機關學校名稱）　（表式17）

損失發生之年份：民國　　年

填送日期三十四年十二月　　日

分類	數額（單位：國幣元）
共計	56,241,333元
遷移費	8,800,000元
防空設備費	1,563,000元
疏散費	44,878,333元
救濟費(1)	
撫卹費(1)	

報告者(2) 胡〇

說明：1.為本機關支出者

2.應由報告機關長官署名並加蓋機關印信縣級機關學校並加由調查專員簽蓋。

江西省抗戰損失調查總報告

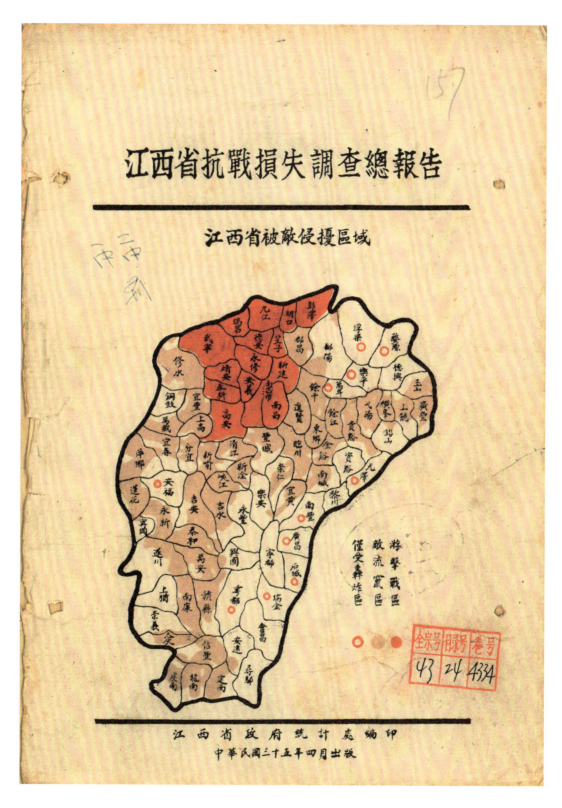

江西省被敵侵擾區域

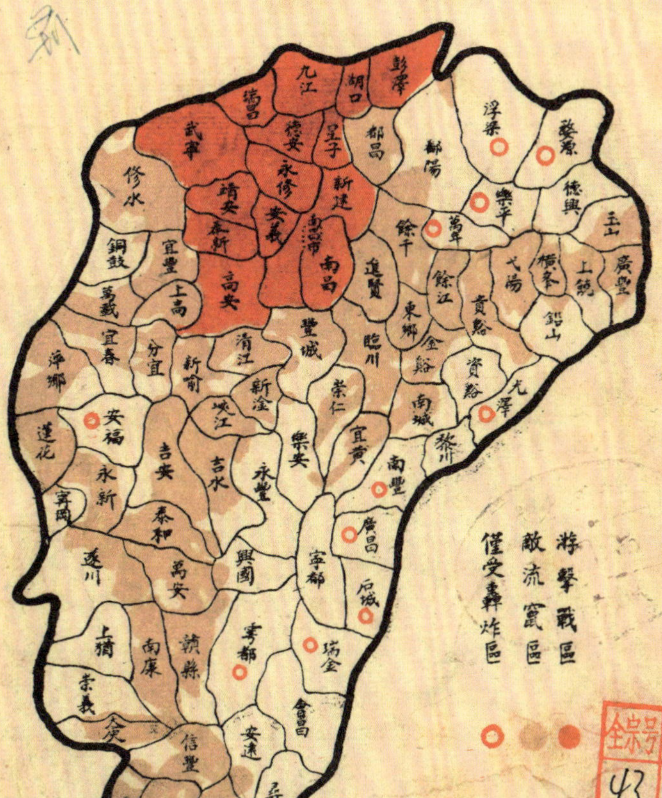

江西省政府統計處編印

中華民國三十五年四月出版

江西省抗戰損失調查總報告

目　錄

緒　言

抗戰軍興，本省省會始遭空襲，次年馬檔失守，寇禍益深，窺擾及轟炸所及，達七十六縣市，歷時前後八載，創鉅痛深，亘古未有。本處爲清算累累血債、以爲對敵要求賠償及復員善後之備，遂於三十四年七月籌劃全省抗戰損失總清查，八月倭寇投降，中央限期呈報損失數字，進行益感急切；乃於九月上旬奉省府核定預算後，積極進行印製表格、調派人員及召開講習會等預備工作，齊頭並進，十日完成，九月下旬調查專員分途出發，至十二月中旬調查完竣，現全部整理工作亦已蕆事，得總損失數字，計：人口傷亡五〇四，四五〇人，財產直接間接損失一，〇〇七，二〇二，三三四千元（以三十四年九月查報時物價爲準，該月物價爲戰前八七二倍），誠浩劫也。茲將辦理經過及結果簡述於後：

第一部　辦理經過

一、設計工作

抗戰損失調查，範圍廣泛，項目繁多，爲收「正確」、「劃一」、「迅速」之效，舉凡調查時一事、一物、一舉、一動，均經縝密釐訂其標準，說明其步驟與方法，甚至某日應辦某項工作、某日應完成某項工作，亦有明白之規定，此項設計工作，主要者有下列數事：

1.江西省抗戰損失追查辦法。

2.江西省抗戰損失追查須知。

3.調查專員工作日程。

4.調查專員應注意事項。

5.江西省抗戰損失追查講習大綱。

追查辦法爲工作實施之綱領；追查須知爲工作方法之準則；工作日程則所以規劃工作進度；注意事項、講習大綱，又所以增益技術、輔導追查任務之推進。凡此皆設計工作中之犖犖大者。綜其特點如下：

（一）關於調查方法方面

1.選用調查方法：　將遭受損失主體，分爲：（1）人民團體之損失，（2）縣市級機關、學校、公營事業、及其員工之損失，（3）省級機關、學校、公營事業、及其員工之損失等三類。按各類知識水準及工作便利，分別採用實地調查法及通訊調查法。

2.確定調查範圍：　自九一八事變起至三十四年九月底止，凡本省省、縣、公、私立機關、學校、團體、及人民因抗戰遭受之直接、間接損失均在追查之列。至本省境內軍事方面及屬於中央之財產損失，事有專管，本省不予追查。

3.選定查報單位：　斟酌人力、財力；復顧全調查結果之確實性，選定鄉鎮為查報單位。調查專員親赴各鄉鎮召集鄉鎮機關、學校、保甲長及士紳詳切解釋查報步驟，再由鄉鎮彙報其轄境之損失，以資便捷。至人民所填財產損失報告單，則於事後彙呈縣政府備查。

4.劃一報價時期：　財產損失之查報價值，院頒須知規定以損失時之價值為準。本省遭受日寇蹂躪時期長久，欲使人民查報受損時財物價值，運用上既無此需要；辦理時徒增加困難，爰一律改以追查時即以三十四年九月份價值為準。

5.簡化計算公式：　公、民營事業間接損失中「可獲純利額減少」，其計算方法院頒須知所列公式頗感繁難，一般工商人員不能運用，經予簡化，並均加「乘以當年物價指數」，以符「追查時價值」之原則。

（二）關於調查表格方面

1.增設應用報表：　前院頒之抗戰損失查報須知中有人口傷亡彙報表一種，對於整理彙報，極感便利；爰復增入。又查此次院頒抗戰損失查報須知第五條之規定，在機關、學校或公營事業內服務之員工，其損失可報由服務之機關、學校或團體等層轉，為便利整理計，亦經擬訂表式，增入備用。

2.減去不用表式：　院頒表式中其受損失之主體不屬於本省範圍者、（如鐵路、郵務），或本省無該項受損失主體者、（如民用航空），或無發生某種受損事件可能者、（如地區淪陷），或二種表式內容相同、為辦理便利，採用一種即可得結果者、（如公、民營事業財產損失間接損失報告表單），其查報表式，均未印用。

（三）關於調查人員方面

本省受日寇蹂躪時間達八年之久，地區幾遍全省，欲一舉清查其損失，根據以往經驗，決非一紙公文可以收效，乃決定由省府調派省級機關富有調查、統計學驗之高級人員三十人為調查專員，分赴各縣實地追查。

（四）關於調查技術輔導方面

關於調查方法，在追查辦法、追查須知中，已有規定，為增進調查技術起見，復有三項輔導工作，即：排定調查專員抵縣後工作日程，以劃一工作進程；釐訂調查專員應注意事項，以增進調查技術；編製縣級機關、學校、城區工、商業及鄉鎮損失等追查講習會講習大綱，以統一宣講之內容。

二、預備工作

預備工作計有五大項：

（一）請撥款項：　請准省府撥款二百二十二萬元，計印刷費三十九萬元，調查人員膳宿費一百八十三萬元。

（二）統印表件：　此次調查所需表格章則等二十三種，共三十一萬份，因調查期間促迫，儘量設法趕辦，派員就地督印與校對，費時十日，印刷齊全。

（三）開會講習：　調查人員經請准省府就各機關調派後，乃於九月十六日起，假第八專署召開講習會，為期二天，於調查法令、調查技術、及各項有關問題，詳為講述交換意見。指示調查專員：預計抵達各縣之時期，通知縣府，事先準備；查竣一縣，即將該縣損失總數，急電或快函報告本處，以便據以彙編初步報告。甚至每個表式之辦理程序，各表各欄，一事一物之查填方法，亦作最詳細確切之解述與決定。

（四）劃配調查區域並估發調查旅費　按照交通情況，及調查專員人地之便，劃分全省為二十九個調查區域。旅費之估發，則按水陸里程，各地交通工具情形，以及調查工作之輕重，調查日期之長短為準，逐區核實估算。

三、調查工作

九月下旬各調查專員均分途出發，十二月上旬調查工作大體完成。惟調查表格之呈送，因當時交通不便，郵費奇漲，各調查專員多將其應查區域全部竣查後一併攜帶返省，各縣表報，延至十二月底始到齊。總計調查時期共二個月。其能迅速完成之原因有四：

1.調查專員認真工作：　對時間之爭取，督報方式之研究，填報方法之宣導，報表可靠度之高低，均能密切注意。

2.縣政府均能重視：　對調查工作之推進，如區鄉鎮人員，工商界人士，地方士紳及各機關首長之召集指揮等，均能迅速切實辦理。

3.縣統計人員竭力協助：　調查專員多有函稱述得當地縣統計人員之協助，如表件之審核，數字之核算等，每能星夜趕辦。惟於收復縣份，因當時尚未設有統計人員，則以無人協辦為善。

4.設計工作周密： 因有前述周密之設計，配以人事上之協調，遂能步趨緊張，節拍□合，而收事半功倍之效。

四、統計工作

(一)整理工作

整理工作分二步進行：

初步整理：開始於三十四年十二月十日，因人手不敷，並調社會處統計室，民政廳統計室人員協同辦理，並另闢辦公室，集中工作。訂有初步整理及審核抗戰損失應注意事項一種，對整理應用之表式，審核資料之原則，審核與整理之步驟，均有具體說明。（見附錄）

在整理過程中，因鑒於房屋耕牛農具等之損失，有急行明瞭之必要，爰復於初步整理時，一併列出。

初步整理完畢，經分別繕呈行政院抗戰損失調查委員會及國民政府主計處。

第二步整理開始於三十五年一月二十日，因初步整理時已顧及各項統計之分類，故次步工作較為簡易，至省級機關學校抗戰損失資料之整理，則於各縣抗戰損失資料整理後繼續辦理。

又整理時，因本省公私營事業，除省級係公營及各縣市電訊部份係公營外，其他各項事業，極少有公營者，故未予劃出。

(二)損失概述

統計結果，計得總表六，分表二十一，茲將人口傷亡及財產損失述其梗概：

一、人口傷亡

人口傷亡

共計	504,450	佔全省人口	3.8%
傷	191,201	佔全省人口	1.4%
亡	313,249	佔全省人口	2.4%

說明：據三十三年十二月查報，全省人口13,393,511人

二、財產損失

財產損失(以三十四年九月物價爲準)

共計	10,072億元	合戰前	11.5億元
直接損失	6,720億元	合戰前	7.7億元
間接損失	3,352億元	合戰前	3.8億元
每人平均損失約	75,220元	合戰前	86元
每戶平均損失約	357,160元	合戰前	410元

說明：1.損失計值，以追查時(三十四年九月)物價爲準，當時物價爲戰前（二十六年上半年)物價之872倍。

2.據三十三年十二月查報，全省有2,822,395戶。

3.抗戰期中無直接損失之縣份爲崇義、尋鄔，德興、資谿、甯都、黎川六縣。

4.直接損失中包括公教員工財產損失505億元。

財產損失分直接間接兩種，受直接損失者，除省級機關學校事業外，且及七十八縣市。其損失較大之十縣市如表：

縣市別	損失值（億元）
南昌市	1,282
南昌	591
新建	590
高安	580
瑞昌	237
奉新	235
九江	203
永修	119
彭澤	105
湖口	100

損失最小者爲安福縣僅32萬元，次少者爲甯岡縣計150萬元。

本省曾劃爲游擊區，（即淪陷區）之十五縣市，其中十縣市佔直接損失表之高位。自第十一位至十四位，則爲遭敵竄擾較劇之四縣。其餘武甯、靖安、安義、星子、德安五個游擊縣份，尚分列於其後。蓋各縣土地有大小，人口有多寡，物產有豐嗇，故南城、萍鄉二縣，雖僅遭日軍一度竄擾，而其損失竟大於淪陷縣份之安義。

各地遭受蹂躪後，田園零落，茲從直接損失中觀察房屋與耕牛之損失數以概其餘。

房屋損失

損　失　391,874棟　　佔戰前原有房屋　18.1%

戰前原有　2.170,847棟　　（二十六年）

其中南昌市房屋損失35,205棟，（市郊在內）佔原有房屋77.9%戰前原有45,214棟。

耕牛損失

損失耕牛　270,997頭　　佔戰前原有耕牛　18.9%

戰前原有　1,436,868頭　　（二十七年1.5農户有一牛）

說明：據二十七年查報全省農户2,182,008户。

各縣間接損失，視其物產有無，人口多寡，面積大小，及商業榮枯而有高下，其與直接損失相關極少。茲擇是項損失較大之十縣市列表於次：

縣市別	損失值(億元)	在間接損失中所佔位次	在直接損失中所佔位次
浮梁	489	1	39
南昌市	278	2	1
南昌	163	3	2
婺源	128	4	70
新建	87	5	3
修水	80	6	20
九江	78	7	7
高安	75	8	4
臨川	71	9	11
萍鄉	68	10	17

第二部　統計結果

表一　**江西省抗戰人口傷亡總數**

性別	共計	重傷	輕傷	死亡
總計	504,450	83,529	107,672	313,249
男	307,870	48,361	65,770	193,739
女	137,481	24,748	28,354	84,379
童	57,868	10,420	13,548	33,900
不明	1,231	—	—	1,231

表二　**江西省抗戰財產損失總值**

一　受損主體別

單位：千元

受損主體別	共計	直接	間接
總計	1,007,202,334	671,988,572	335,213,762
機關	22,705,809	17,672,004	5,033,805
學校	5,897,083	4,974,545	922,538
農業	426,976,013	270,129,597	156,846,416
礦業	8,055,557	3,856,963	4,198,594
工業	64,291,869	17,091,258	47,200,611
公用事業	186,237	80,409	105,828
商業	397,817,430	284,754,466	113,062,964
金融事業	3,527,762	2,223,389	1,304,373
銀行	1,878,636	753,755	1,124,881
公路	6,406,140	5,726,586	679,554
航業	15,045,038	13,940,291	1,104,747 (1)
電訊	292,331	280 611	11,720
醫埋費用	3,617,731	—	3,617,731
全省公教員工	50,504,698	50,504,698	—

註：(1)其中包括漁業損失6,000千元在内

表二

江西省抗戰財產損失總值

二　受損品類別

單位：千元

品類別		價值
總計		1,007,202,334
小計(直接)		671,988,572
建築物		279,039,658
器械設備	傢具	52,474,417
	農具	5,540,340
	漁具	447,728
	運輸工具	6,541,808
	修理機械及工具	4,480,935
	儀器	1,551,229
	電訊設備	736,247
	碼頭及躉船設備	22,535
農產品	稻	17,456,449
	麥	2,958,948
	植物油	5,001,409
	雜糧	6,409,564
礦產品		209,376
林產品	木	3,918,439
	竹	555,894
水產品		843,495
畜產品		408,565
牲畜	豬	12,486,521
	牛	5,868,513
	雞鴨	2,051,948
	其他	1,747,820

品類別		價值
貨品	原料	3,203,023
	材料	285,686
	製成品	1,728,516
	存貨	147,461,437
	生金銀	645,313
	保管品	85,567
	抵押品	1,080,692
	有價證券	3,861
	醫藥用品	535,644
衣物		53,411,271
礦坑		2,881,710
公路線設備		4,522,965
現款		14,012,136
圖書		3,327,806
文卷		(350,482)宗
其他		28,051,107
小計(間接)		335,213,762
可能生產額減少		200,313,316
可獲純利額減少		117,652,078
遷散費		5,744 198
防空設備費		2,531,757
救濟費		4,077,254
撫卹費		1,277,428
醫藥埋葬費		3,617,731

表二　# 江西省抗戰財產損失總值

三　地域別

單位：千元

地域別	共計	直接	間接	地域別	共計	直接	間接
總計	1,007,202,334	671,988,572	335,213,762	永豐	2,567,093	133,650	2,433,443
省級機關學校及事業	21,180,832	18,289,610	2,891,222	泰和	3,736,064	2,687,568	1,048,496
全省公教員工	50,504,698	50,504,698	—	萬安	5,588,301	2,469,969	1,118,332
小計	935,516,804	603,194,264	332,322,540	遂川	4,437,883	1,390,081	3,047,802
南昌市	156,007.471	128,248,607	27,758,864	弋陽	3,864,330	1,815,311	2,049,019
豐城	15,437,333	10,688,920	4,748,413	貴谿	13,800,034	9,837,983	3,962,051
南昌	75,381,779	59,108.821	16,272,958	寧岡	584,350	1,500	582,850
進賢	12,459,490	8,365,916	4,093,574	永新	5,711,455	2,826,754	2,884,701
新建	67,619,695	58,933,899	8,685,796	蓮花	6,206,902	4,838,821	1,368,081
高安	58,306,731	50,813,762	7,492,969	安福	1,696,480	322	1,696,158
新淦	4,104,967	2,797,951	1,307,016	贛縣	12,866,998	9,255,854	3,611,144
清江	6,187,626	639,529	5,548,097	南康	6,545,512	3,195,386	3,350,126
宜春	3,628,714	1,206,835	2,421,879	上猶	1,305,526	12,239	1,293,287
萍鄉	15,374,192	8,587,854	6,786,358	崇義	1,497,507	—	1,497,507
萬載	5,310,093	1,693,432	3,616,661	大庾	3,084,540	988,264	2,096,276
分宜	2,319,824	1,115,906	1,203,918	信豐	2,470,520	781,498	1,689,022
上高	7,679,816	4,494,436	3,185,380	虔南	1,043,720	418,831	624,889
宜豐	3,529,348	1,725,850	1,803,498	龍南	1,603,245	768,887	834,358
新喻	3,288,425	1,738,170	1,550,255	定南	1,912,273	416,825	1,495,448
修水	15,459,759	7,481,157	7,978,602	安遠	1,624,077	87,021	1,537,056
銅鼓	2,006,883	696,997	1,309,886	尋鄔	1,083,947	—	1,083,947
吉安	9,819,169	6,123,330	3,695,839	浮梁	51,522,220	2,662,599	48,859,621
吉水	2,815,154	1,603,909	1,211,245	婺源	12,828,669	22,085	12,806,584
峽江	2,018,568	494,920	1,523,648	德興	2,988,702	—	2,988,702

表二

江西省抗戰財產損失總值

三　地域別(續)

單位：千元

地域別	共計	直接	間接	地域別	共計	直接	間接
樂平	8,095,154	3,277,067	4,818,087	東鄉	9,790,410	7,065,826	2,724,584
鄱陽	3,589,322	762,475	2,826,847	金谿	2,606,555	1,557,260	1,049,295
都昌	5,116,048	2,017,437	3,098,611	光澤	1,297,143	48,517	1,248,626
彭澤	13,612,867	10,523,813	3,089,054	資谿	556,732	—	556,732
湖口	13,312,320	9,990,590	3,321,730	黎川	1,469,419	—	1,469,419
星子	8,241,502	5,122,891	3,118,611	寧都	2,618,316	—	2,618,316
上饒	14,563,426	9,986,873	4,576,553	廣昌	1,434,753	4,651	1,430,102
廣豐	6,217,356	3,641,476	2,575,880	石城	1,442,852	79,775	1,363,077
玉山	8,445,538	5,121,488	3,324,050	瑞金	1,295,584	37,678	1,257,906
橫峯	725,008	122,758	602,250	會昌	1,178,012	14,800	1,163,212
鉛山	3,377,338	349,853	3,027,485	雩都	1,945,628	377,798	1,567,830
餘江	7,235 993	3,900,973	3,335,020	興國	1,889,793	319,534	1,570,259
萬年	1,039,240	19,093	1,020,147	靖安	11,195,984	6,518,358	4,677,626
餘干	4,934,344	2,914,673	2,019,671	九江	28,086,391	20,316,981	7,769,410
南城	15,277,641	9,609,739	5,667,902	德安	8,090,564	5,034,315	3,056,249
南豐	2,207,103	405,507	1,801,596	瑞昌	27,184,110	23,697,354	3,486,756
宜黃	5.152,008	2,924,524	2,227,484	永修	17,713,733	11,902,498	5,811,235
樂安	1,370,520	9,960	1,360,560	奉新	27,949,330	23,511,719	4,437,611
崇仁	4,065,988	2,781,918	1,284,070	安義	11,786,885	7,525,728	4,261,157
臨川	17,914 641	10,815,408	7,099,233	武寧	14,165,868	9,711,327	4,454,541

表三 財產損失中之房屋損失

單位：棟

地域別	房屋數	地域別	房屋數
總計	391,874	吉水	827
省級機關學校或事業	1,130	峽江	1,050
全省公教員工	8,315	永豐	5
小計	382,429	泰和	2,125
南昌市	35,205	萬安	1,240
豐城	7,430	遂川	533
南昌	39,942	寧岡	3
進賢	8,765	永新	3,479
新建	39,596	蓮花	340
高安	30,100	安福	2
新淦	2,795	贛縣	7,212
清江	325	南康	2,657
宜春	89	上猶	—
萍鄉	928	崇義	—
萬載	1,743	大庾	526
分宜	288	信豐	2,409
上高	3,350	虔南	133
宜豐	3,026	龍南	1,538
新喻	4,219	定南	125
修水	6,556	安遠	10
銅鼓	389	尋鄔	—
吉安	7,239	浮梁	2,787

表三　**財產損失中之房屋損失(續)**

單位：棟

地域別	房屋數	地域別	房屋數
婺源	2	崇仁	1,952
德興	—	臨川	9,596
樂平	253	東鄉	6,829
鄱陽	1,160	金谿	1,721
都昌	3,705	光澤	134
彭澤	3,644	資谿	—
湖口	3,699	黎川	—
星子	4,309	寧都	—
上饒	1,896	廣昌	4
廣豐	2,676	石城	18
玉山	4,171	瑞金	95
橫峯	84	會昌	1
鉛山	846	雩都	2
弋陽	1,544	興國	7
貴谿	10,051	靖安	6,637
餘江	2,697	九江	13,213
萬年	8	德安	6,397
餘干	3,101	瑞昌	11,101
南城	4,596	永修	12,545
南豐	111	奉新	21,274
宜黃	2,196	安義	8,949
樂安	1	武寧	10,599

表四

江西省抗戰人口傷亡數

單位：人

縣市名稱	重傷				輕傷				死亡				
	共計	男	女	童	共計	男	女	童	共計	男	女	童	不明
總計	83,529	48,361	24,748	10,420	107,672	65,770	28,354	13,548	313,249	193,739	84,379	33,900	1,231
南昌市	46	33	7	6	23	17	4	2	1,225	828	250	87	60
豐城	257	118	113	26	539	256	256	27	833	578	176	79	—
南昌	1,208	753	335	120	545	347	140	58	43,376	26,983	11,197	4,481	715
進賢	1,497	834	466	197	1,731	1,051	482	198	3,109	1,598	949	499	63
新建	134	111	23	—	102	81	21	—	8,480	4,180	3,825	475	—
高安	5,785	2,716	2,060	1,009	6,697	3,331	2,340	1,026	36,536	17,269	11,492	7,688	87
新淦	207	140	63	4	660	346	309	5	192	135	47	10	—
清江	111	86	19	6	89	62	20	7	355	229	84	42	—
宜春	132	99	31	2	103	94	7	2	562	426	116	19	1
萍鄉	419	327	88	4	181	127	54	—	1,515	1,156	240	119	—
萬載	2,126	1,488	531	107	3,009	2,118	757	134	1,691	1,498	152	41	—
分宜	180	62	101	17	311	135	151	25	377	322	37	17	1
上高	944	427	303	214	1,101	616	327	158	1,420	824	369	225	2
宜豐	4,362	2,081	1,511	770	4,512	2,227	1,512	773	3,221	1,744	832	641	4
新喻	2	2	—	—	—	—	—	—	21	9	8	4	—
修水	27	18	9	—	64	54	10	—	514	418	93	3	—

表四

江西省抗戰人口傷亡數（續）

單位：人

縣市名稱	重傷				輕傷				死亡				
	共計	男	女	童	共計	男	女	童	共計	男	女	童	不明
銅鼓	29	14	14	1	19	14	5	—	75	46	24	5	—
吉安	573	355	193	25	2,093	1,772	217	104	1,191	595	527	65	4
吉水	470	320	150	—	524	503	21	—	502	411	91	—	—
峽江	140	116	21	3	131	103	26	2	293	242	32	19	—
永豐	1	1	—	—	1	1	—	—	1	—	—	1	—
泰和	265	188	67	10	321	247	62	12	603	404	176	23	—
萬安	483	413	61	9	314	263	48	3	1,800	1,342	408	50	—
遂川	168	104	45	19	125	84	30	11	814	543	220	48	3
寧岡	—	—	—	—	—	—	—	—	75	21	5	49	—
永新	10,413	8,759	1,470	184	20,613	15,818	3,971	824	3,842	3,573	229	39	1
蓮花	105	89	16	—	77	57	19	1	747	604	134	8	1
安福	5	4	1	—	2	1	—	1	4	2	—	2	—
贛縣	534	366	162	6	320	200	111	9	1,070	684	278	108	—
南康	100	64	25	11	127	86	31	10	732	507	167	54	4
上猶	—	—	—	—	—	—	—	—	—	—	—	—	—
崇義	—	—	—	—	—	—	—	—	—	—	—	—	—
大庾	—	—	—	—	—	—	—	—	345	286	59	—	—

表四

江西省抗战人口伤亡数（续）

单位：人

县别	重伤 共计	重伤 男	重伤 女	重伤 童	轻伤 共计	轻伤 男	轻伤 女	轻伤 童	死亡 共计	死亡 男	死亡 女	死亡 童	死亡 不明
信丰	83	54	18	11	98	80	18	—	257	158	76	22	1
虔南	67	47	19	1	74	51	23	—	209	158	43	8	—
龙南	418	281	99	38	489	282	161	46	909	554	237	116	2
定南	55	38	9	8	43	40	1	2	92	82	8	2	—
安远	3	2	1	—	3	3	—	—	8	8	—	—	—
寻邬	—	—	—	—	—	—	—	—	—	—	—	—	—
浮梁	81	32	39	10	320	138	129	53	456	193	189	73	1
德兴	—	—	—	—	—	—	—	—	—	—	—	—	—
婺源	—	—	—	—	—	—	—	—	1	1	—	—	—
乐平	8	6	2	—	33	17	10	6	5	4	1	—	—
鄱阳	89	58	23	8	58	42	9	7	227	166	38	23	—
都昌	792	517	262	13	817	508	290	19	1,488	1,053	408	27	—
彭泽	593	330	214	49	—	—	—	—	5,544	3,345	2,077	121	1
湖口	8,701	4,824	3,782	95	7,070	3,656	2,458	956	13,641	6,628	5,422	1,546	45
星子	969	614	300	55	1,685	1,121	445	119	8,316	5,794	1,925	560	37
上饶	344	225	96	23	601	396	146	59	3,301	2,187	828	286	—
广丰	35	21	9	5	32	12	18	2	805	578	158	67	2

江西省抗战损失总报告 （15）

表四

江西省抗戰人口傷亡數（續）

單位：人

縣市名稱	重傷				輕傷				死亡				
	共計	男	女	童	共計	男	女	童	共計	男	女	童	不明
玉山	1,282	695	409	178	1,149	644	382	123	6,604	3,497	2,420	663	24
橫峯	68	23	31	14	13	3	4	6	83	45	21	17	—
鉛山	46	24	10	12	43	14	23	6	82	41	22	19	—
弋陽	52	33	16	3	—	—	—	—	314	237	59	17	1
貴谿	979	708	230	41	1,233	871	324	38	6,658	3,707	1,928	1,001	22
餘江	398	200	116	82	441	224	147	70	2,336	1,449	587	298	2
萬年	3	3	—	—	9	4	3	2	14	10	3	1	—
餘干	68	46	19	3	37	32	4	1	682	379	242	61	—
南城	453	178	184	91	484	129	252	103	3,696	2,026	1,149	478	42
南豐	5	4	—	1	21	13	2	6	48	22	20	6	—
宜黃	54	35	13	6	105	62	42	1	809	542	174	91	2
樂安	—	—	—	—	1	1	—	—	3	1	1	1	—
崇仁	24	17	4	3	30	18	10	2	266	174	73	18	1
臨川	4,733	2,355	1,560	818	3,323	1,564	1,178	581	15,885	9,601	4,289	1,995	—
東鄉	489	280	128	81	619	314	275	30	1,069	611	321	137	—
金谿	253	139	89	25	116	43	49	24	798	404	227	167	—
光澤	7	5	1	1	29	20	5	4	46	23	11	12	—

表四

江西省抗戰人口傷亡數（續）

單位：人

縣市名稱	重傷				輕傷				死亡				
	共計	男	女	童	共計	男	女	童	共計	男	女	童	不明
資谿	—	—	—	—	—	—	—	—	—	—	—	—	—
黎川	1	1	—	—	2	1	1	—	—	—	—	—	—
寧都	—	—	—	—	—	—	—	—	—	—	—	—	—
廣昌	—	—	—	—	3	2	1	—	—	—	—	—	—
石城	—	—	—	—	—	—	—	—	—	—	—	—	—
瑞金	23	15	3	5	16	9	3	4	13	8	2	3	—
會昌	—	—	—	—	—	—	—	—	—	—	—	—	—
雩都	7	7	—	—	2	1	1	—	3	2	—	1	—
興國	272	193	79	—	86	38	48	—	57	46	11	—	—
靖安	481	320	106	55	469	311	109	49	3,055	1,847	746	439	23
九江	1,556	1,096	421	39	3,239	2,209	916	114	23,537	22,062	1,033	442	—
德安	1,464	1,010	454	—	744	616	128	—	4,872	2,891	1,981	—	—
瑞昌	16,798	7,338	5,110	4,350	25,835	11,742	7,503	6,590	18,660	10,631	6,540	1,483	6
永修	1,893	1,644	158	91	7,689	6,784	561	344	20,523	16,505	2,620	1,398	—
奉新	6,004	3,060	1,940	1,004	2,340	1,170	780	390	42,560	21,439	14,248	6,837	36
安義	2,550	1,567	615	368	3,295	2,325	659	311	8,230	6,016	1,662	518	34
武寧	605	228	294	83	642	249	305	88	1,566	857	662	45	2

表五

江西省抗戰財產直接損失

一 機關部份

單位：千元

機關或縣市名稱	共計	建築物	器具	現款	圖書	儀器	文卷(宗)	醫藥用品	其他
總計	17,672,004	7,814,591	3,031,261	191,770	1,963,969	1,466,371	350,482	488,457	2,715,585
小計	10,245,447	3,470,090	1,952,546	15,058	1,770,566	1,409,952	5,413	327,235	1,300,000
全省保安司令部	623,134	70,000	13,665	—	44	—	480	79,425	460,000
秘書處	178,386	29,450	11,713	—	11,620	5,702	—	10,800	109,001
民政廳及所屬機關	292,698	167,871	31,286	—	229	—	712	—	93,312
財政廳	3,464	—	3,041	—	—	—	—	—	423
教育廳及所屬機關學校	6,608,544	1,795,329	1,559,209	8,540	1,648,079	1,248,428	84	68,359	280,600
建設廳及所屬機關	384,529	321,099	20,196	322	1,441	7,025	748	7,131	27,315
統計處	7,698	7,200	498	—	—	—	—	—	—
社會處及所屬機關	33,924	29,393	2,277	—	6	—	341	228	2,020
衛生處及所屬機關	726,283	342,680	166,721	2,100	3,292	21,190	301	160,779	29,521
合作事業管理處及所屬機關	480,282	254,565	100,717	4,000	1,000	—	300	—	120,000
地政局及所屬機關	215,919	7,800	1,446	—	—	123,615	1,717	—	83,058
田賦糧食管理處	7,640	5,000	2,640	—	—	—	—	—	—
省區救濟委員會及所屬機關	229,078	157,500	2,905	—	2,100	205	83	168	66,200
通志館	800	560	240	—	—	—	—	—	—

表五

江西省抗戰財產直接損失

一 機關部份（續）

單位：千元

機關或縣市名稱	共計	建築物	器具	現款	圖書	儀器	文卷(宗)	醫藥用品	其他
特種工作辦事處	2,626	1,320	1,130	—	160	—	—	—	16
臨時參議會	3,510	2,500	1,010	—	—	—	—	—	—
農業院及所屬機關	277,186	157,738	10,920	96	100,427	2,425	61	345	5,235
第二區行政督察專員公署	505	80	25	—	50	—	—	—	350
第四區行政督察專員公署	92,628	48,795	18,801	—	1,781	1,362	—	—	21,889
第六區行政督察專員公署	8,261	6,650	1,523	—	88	—	586	—	—
第七區行政督察專員公署	17,243	16,200	1,043	—	—	—	—	—	—
第九區行政督察專員公署	51,109	48,360	1,540	—	249	—	—	—	960
小計	7,426,557	4,344,501	1,078,715	176,712	193,403	56,419	345,069	161,222	1,415,585
南昌市	31,635	22,000	4,346	—	1,289	—	139	4,000	—
豐城	79,137	38,907	7,938	159	510	33	448	430	31,160
南昌	49,777	36,380	5,721	895	3,342	872	18,131	702	1,865
進賢	109,292	97,086	8,734	568	1,149	329	1,979	636	790
新建	45,140	19,050	15,410	—	300	200	—	200	9,980
高安	2,288,164	1,616,181	161,194	110,842	70 817	7,461	8,179	60,414	261,255
新淦	43,963	23,603	11,854	679	263	438	1,159	120	7,006

表五

江西省抗戰財產直接損失

一　機關部份（續）

單位：千元

機關或縣市名稱	共計	建築物	器具	現款	圖書	儀器	文卷（宗）	醫藥用品	其他
清江	47,419	26,460	15,291	689	450	2,076	10,230	1,827	626
宜春	6,259	1,903	1,137	347	193	20	5,694	—	2,659
萍鄉	61,750	26,107	9,534	4,789	1,855	243	10,787	2,928	16,284
萬載	14,087	3,797	6 239	460	493	57	2,033	51	2,990
分宜	7,946	294	1,292	4 199	76	—	—	183	1,902
上高	44,768	15,809	5,442	3,684	929	1	1,020	93	18,810
宜豐	66,830	23,355	35,402	616	259	15	12,826	423	6,760
新喻	8,039	2,840	1,161	253	320	—	126	158	3,307
修水	49,122	39,073	7,319	—	1,813	64	582	500	353
銅鼓	3,045	2,800	187	—	50	8	5,000	—	—
吉安	29 802	15,868	6,109	604	358	43	—	9	6,811
吉水	2,192	113	1,068	466	145	320	336	39	50
峽江	24,299	13,690	5,894	553	747	240	1,178	631	2,444
永豐	4,011	2,311	1,362	—	255	83	—	—	—
泰和	4,186	739	1,314	178	35	44	358	2	1,874
萬安	36,312	17,905	6,225	247	181	23	2,553	355	11,376

表五

江西省抗戰財產直接損失

一　機關部份（續）

單位：千元

機關或縣市名稱	共計	建築物	器具	現款	圖書	儀器	文卷（宗）	醫藥用品	其他
遂川	10,930	5,939	3,045	323	370	20	—	294	939
寧岡	1,500	1,500	—	—	—	—	—	—	—
永新	11,362	148	3,186	—	458	3	1,274	—	7,567
蓮花	59,809	11,689	14,075	13,957	1,803	1,286	—	1,765	15,234
安福	—	—	—	—	—	—	—	—	—
贛縣	185,448	73,636	49,901	1,693	3,170	1,373	128,206	7,757	47,918
南康	109,597	69,030	11,057	896	1,526	682	—	866	25,540
上猶	—	—	—	—	—	—	—	—	—
崇義	—	—	—	—	—	—	—	—	—
大庾	23,372	13,210	3,904	761	1,002	117	683	53	4,325
信豐	112,584	8,520	3,946	187	444	94	809	200	99,193
虔南	25,087	2,898	12,586	402	1,247	143	—	664	7,147
龍南	17,314	4,605	4,184	1,768	608	242	—	226	5,681
定南	17,149	3,410	3,211	11	340	9	243	310	9,858
安遠	—	—	—	—	—	—	—	—	—
尋鄔	—	—	—	—	—	—	—	—	—

表五

江西省抗戰財產直接損失

一 機關部份（續）

單位：千元

機關或縣市名稱	共計	建築物	器具	現款	圖書	儀器	文卷（宗）	醫藥用品	其他
浮梁	2,189	1,000	219	—	750	120	—	—	100
德興	—	—	—	—	—	—	—	—	—
婺源	—	—	—	—	—	—	—	—	—
樂平	644	584	58	—	—	1	—	—	1
鄱陽	12,807	6,150	1,877	198	492	—	138	1,240	2,850
都昌	44,993	31,539	5,704	1,446	806	97	6,313	872	4,529
彭澤	486,320	231,086	85,789	3,248	6,970	8,094	—	498	150,635
湖口	559,390	83,400	25,782	—	5,691	418	—	—	444,099
星子	101,124	46,600	10,198	3,747	21,309	20	44	15,650	3,600
上饒	71,635	52,312	3,802	182	258	203	4,490	2,005	12,873
廣豐	229	—	169	—	60	—	—	—	—
玉山	50,027	34,393	5,501	1,335	980	5,055	19,458	401	2,362
橫峯	16,502	14,007	1,122	123	189	284	690	167	610
鉛山	4,433	1,095	2,604	—	500	—	421	24	210
弋陽	21,954	11,491	1,803	167	740	103	—	1,857	5,793
貴谿	136,068	60,538	15,208	1,886	3,002	666	6,248	7,871	46,897

表五

江西省抗戰財產直接損失

一　機關部份（續）

單位：千元

機關或縣市名稱	共計	建築物	器具	現款	圖書	儀器	文卷（宗）	醫藥用品	其他
修江	66,869	10,400	17,259	911	4,517	1,657	9,929	1,683	30,442
萬年	—	—	—	—	—	—	—	—	—
餘干	58,817	40,245	8,034	1,177	1,880	241	—	236	7,004
南城	65,755	23,937	30,871	1,653	989	130	8,901	1,465	6,710
南豐	—	—	—	—	—	—	—	—	—
宜黃	63,919	26,955	7,983	631	2,855	2,199	—	1,284	22,012
樂安	3,045	243	1,277	1	—	—	—	400	1,124
崇仁	23,131	10,371	2,208	1,897	1,473	890	933	572	5,720
臨川	120,767	51,618	43,303	105	1,095	1,515	—	3,031	11,100
東鄉	130,820	84,648	21,319	1,603	2,168	1,691	—	7,439	11,952
金谿	17,241	9,663	3,109	414	1,053	214	1,493	476	2,312
光澤	620	500	100	—	10	10	200	—	—
資谿	—	—	—	—	—	—	—	—	—
黎川	—	—	—	—	—	—	—	—	—
寧都	—	—	—	—	—	—	—	—	—
廣昌	—	—	—	—	—	—	—	—	—

表五

江西省抗戰財產直接損失

一　機關部份（續）

單位：千元

機關或縣市名稱	共計	建築物	器具	現款	圖書	儀器	文卷（宗）	醫藥用品	其他
石城	—	—	—	—	—	—	—	—	—
瑞金	57	40	17	—	—	—	—	—	—
會昌	—	—	—	—	—	—	—	—	—
雩都	2,878	108	44	—	3	6	—	—	2,717
興國	132	—	95	25	—	—	8	—	12
靖安	227,418	167,867	56,523	8	439	278	10,300	2,100	203
九江	480,415	393,749	49,885	198	12,277	450	—	15,566	8,290
德安	13,700	12,000	1,350	—	350	—	3,500	—	—
瑞昌	235,868	165,080	39,009	3,105	7,697	2,302	—	6,140	12,535
永修	54,041	37,554	5,665	114	1,789	4,144	970	2,296	2,479
奉新	545,290	358,000	187,000	71	97	15	3,479	107	—
安義	45,211	34,319	2,828	2,241	4,116	742	50,205	705	260
武寧	130,921	102,153	11,732	—	3,051	8,235	3,864	1,300	4,450

註：教育廳數字包括全部省立學校之損失在內

表五

江西省抗戰財產直接損失

二　學校部份

單位：千元

縣市名稱	共計	建築物	器具	現款	圖書	儀器	醫藥用品	其他
總計	4,974,545	3,247,691	1,017,353	61,385	243,364	84,858	47,187	272,707
南昌市	136,028	52,554	46,072	—	21,692	12,960	2,750	—
豐城	49,043	6,800	6,669	90	1,010	272	160	34,042
南昌	133,473	93,404	18,818	2,495	5,633	2,202	2,851	8,050
進賢	56,190	33,886	13,401	1,180	2,689	1,195	519	3,320
新建	1,721,337	1,470,237	192,123	3,589	14,941	1,873	49	38,525
高安	595,153	261,479	270,820	1,673	18,760	16,358	3,600	22,463
新淦	7,200	3,747	1,689	50	1,000	150	200	364
清江	1,373	18	816	117	257	37	—	128
宜春	3,947	449	1,975	2	626	228	—	667
萍鄉	111,423	54,001	36,002	10,332	3,739	1,507	1,849	3,993
萬載	14,825	1,664	2,851	351	5,737	3,263	75	884
分宜	10,327	1,313	4,180	446	1,397	430	633	1,928
上高	2,920	1,002	1,243	135	480	50	10	—
宜豐	4,366	1,629	1,694	—	734	299	—	10
新喻	—	—	—	—	—	—	—	—
修水	20,390	14,765	2,771	—	1,701	743	—	410
銅鼓	—	—	—	—	—	—	—	—

表五

江西省抗戰財產直接損失

二　學校部份（續）

單位：千元

縣市名稱	共計	建築物	器具	現款	圖書	儀器	醫藥用品	其他
吉安	5,684	2,783	1,101	—	446	194	6	1,154
吉水	2,115	562	803	4	362	243	48	93
峽江	14,696	5,380	4,293	224	2,331	1,237	372	859
永豐	—	—	—	—	—	—	—	—
泰和	6,074	1,724	2,332	110	1,347	204	5	352
萬安	10,726	1,073	5,339	162	1,991	221	—	1,940
遂川	30,935	11,834	8,315	759	3,978	528	343	5,178
寧岡	—	—	—	—	—	—	—	—
永新	2,196	594	820	—	271	350	64	115
蓮花	9,666	3,397	1,855	430	1,396	545	169	1,874
安福	—	—	—	—	—	—	—	—
贛縣	207,904	88,984	53,402	888	9,925	8,352	752	45,601
南康	23,076	9,195	9,863	15	2,673	734	322	274
上猶	—	—	—	—	—	—	—	—
崇義	—	—	—	—	—	—	—	—
大庾	10,746	2,468	5,201	—	1,799	171	—	1,107
信豐	13,534	6,236	3,521	—	1,990	217	53	1,517

表五

江西省抗戰財產直接損失

二　學校部份(續)

單位：千元

縣市名稱	共計	建築物	器具	現款	圖書	儀器	醫藥用品	其他
虔南	6,299	1,385	3,038	34	917	257	168	500
龍南	67,891	14,823	11,220	699	5,968	1,470	477	33,234
定南	8,302	1,672	3,613	—	1,409	377	—	1,231
安遠	—	—	—	—	—	—	—	—
尋鄔	—	—	—	—	—	—	—	—
浮梁	8,840	6,510	1,780	—	450	80	20	—
德興	—	—	—	—	—	—	—	—
婺源	—	—	—	—	—	—	—	—
樂平	914	25	425	—	458	—	6	—
鄱陽	8,888	6,475	1,221	—	456	415	150	171
都昌	23,512	8,940	8,261	359	1,715	163	101	3,973
彭澤	167,914	84,720	18,470	14,500	20,943	865	2,063	26,353
湖口	—	—	—	—	—	—	—	—
星子	77,586	53,350	7,986	10,150	5,200	500	100	300
上饒	31,087	16,666	7,608	34	6,293	191	160	135
廣豐	17,893	9,324	5,149	3	2,672	102	49	594
玉山	52,011	27,987	13,221	1,326	5,492	1,008	910	2,067

表五

江西省抗戰財產直接損失

二 學校部份（續）

單位：千元

縣市名稱	共計	建築物	器具	現款	圖書	儀器	醫藥用品	其他
横峯	4,959	4,685	166	—	88	—	—	20
鉛山	2,098	—	86	—	1,000	—	—	1,012
弋陽	3,202	1,800	641	39	632	44	25	21
貴谿	35,534	19,563	8,418	197	2,949	633	201	3,573
餘江	48,796	17,867	18,197	561	3,176	545	6,771	1,679
萬年	—	—	—	—	—	—	—	—
餘干	8,049	5,203	2,356	—	316	86	24	64
南城	15,334	8,259	2,946	141	1,386	552	114	1,936
南豐	—	—	—	—	—	—	—	—
宜黃	50,338	27,527	8,046	597	8,403	2,534	649	2,582
樂安	278	58	20	—	100	80	20	—
崇仁	42,460	29,809	3,885	1,071	3,631	1,923	898	1,243
臨川	88,005	50,052	23,659	3,350	6,995	334	1,302	2,313
東鄉	36,310	26,594	5,572	39	2,241	641	689	534
金谿	52,444	40,965	6,504	40	2,030	607	2,008	290
光澤	47	—	—	—	—	47	—	—
資谿	—	—	—	—	—	—	—	—

表五

江西省抗戰財產直接損失

二 學校部份(續)

單位：千元

縣市名稱	共計	建築物	器具	現款	圖書	儀器	醫藥用品	其他
黎川	—	—	—	—	—	—	—	—
寧都	—	—	—	—	—	—	—	—
廣昌	—	—	—	—	—	—	—	—
石城	15,405	15,350	55	—	—	—	—	—
瑞金	55	—	47	—	8	—	—	—
會昌	—	—	—	—	—	—	—	—
雩都	879	349	502	—	28	—	—	—
興國	769	26	590	—	93	10	—	50
靖安	20,135	12,415	4,914	114	1,860	456	102	274
九江	—	—	—	—	—	—	—	—
德安	11,385	8,500	2,640	—	160	85	—	—
瑞昌	4 8,368	312,955	110,608	2,859	31,213	7,095	12,304	1,274
永修	28,230	22,000	1,604	—	1,809	1,440	600	777
奉新	161,250	107,500	32,250	2,150	10,750	6,450	2,150	—
安義	131,168	113,939	3,381	70	1,424	459	236	11,659
武寧	62,563	[illegible]	323	—	[illegible]	846	—	—

註：省立各學校未列在本表[illegible]

表五

江西省抗戰財產直接損失

三　農業部份

1. 總值

價值單位：千元

機關或縣市名稱	總值	機關或縣市名稱	總值	機關或縣市名稱	總值
總計	270,129,597	遂川	778,064	餘江	2,153,158
小計	692,768	寧岡	——	蓮花	2,660,679
農業院所屬農殖場	635,858	永新	2,437,830	安福	197
贛南園藝場	22,100	贛縣	2,449,843	萬年	19,093
墾務處所屬各墾場	31,699	南康	1,785,831	餘干	1,622,606
建設廳養魚實驗場	3,111	上猶	——	南城	4,242,582
小計	269,436,829	崇義	——	南豐	——
南市	768,841	大庾	459,386	宜黃	1,256,538
豐城	5,951,722	信豐	575,440	樂安	1,883,300
南昌	44,763,315	虔南	317,488	崇仁	1,855,120
進賢	5 560,728	龍南	603,989	臨川	7,660,052
新建	24,029,587	定南	327,096	東鄉	5,214,420
高安	24,949,728	安遠	64,933	金谿	727,987
新淦	2,453,801	尋鄔	——	光澤	10,750
清江	375,921	浮梁	190,790	資谿	——
宜春	1,196,629	德興	——	黎川	——
萍鄉	4,080,746	婺源	——	寧都	——
[illegible]	697,628	樂平	——	廣昌	4,651
[illegible]	953,169	鄱陽	520,694	石城	——
[illegible]	2,071,464	都昌	1,610,148	瑞金	——
[illegible]	1,014,392	彭澤	5,832,756	會昌	——
新喻	1,357,000	湖口	5,022,200	雩都	224,616
修水	5,877,023	星子	3,716,277	興國	318,621
銅鼓	2,601	上饒	2,598,465	靖安	4,596,505
吉安	1,493,733	廣豐	1,914,854	九江	8,567,646
吉水	1,270,863	玉山	2,400,129	德安	4,195,415
峽江	389,564	橫峯	82,475	瑞昌	13,576,752
永豐	129,370	鉛山	183,986	永修	7,116,590
泰和	1,414,335	弋陽	1,307,744	奉新	18,775,618
萬安	1,623,157	貴谿	5,630,899	安義	5,787,430
				武寧	5,611,288

表五

江西省抗戰財產直接損失

三　農業部份

2. 房屋

價值單位：千元

機關或縣市名稱	棟數	價值	機關或縣市名稱	棟數	價值
總計	246,798	140,658,983	尋　鄔	——	——
			浮　梁	6	1,220
小計	93	47,069	德　興	——	——
農業院所屬農殖場	85	43,957	婺　源	——	——
贛南園藝場	4	1,558	樂　平	——	——
墾務處所屬各墾場	4	1,554	鄱　陽	528	397,560
建設廳養魚實驗場	——	——	都　昌	3,478	1,046,851
小計	246,705	140,611,914	彭　澤	2,642	2,002,100
南昌市	1,258	466,145	湖　口	3,699	2,191,080
豐　城	5,858	608,260	星　子	3,986	2,021,500
南　昌	35,852	28,889,952	上　饒	809	804,300
進　賢	7,100	2,827,340	廣　豐	1,415	1,008,500
新　建	19,040	10,416,001	玉　山	2,812	1,667,550
高　安	23,400	13,369,573	橫　峯	47	24,852
新　淦	2,645	1,372,350	鉛　山	330	70,460
清　江	211	132,740	弋　陽	1,518	875,620
宜　春	84	43,432	貴　谿	7,176	3,604,477
萍　鄉	571	485,560	餘　江	1,823	729,196
萬　載	650	289,346	萬　年	8	3,957
分　宜	283	515,368	餘　干	2,124	849,583
上　高	2,414	1,265,600	南　城	1,798	1,133,327
宜　豐	2,295	639,826	南　豐	——	——
新　喻	3,726	1,117,800	宜　黃	1,558	816,000
修　水	5,689	2,574,780	樂　安	——	——
銅　鼓	3	360	崇　仁	1,210	1,012,300
吉　安	3,636	966,248	臨　川	6,690	4,125,230
吉　水	638	389,165	東　鄉	4,594	2,296,846
峽　江	1,010	157,297	谿　金	706	418,006
永　豐	——	——	光　澤	33	3,300
泰　和	1,456	727,918	資　谿	——	——
萬　安	827	415,636	黎　川	——	——
遂　川	334	244,663	寧　都	——	——
寧　岡	——	——	廣　昌	4	4,430
永　新	3,462	934,403	石　城	——	——
蓮　花	72	28,864	瑞　金	——	——
安　福	1	120	會　昌	——	——
贛　縣	1,519	751,758	雩　都	——	——
南　康	1,952	709,121	興　國	6	3,600
上　猶	——	——	靖　安	5,771	2,976,345
崇　義	——	——	九　江	10,836	4,969,540
大　庾	229	198,530	德　安	5,429	2,568,830
信　豐	2,312	216,809	瑞　昌	5,211	3,343,285
虔　南	73	26,923	永　修	8,818	4,448,440
龍　南	1,400	137,333	奉　新	16,505	16,505,000
定　南	64	41,400	安　義	7,173	3,568,868
安　遠	7	3,440	武　寧	7,889	4,155,700

表五 **江西省抗戰財產直接損失**

三 農業部份

3. 器具 價值單位：千元

機關或縣市名稱	件數	價值	機關或縣市名稱	件數	價值
總計	9,447,477	22,215,695	尋鄔	——	——
			浮梁	200	600
小計	31,204	17,876	德興	——	——
農業院所屬農殖場	29,291	13,891	婺源	——	——
贛南園藝場	1,258	2,815	樂平	——	——
墾各處所屬各墾場	640	1,155	鄱陽	32,741	30,156
建設廳養魚實驗場	15	15	都昌	43,436	81,823
小計	9,416,273	22,197,819	彭澤	184,723	469,446
南昌市	37,481	83,254	湖口	560,000	400,940
豐城	158,384	1,176,082	星子	90,830	192,070
南昌	1,105,130	4,914,608	上饒	64,031	152,215
進賢	116,747	233,495	廣豐	118,155	76,721
新建	196,343	489,029	玉山	71,836	75,097
高安	967,435	2,766,337	橫峯	5,210	15,038
新淦	228,939	449,879	鉛山	5,968	13,010
清江	31,017	63,452	弋陽	63,964	114,875
宜春	10,580	10,580	貴谿	240,521	311,305
萍鄉	126,049	252,098	餘江	83,735	83,916
萬載	17,172	23,518	萬年	369	779
分宜	17,698	30,144	餘干	193,731	145,897
上高	80,776	215,678	南城	60,473	124,230
宜豐	218,681	237,528	南豐	——	——
新喻	13,400	23,400	宜黃	22,052	35,052
修水	220,329	440,659	樂安	——	——
銅鼓	116	116	崇仁	17,215	23,242
吉安	40,719	125,182	臨川	76,055	188,210
吉水	31,900	63,800	東鄉	132,225	448,600
峽江	16,022	16,274	金谿	10,844	22,723
永豐	——	——	光澤	200	400
泰和	16,348	32,696	資谿	——	——
萬安	401,693	190,803	黎川	——	——
遂川	30,709	35,508	寧都	——	——
寧岡	——	——	廣昌	——	——
永新	1,253	3,760	石城	——	——
蓮花	34,555	58,419	瑞金	——	——
安福	24	49	會昌	——	——
贛縣	122,844	369,335	雩都	150	300
南康	127,588	198,275	興國	85,270	199,533
上猶	——	——	靖安	263,660	550,722
崇義	——	——	九江	498,060	937,125
大庾	10,000	20,000	德安	70,000	200,000
信豐	23,194	47,389	瑞昌	821,395	2,429,976
虔南	9,474	18,948	永修	413,713	666,379
龍南	25,523	44,125	奉新	412,625	825,250
定南	16,273	14,410	安義	225,194	534,989
安遠	7,956	7,690	武寧	85,340	190,680

表五

江西省抗戰財產直接損失

三 農業部份

4. 現款

價值單位：千元

機關或縣市名稱	款數	機關或縣市名稱	款數	機關或縣市名稱	款數
總計	5,210,037	遂川	9,591	弋陽	10,654
小計	50	寧岡	——	貴谿	229,804
農業院所屬農殖場	50	永新	——	餘江	54,473
贛南園藝場	——	蓮花	46,107	萬年	271
墾務處所屬各墾場	——	安福	——	餘干	5,977
建設廳養魚實驗場	——	贛縣	25,249	南城	97,286
小計	5,209,987	南康	12,927	南豐	——
南昌市	1,474	上猶	——	宜黃	82,740
豐城	595,085	崇義	——	樂安	——
南昌	156,118	大庾	1,246	崇仁	81,841
進賢	196,756	信豐	2,895	臨川	244,168
新建	569,542	虔南	7,223	東鄉	326,823
高安	1,381,852	龍南	4,939	金谿	5,174
新淦	1,357	定南	2,041	光澤	1,050
清江	1,134	安遠	8,216	資谿	——
宜春	14,735	尋鄔	——	黎川	——
萍鄉	222,932	浮梁	3,963	寧都	——
萬載	2,565	德興	——	廣昌	——
分宜	27,315	婺源	——	石城	——
上高	18,616	樂平	——	瑞金	——
宜豐	26,693	鄱陽	743	會昌	——
新喻	——	都昌	606	雩都	——
修水	295,272	彭澤	——	興國	682
銅鼓	492	湖口	8,000	靖安	40,108
吉安	70	星子	39,000	九江	21,272
吉水	——	上饒	21,152	德安	——
峽江	3,974	廣豐	25,055	瑞昌	83,815
永豐	——	玉山	11,099	永修	33,216
泰和	9,266	橫峯	1,357	奉新	16,505
萬安	8,596	鉛山	——	安義	56,840
				武寧	52,035

表五

江西省抗戰財產直接損失

三　農業部份

5. 產品——農產品

價值單位：千元

機關或縣市名稱	農產品							
	稻		麥		植物油		雜糧	
	担數	價值	担數	價值	担數	價值	担數	價值
總計	14,690,164	17,456,449	1,426,422	2,958,948	378,638	5,001,409	4,684,445	6,409,564
小計	9,792	7,888	87	160	41	682	4,248	10,260
農業院所屬農殖場	1,873	1,798	87	160	41	682	89	536
贛南園藝場	—	—	—	—	—	—	3,765	9,315
墾務處所屬各墾場	8,919	6,090	—	—	—	—	394	409
建設廳養魚實驗場	—	—	—	—	—	—	—	—
小計	14,680,372	17,448,561	1,426,335	2,958,788	378,597	5,000,727	4,680,197	6,399,304
南昌市	34,377	49,147	361	942	178	1,847	545	1,029
豐城	379,306	1,182,518	6,636	25,428	1,752	39,918	218,617	331,423
南昌	743,989	1,756,546	22,953	45,674	1,505	24,432	34,503	63,733
進賢	318,283	401,693	46,425	123,586	21,576	215,760	174,510	174,510
新建	1,764,561	3,329,124	238,781	477,569	28,358	550,769	102,753	136,798
高安	860,000	987,220	117,600	235,198	38,018	448,286	1,353,120	2,405,182
新淦	37,390	44,872	1,702	3,404	1,970	23,642	14,744	14,744
清江	19,379	19,952	836	2,922	661	9,650	2,713	3,539
宜春	85,790	92,539	3,027	6,055	10,247	124,788	68,691	68,697
萍鄉	245,911	491,822	9,223	23,059	24,129	289,671	62,121	62,121
萬載	16,284	22,710	1,154	1,230	978	15,133	3,699	5,749
分宜	30,871	35,867	445	1,051	1,632	18,930	6,125	7,147
上高	19,191	103,838	1,849	5,545	441	6,835	63,720	105,870
宜豐	8,189	10,083	—	—	1	13	1,064	1,293
新喻	17,784	17,784	—	—	150	24,375	23,230	18,584

表五

江西省抗戰財產直接損失

三 農業部份

5. 產品——農產品

價值單位：千元

機關或縣市名稱	農		產				品	
	稻		麥		植物油		雜糧	
	担數	價值	担數	價值	担數	價值	担數	價值
修水	182,750	274,136	119,065	238,130	28,024	336,290	550,045	550,045
鉛鼓	330	330	4	7	2	24	120	80
吉安	87,520	91,212	1,327	1,863	778	7,709	1,780	2,518
吉水	502,371	505,865	24,051	26,464	50	600	4,580	3,564
峽江	18,556	16,145	499	1,996	2,202	44,100	1,711	2,429
永豐	20,000	25,480	——	——	1,100	12,800	1,800	1,800
泰和	27,739	33,287	6,224	12,448	2,033	20,338	8,689	8,690
萬安	230,159	220,004	840	2,547	2,193	29,112	4,735	4,085
遂川	85,291	179,565	1,054	3,664	1,787	28,444	7,632	6,013
寧岡	——	——	——	——	——	——	——	——
永新	197,073	231,936	——	——	895	18,795	144,257	237,722
蓮花	74,263	103,643	2,662	7,102	4,132	41,659	6,747	9,894
安福	8	8	2	3	——	——	——	——
贛縣	81,967	103,548	1,186	2,642	8,854	178,326	39,595	30,463
南康	107,432	132,182	1,513	4,061	8,555	148,188	28,963	28,963
上猶	——	——	——	——	——	——	——	——
崇義	——	——	——	——	——	——	——	——
大庾	27,994	35,705	——	——	——	——	4,947	3,158
信豐	35,700	35,797	88	131	1,800	17,862	9,500	9,081
虔南	3,023	30,231	113	225	810	12,155	3,726	2,925
龍南	33,276	33,551	50	50	1,604	16,015	8,542	14,833
定南	10,637	13,716	——	——	339	3,395	1,254	4,304
安遠	4,954	4,954	——	——	107	1,361	1,368	4,565

表五

江西省抗戰財產直接損失

三　農業部份

5. 產品——農產品

價值單位：千元

機關或縣市名稱	農產品							
	稻		麥		植物油		雜糧	
	担數	價值	担數	價值	担數	價值	担數	價值
尋鄔	—	—	—	—	—	—	—	—
浮梁	17,600	29,600	1,300	4,900	1,200	12,000	3,500	17,000
德興	—	—	—	—	—	—	—	—
婺源	—	—	—	—	—	—	—	—
樂平	—	—	—	—	—	—	—	—
鄱陽	19,128	19,313	2,801	4,024	159	1,010	2,337	3,007
都昌	39,182	37,881	4,976	9,448	2,202	20,631	8,242	7,927
彭澤	647,642	1,307,642	39,717	79,434	4,325	51,900	568,611	568,611
湖口	168,700	168,700	56,600	113,200	1,780	36,700	80,160	82,982
星子	182,386	184,430	12,551	196,701	13,294	208,165	78,894	80,920
上饒	178,790	278,918	11,381	25,448	1,374	13,864	9,318	17,295
廣豐	91,441	87,937	28,747	42,997	9,769	98,090	58,980	84,784
玉山	122,696	77,321	27,490	47,980	7,095	70,952	39,195	70,999
橫峯	13,041	13,031	366	629	196	2,646	824	1,778
鉛山	11,300	11,740	305	761	290	3,398	1,449	1,406
弋陽	28,855	30,635	1,964	2,047	938	6,083	1,182	1,061
貴谿	3,078,846	171,353	7,612	9,955	4,999	54,201	28,384	36,411
餘江	134,165	124,106	21,597	24,719	5,069	77,737	52,439	53,073
萬年	74	89	—	—	—	—	33	40
餘干	54,827	104,582	9,615	16,069	1,491	12,660	16,519	26,793
南城	109,053	164,269	2,728	6,028	6,185	125,870	18,270	27,208
南豐	—	—	—	—	—	—	—	—
宜黃	40,036	33,428	250	700	3,895	46,488	1,214	3,070

表五

江西省抗戰財產直接損失

三　農業部份

5. 產品——農產品

價值單位：千元

機關或縣市名稱	農產品							
	稻		麥		植物油		雜糧	
	担數	價值	担數	價值	担數	價值	担數	價值
樂安	1,365	887	—	—	—	—	63	51
崇仁	87,013	140,847	2,205	7,410	7,733	85,080	20,800	53,285
臨川	177,972	177,868	50,101	105,388	21,502	199,424	35,640	59,497
東鄉	114,783	114,804	12,700	26,326	7,846	69,336	20,386	59,551
金谿	30,608	29,104	172	233	1,434	13,629	2,716	4,084
光澤	—	—	—	—	—	—	—	—
資谿	—	—	—	—	—	—	—	—
黎川	—	—	—	—	—	—	—	—
寧都	—	—	—	—	—	—	—	—
廣昌	—	—	—	—	—	—	—	—
石城	—	—	—	—	—	—	—	—
瑞金	—	—	—	—	—	—	—	—
會昌	—	—	—	—	—	—	—	—
雩都	102,616	82,093	170	350	9	91	2,116	1,290
興國	6,761	6,465	—	—	192	4,013	121	387
靖安	205,465	220,027	4,500	4,492	2,143	35,395	20,800	22,000
九江	182,850	365,700	119,860	389,500	5,300	199,500	136,620	273,740
德安	363,904	707,228	117,531	234,851	390	7,700	173,954	146,008
瑞昌	332,552	355,152	228,924	296,167	45,589	419,734	215,880	167,680
永修	605,834	640,289	40,357	40,357	2,522	40,348	72,764	65,497
奉新	375,760	297,608	—	—	18,000	324,000	200	80
安義	497,337	412,138	5,662	10,105	4,655	45,383	21,012	12,951
武寧	345,442	436,366	4,500	5,593	200	3,477	27,428	82,287

表五

江西省抗戰財產直接損失

三 農業部份

5. 產品——林產品、水產品、畜產品

價值單位：千元

機關或縣市名稱	林產品 木 株數	林產品 木 價值	林產品 竹 株數	林產品 竹 價值	水產品 担數	水產品 價值	畜產品 件數	畜產品 價值
總計	17,582,353	3,918,439	5,702,475	555,894	134,494	843,495	40,428	408,565
小計	10,838,225	557,071	500,052	10,000	244	3,404	—	—
農業院所屬農殖場	10,809,541	555,611	500,052	10,000	—	—	—	—
贛南園藝場	28,684	1,460	—	—	32	384	—	—
墾務處所屬各墾場	—	—	—	—	—	—	—	—
建設廳養魚實驗場	—	—	—	—	212	3020	—	—
小計	6,744,128	3,361,368	5,202,423	545,894	134,250	840,091	40,428	408,565
南昌市	72,761	74,028	4,048	1,967	1,383	6,281	1	1
豐城	7,148	2,415	2,407	371	22	176	47	398
南昌	40,483	25,394	16,482	1,280	616	3,095	566	4,527
進賢	450,373	180,149	109,815	10,982	627	5,017	1,791	16,118
新建	109,305	62,792	131,700	13,171	1,276	12,768	2,867	25,804
高安	197,826	107,827	418,300	41,830	2,955	23,640	1,138	102,461
新淦	8,596	3,439	14,979	1,498	3	24	7	59
清江	98,066	7,347	15,472	1,222	—	—	98	444
宜春	287,514	115,006	621,636	62,164	6,196	49,571	120	1,197
萍鄉	151,650	60,659	172,856	17,286	17,352	138,820	3,432	27,453
萬載	2,996	779	4,108	381	91	600	1,330	4,475
分宜	8,498	3,614	2,739	496	95	885	—	—
上高	2,035	906	2,015	222	56	463	10	74
宜豐	—	—	—	—	—	—	—	—
新喻	—	—	—	—	298	2,382	144	1,152

表五

江西省抗戰財產直接損失

三 農業部份

5. 產品——林產品、水產品、畜產品(續)

價值單位：千元

機關或縣市名稱	林產品 木 株數	林產品 木 價值	林產品 竹 株數	林產品 竹 價值	水產品 担數	水產品 價值	畜產品 件數	畜產品 價值
修水	85,886	51,532	47,595	9,519	60	400	—	—
銅鼓	1,000	100	—	—	—	—	1	2
吉安	550	215	4,900	505	50	350	—	—
吉水	—	—	—	—	300	2,000	120	1,000
峽江	5,724	3,081	1,878	303	39	287	92	651
永豐	8,000	6,240	240,000	24,000	400	3,200	—	—
泰和	11,081	5,541	12,108	1,211	137	1,638	193	1,546
萬安	1,452	3,723	17,212	1,341	190	2,805	5,143	133
遂川	16,292	6,460	34,214	3,607	14	129	42	401
寧岡	—	—	—	—	—	—	—	—
永新	46,235	9,888	17,604	1,729	—	—	—	—
蓮花	30,836	6,224	19,084	1,074	468	7,569	35	2,816
安福	—	—	—	—	—	—	—	—
贛縣	30,493	11,450	14,735	1,482	1,077	10,767	126	1,026
南康	18,715	9,126	14,983	1,498	1,953	17,575	208	1,456
上猶	—	—	—	—	—	—	—	—
崇義	—	—	—	—	—	—	—	—
大庾	400	80	—	—	5	35	—	—
信豐	9,800	3,919	6,588	659	1,080	8,030	60	512
虔南	3,225	1,613	2,570	257	333	3,328	216	2,164
龍南	50,457	9,223	8,418	1,083	2,325	14,982	581	590
定南	14,684	8,502	6,428	643	37	714	122	1,237
安遠	1,220	599	1,647	165	46	101	27	269

表五

江西省抗戰財產直接損失

三 農業部份

5. 產品——林產品、水產品、畜產品

價值單位：千元

機關或縣市名稱	林產品 木 株數	林產品 木 價值	林產品 竹 株數	林產品 竹 價值	水產品 担數	水產品 價值	畜產品 件數	畜產品 價值
尋鄔	—	—	—	—	—	—	—	—
浮梁	4,600	4,000	16,790	5,358	680	6,800	590	6,310
德興	—	—	—	—	—	—	—	—
婺源	—	—	—	—	—	—	—	—
樂平	—	—	—	—	—	—	—	—
鄱陽	39,824	11,271	2,382	197	—	—	—	—
都昌	98,782	7,508	18,991	1,665	3	26	74	542
彭澤	32,623	16,311	—	—	1,862	13,034	—	—
湖口	476,440	193,140	—	—	—	—	—	—
星子	208,285	109,852	140,910	16,263	1,829	16,560	670	6,160
上饒	5,216	2 306	2,465	180	511	4,564	10	75
廣豐	29,018	7,646	34,178	2,345	25	199	—	—
玉山	18,768	6,859	43,090	2,769	320	1,779	2	13
橫峯	1,826	455	414	19	19	106	3	21
鉛山	1,800	147	2,900	299	—	—	—	—
弋陽	1,608	508	7,710	633	13	90	—	—
貴谿	3,495	15,601	31,510	2,975	28	264	79	204
餘江	27,866	14,899	20,051	1,365	774	7,234	17	130
萬年	—	—	—	—	—	—	—	—
餘干	41,365	6,394	19,893	1,202	18,025	100,177	254	2,292
南城	1,060,819	741,160	87,512	8,170	1,527	14,207	8,000	51,800
南豐	—	—	—	—	—	—	—	—
宜黃	17,073	5,453	31,852	3,307	10	90	80	170

一一五

表五

江西省抗戰財產直接損失

三 農業部份

5. 產品——林產品、水產品、畜產品

價值單位：千元

機關或縣市名稱	林產品						水產品			畜產品		
	木			竹								
	株	數	價值	株	數	價值	担	數	價值	件	數	價值
樂安		—	—		—	—		—	—		—	—
崇仁		56,880	17,930		46,450	4,145		—	—		—	—
臨川		69,387	14,026		54,398	5,714		206	1,532		542	39,408
東鄉		1,668,154	913,195		839,961	126,975		760	6,579		1,430	11,467
金谿		65,703	16,977		28,681	1,569		160	1,149		77	549
光澤		—	—		—	—		—	—		—	—
資谿		—	—		—	—		—	—		—	—
黎川		—	—		—	—		—	—		—	—
寧都		—	—		—	—		—	—		—	—
廣昌		—	—		—	—		—	—		—	—
石城		—	—		—	—		—	—		—	—
瑞金		—	—		—	—		—	—		—	—
會昌		—	—		—	—		—	—		—	—
雩都		200,000	100,000		100,000	10,000		2,400	23,990		—	—
興國		2,600	2,000		40	3		25	242		—	—
靖安		150,000	145,645		212,000	17,568		260	239		412	3,295
九江		22,000	10,400		89,300	6,930		26,500	292,825		291	2,910
德安		—	—		—	—		—	—		—	—
瑞昌		264,905	136,320		1,198,255	104,232		38,500	28,283		8,600	79,437
永修		60,046	7,612		21,908	1,645		200	1,495		580	4,900
奉新		—	—		—	—		—	—		—	—
安義		141,741	31,882		184,261	18,420		129	995		200	916
武寧		200,000	40,000		—	—		—	—		—	—

表五

江西省抗戰財產直接損失

三　農業部份

6. 牲畜

價值單位：千元

機關或縣市名稱	牲畜							
	豬		牛		雞鴨		其他	
	頭數	價值	頭數	價值	頭數	價值	頭數	價值
總計	1,120,415	12,486,521	271,467	5,868,513	6,078,900	2,051,948	1,039,728	1,747,820
小計	632	7,552	470	9,534	5,422	2,014	3	125
農業院所屬農殖場	24	251	104	2,165	203	263	3	125
贛南園藝場	52	1,860	4	80	86	52	——	——
墾務處所屬各墾場	556	5,441	362	7,289	5,134	1,699	——	——
建設廳養魚實驗場	——	——	——	——	——	——	——	——
小計	1,119,783	12,478,969	270,997	5,858,979	6,073,478	2,049,934	1,039,725	1,747,695
南昌市	2,024	30,155	257	5,940	15,286	5,183	1,150	661
豐城	10,905	158,075	5,166	114,359	92,470	34,380	1,308	2,219
南昌	135,938	1,248,067	17,903	255,319	322,015	218,531	4,901	4,768
進賢	11,656	156,745	8,935	175,388	57,218	22,887	13,344	13,344
新建	150,048	1,545,258	14,415	288,307	601,188	242,679	861,167	1,559,265
高安	155,000	1,975,415	8,590	312,983	808,970	404,495	14,115	14,115
新淦	3,257	39,088	2,454	49,920	36,501	14,600	2,844	2,844
清江	2,501	28,825	1,004	18,924	10,429	2,546	3,249	3.733
宜春	9,459	113,520	1,656	37,001	44,340	17,736	3,165	3,165
萍鄉	25,066	375,998	6,898	222,282	285,128	114,051	20,489	20,489
萬載	8,648	60,446	3,875	63,204	31,295	11,174	1,450	1,075
分宜	3,656	67,464	1,374	46,763	10,240	4,652	718	1,414
上高	2,400	24,000	1,172	23,440	26,869	8,509	252	389
宜豐	7,757	77,455	493	8,020	15,796	6,019	20	21
新喻	2,013	20,130	2,119	42,380	8,500	2,550	——	——

表五

江西省抗戰財產直接損失

三 農業部份

6. 牲畜(續)

價值單位：千元

機關或縣市名稱	牲畜							
	豬		牛		雞鴨		其他	
	頭數	價值	頭數	價值	頭數	價值	頭數	價值
修水	57,090	575,290	7,948	157,960	109,105	43,642	4,844	4,844
銅鼓	54	600	19	380	100	20	——	——
吉安	6,583	85,984	3,277	52,132	12,478	4,313	228	288
吉水	9,766	103,549	4,093	79,864	5,400	2,000	——	——
峽江	2,549	27,786	591	10,714	39,342	11,957	1,413	2,760
永豐	1,200	24,000	104	2,600	5,000	3,000	——	——
泰和	7,662	91,952	2,804	73,320	17,357	6,943	765	765
萬安	19,670	202,386	6,599	134,383	104,753	28,364	738	764
遂川	2,813	42,225	3,503	85,108	60,947	18,739	118	119
寧岡	——	——	——	——	——	——	——	——
永新	19,894	293,615	7,443	226,414	442,046	149,272	——	——
蓮花	15,763	259,415	7,645	199,793	119,778	29,099	4,212	2,900
安福	1	10	——	——	11	4	——	——
贛縣	7,411	103,794	3,075	72,841	150,543	27,388	1,763	1,809
南康	7,611	92,797	3,891	59,964	107,712	22,799	2,473	1,237
上猶	——	——	——	——	——	——	——	——
崇義	——	——	——	——	——	——	——	——
大庾	2,531	43,285	3,962	86,338	10,584	2,478	780	1,567
信豐	9,100	91,445	2,803	48,012	52,131	15,639	——	——
虔南	4,508	67,624	1,486	31,082	11,887	5,894	1,274	1,275
龍南	4,091	53,913	2,435	44,635	28,618	12,144	788	783
定南	4,548	53,432	3,515	113,052	36,891	11,893	1,894	815
安遠	434	6,690	148	2,345	5,834	862	1,690	530

表五

江西省抗戰財產直接損失

三　農業部份

6. 牲畜(續)

價值單位：千元

機關或縣市名稱	牲畜							
	豬		牛		雞鴨		其他	
	頭數	價值	頭數	價值	頭數	價值	頭數	價值
尋鄔	—	—	—	—	—	—	—	—
浮梁	620	8,900	—	—	1,840	920	980	7,840
德興	—	—	—	—	—	—	—	—
婺源	—	—	—	—	—	—	—	—
樂平	—	—	—	—	—	—	—	—
鄱陽	427	4,399	189	2,311	3,093	541	97	640
都昌	7,664	75,454	4,989	90,275	34,398	9,559	32	33
彭澤	15,400	181,000	3,339	100,170	89,842	41,937	324	324
湖口	13,320	79,920	4,069	48,828	100,000	29,820	—	—
星子	13,392	172,350	3,647	94,260	55,400	19,510	80	3,200
上饒	9,410	176,280	2,230	66,962	46,057	20,556	1,377	1,338
廣豐	8,714	94,366	2,095	53,559	27,656	7,294	17,668	2,632
玉山	12,225	97,608	2,540	54,102	22,064	7,048	167	150
橫峯	839	9,206	142	3,789	3,967	674	—	—
鉛山	569	8,281	2,945	59,074	683	320	—	—
弋陽	3,822	43,232	1,953	42,143	15,837	2,668	244	256
貴谿	17,569	195,610	8,035	125,309	64,780	21,019	11,119	14,402
餘江	8,826	86,004	4,404	69,545	653,406	29,097	30	98
萬年	26	272	11	133	—	—	—	—
餘干	3,352	32,615	1,023	15,406	2,801	1,051	4,507	305
南城	22,426	317,142	7,669	151,265	157,478	38,392	3,584	3,282
南豐	—	—	—	—	—	—	—	—
宜黃	6,493	66,346	1,482	24,820	12,053	6,310	870	870

表五

江西省抗戰財產直接損失

三 農業部份

6. 牲畜(續)

價值單位：千元

機關或縣市名稱	牲畜							
	豬		牛		雞鴨		其他	
	頭數	價值	頭數	價值	頭數	價值	頭數	價值
樂安	42	460	19	475	——	——	——	——
崇仁	4,628	52,156	2,560	51,865	40,780	9,899	5,152	5,165
臨川	23,985	238,545	9,487	143,416	108,268	49,420	315	315
東鄉	13,153	132,980	2,386	48,835	119,182	30,648	5,391	12,290
金谿	4,604	49,398	1,214	22,626	25,089	5,206	1,609	1,080
光澤	——	——	——	——	——	——	——	——
資谿	——	——	——	——	——	——	——	——
黎川	——	——	——	——	——	——	——	——
寧都	——	——	——	——	——	——	——	——
廣昌	——	——	8	184	——	——	——	——
石城	——	——	——	——	——	——	——	——
瑞金	——	——	——	——	——	——	——	——
會昌	——	——	——	——	——	——	——	——
雩都	——	——	1	22	16,800	6,480	——	——
興國	3,506	14,243	825	16,652	10,434	2,496	9	360
靖安	6,475	68,152	3,586	75,685	50,134	17,021	3,174	3,194
九江	21,685	216,850	8,661	173,220	70,850	21,255	134	152
德安	8,013	80,130	3,705	75,206	48,149	7,259	——	——
瑞昌	75,480	868,620	10,992	275,005	284,471	86,537	9,039	13,970
永修	17,461	164,265	10,276	354,844	65,943	13,189	21,561	26,686
奉新	36,500	365,000	15,095	271,710	98,500	19,700	——	——
安義	20,243	232,535	5,047	107,681	104,045	21,850	890	931
武寧	25,307	205,307	4,721	94,426	52,716	15,816	229	222

表五 **江西省抗戰財產直接損失**

三 農業部份

7. 農具、漁具、運輸工具 價值單位：千元

機關或縣市名稱	農具		漁具		運輸工具（手車）	
	件數	價值	件數	價值	輛數	價值
總計	3,187,077	5,540,340	171,361	447,728	336,296	1,322,230
小計	8,608	10,005	29	58	30	197
農業院所屬農殖場	3,460	3,014	—	—	22	159
贛南園藝場	2,343	3,974	—	—	4	20
墾務處所屬各墾場	2,805	3,017	—	—	—	—
建設廳養魚實驗場	—	—	29	58	4	18
小計	3,178,469	5,530,335	171,342	447,670	336,266	1,322,033
南昌市	11,594	12,067	686	2,460	1,028	3,030
豐城	52,332	128,600	2,016	2,553	1,341	4,446
南昌	338,460	799,112	10,930	36,232	6,325	14,086
進賢	103,483	206,967	2,444	7,332	6,639	14,773
新建	716,091	1,432,184	70,231	240,925	142,907	437,182
高安	56,570	87,704	1,259	3,780	14,500	40,173
新淦	12,046	24,092	8	25	2,281	6,844
清江	4,077	4,109	10	32	564	1,873
宜春	14,283	28,566	395	1 186	323	971
萍鄉	30,393	60,786	1,608	4,826	33,121	99,363
萬載	2,570	6,508	181	406	404	864
分宜	3,915	2,778	8	25	70	211
上高	38,552	77,014	1,500	4,500	405	1,212
宜豐	14	28	—	—	—	—
新喻	17,600	35,200	—	—	—	—
修水	59,830	119,661	105	314	30	75
銅鼓	20	21	—	—	—	—
吉安	3,013	3,734	—	—	244	452
吉水	15,000	15,000	—	—	—	—
峽江	7,250	14,500	88	261	669	2,500
永豐	250	500	—	—	1,000	3,000
泰和	12,005	24,009	537	1,613	1,089	3,268
萬安	96,968	39,279	3,533	4,037	101	165

表五

江西省抗戰財產直接損失

三　農業部份

7. 農具、漁具、運輸工具(續)　　價值單位：千元

機關或縣市名稱	農具		漁具		運輸工具（手車）	
	件數	價值	件數	價值	輛數	價值
遂川	22,082	22,500	217	553	200	260
寧岡	—	—	—	—	—	—
永新	10,875	25,000	—	—	—	—
蓮花	34,221	40,604	2,247	8,344	263	788
安福	8	3	—	—	—	—
贛縣	14,078	37,495	1,367	3,783	2,476	4,780
南康	20,897	22,175	3,761	5,481	7,240	16,104
上猶	—	—	—	—	—	—
崇義	—	—	—	—	—	—
大庾	15,678	16,230	2	2	—	—
信豐	11,120	22,712	814	2,441	63	188
虔南	3,299	6,599	703	1,406	—	—
龍南	3,105	8,081	442	463	814	2,704
定南	4,563	2,184	117	153	161	768
安遠	4,846	10,372	4	5	—	—
尋鄔	—	—	—	—	—	—
浮梁	55	45	89	534	550	2,200
德興	—	—	—	—	—	—
婺源	—	—	—	—	—	—
樂平	—	—	—	—	—	—
鄱陽	4,499	2,023	524	456	672	25,206
都昌	49,344	97,385	11,062	3,766	2,713	5,160
彭澤	7,291	14,583	328	984	—	—
湖口	16,624	33,248	—	—	—	—
星子	53,110	87,840	1,020	2,540	778	2,114
上饒	11,374	70,200	55	164	3,787	10,470
廣豐	25,889	33,248	783	2,622	2,648	7,739
玉山	68,905	105,646	1,788	3,599	5,220	13,305
橫峯	265	323	—	—	235	540
鉛山	4,150	9,764	85	205	85	452

表五　# 江西省抗戰財產直接損失

三　農業部份

7. 農具、漁具、運輸工具（續）　價值單位：千元

機關或縣市名稱	農具		漁具		運輸工具（手車）	
	件數	價值	件數	價值	輛數	價值
弋陽	16,091	32,554	640	925	830	1,685
貴谿	146,441	223,189	441	906	9,474	29,260
餘江	62,267	62,108	3,126	6,149	14,463	29,335
萬年	233	500	——	——	26	53
餘干	34,419	84,254	2,087	7,368	2,049	7,115
南城	10,169	10,314	6,633	26,963	28,211	417,764
南豐	——	——	——	——	——	——
宜黃	12,464	24,928	563	1,126	27	81
樂安	——	——	——	——	——	——
崇仁	24,304	30,760	1,156	3,392	1,067	2,456
臨川	113,897	128,635	2,569	7,123	16,755	39,907
東鄉	69,619	79,803	2,308	1,191	3,412	16,862
金谿	14,208	21,226	401	1,220	2,370	6,345
光澤	——	——	——	——	——	——
資谿	——	——	——	——	——	——
黎川	——	——	——	——	——	——
寧都	——	——	——	——	——	——
廣昌	——	——	——	——	——	——
石城	——	——	——	——	——	——
瑞金	——	——	——	——	——	——
會昌	——	——	——	——	——	——
雩都	——	——	——	——	——	——
興國	162	130	25	35	——	——
靖安	34,165	68,330	593	1,966	1,561	4,819
九江	3,270	6,540	1,160	4,000	407	1,407
德安	10,432	20,057	1,240	5,000	——	——
瑞昌	268,152	398,762	13,806	17,170	1,576	3,863
永修	186,870	271,442	12,946	13,506	6,382	19,146
奉新	89,000	94,500	——	——	4,500	6,750
安義	36,655	55,509	701	1,622	2,210	7,919
武寧	63,057	126,115	——	——	——	——

表五　**江西省抗戰財產直接損失**

三　農業部份

8. 衣物　　價值單位：千元

機關或縣市名稱	件數	價值
總計	10,721,248	25,094,790
小計	2,673	5,453
農業院所屬農殖場	—	—
贛南園藝場	108	432
墾務處所屬各墾場	2,565	5,021
建設廳養魚實驗場	—	—
小計	10,718,575	25,089,337
南昌市	10,215	17,860
豐城	123,771	383,588
南昌	494,985	1,436,494
進賢	164,471	493,416
新建	1,096,075	2,193,159
高安	55,794	194,331
新淦	103,646	307,939
清江	40,824	66,610
宜春	126,623	243,247
萍鄉	334,501	669,004
萬載	126,784	182,112
分宜	43,754	122,967
上高	108,012	208,753
宜豐	2,472	7,284
新喻	5,200	10,400
修水	102,097	204,194
銅鼓	60	69
吉安	33,566	85,248
吉水	41,538	65,956
峽江	42,097	65,129
永豐	4,500	9,200
泰和	126,573	345,011
萬安	249,234	233,265
遂川	48,668	83,450
寧岡	—	—
永新	50,800	94,221
蓮花	978,288	1,720,700
安福	—	—
贛縣	325,790	628,481
南康	196,483	280,727
上猶	—	—
崇義	—	—
大庾	28,788	48,582
信豐	25,914	51,919
虔南	36,570	91,426
龍南	58,660	181,077
定南	26,388	39,249
安遠	4,238	6,521
尋鄔	—	—
浮梁	6,200	18,600
德興	—	—
婺源	—	—
樂平	—	—
鄱陽	29,377	16,736
都昌	53,755	103,991
彭澤	302,480	704,960
湖口	450,000	1,560,000
星子	184,104	243,762
上饒	372,772	924,008
廣豐	79,188	144,090
玉山	50,567	86,073
橫峯	4,811	7,203
鉛山	3,610	4,669
弋陽	69,643	141,696
貴谿	245,055	546,618
餘江	217,068	318,347
萬年	448	971
餘干	99,037	155,112
南城	273,363	730,199
南豐	—	—
宜黃	51,912	103,825
樂安	—	—
崇仁	135,125	258,022
臨川	482,295	1,421,654
東鄉	184,426	352,315
金谿	48,932	97,569
光澤	3,000	6,000
資谿	—	—
黎川	—	—
寧都	—	—
廣昌	18	37
石城	—	—
瑞金	—	—
會昌	—	—
雩都	—	—
興國	16,340	67,780
靖安	152,733	309,702
九江	178,260	534,780
德安	38,376	143,146
瑞昌	985,065	4,133,668
永修	257,618	272,540
奉新	31,301	49,515
安義	397,983	661491
武寧	99,334	198,669

表五

江西省抗戰財產直接損失

三　農業部份

9. 其他

價值單位：千元

機關或縣市名稱	件數	價值
總計	1,410,398	9,932,229
小計	932	3,370
農業院所屬農殖場	842	3,196
贛南園藝場	75	150
墾務處所屬各墾場	15	24
建設廳養魚實驗場	—	—
小計	1,409,466	9,928,859
南昌市	3,000	5,370
豐城	177,856	1,161,426
南昌	239,796	4,865,347
進賢	21,115	84,470
新建	3,575	7,260
高安	15,772	47,327
新淦	23,297	93,181
清江	1,959	5,867
宜春	54,157	162,473
萍鄉	147,488	442,466
萬載	2,630	5,353
分宜	24,019	66,078
上高	—	—
宜豐	43	129
新喻	10,218	40,863
修水	70	280
銅鼓	—	—
吉安	16,429	65,710
吉水	4,012	12,036
峽江	2,619	7,420
永豐	3,887	13,550
泰和	3,219	12,875
萬安	25,432	101,729
遂川	2,137	7,065
寧岡	—	—
永新	31,000	211,075
蓮花	22,762	85,665
安福	—	—
贛縣	7,808	23,426
南康	7,339	21,175
上猶	—	—
崇義	—	—
大庾	713	2,150
信豐	—	—
虔南	1.730	5,191
龍南	20,416	23,463
定南	1,865	15,189
安遠	4,657	6,338
尋鄔	—	—
浮梁	6,000	60,000
德興	—	—
婺源	—	—
樂平	—	—
鄱陽	313	1,099
都昌	3,205	9,617
彭澤	70,080	280,320
湖口	118,910	75,642
星子	7,200	19,080
上饒	270	8,170
廣豐	45,010	135,030
玉山	59	180
橫峯	559	799
鉛山	—	—
弋陽	126	379
貴谿	12,692	38,036
餘江	82,835	381,627
萬年	3,132	12,028
餘干	11,938	47,754
南城	16,902	53,706
南豐	—	—
宜黃	578	1,734
樂安	3	10
崇仁	3,500	15,325
臨川	15,972	470,572
東鄉	39,748	158,994
金谿	2,963	10,120
光澤	—	—
資谿	—	—
黎川	—	—
寧都	—	—
廣昌	—	—
石城	—	—
瑞金	—	—
會昌	—	—
雩都	—	—
興國	—	—
靖安	7·950	31,800
九江	35,000	140,000
德安	—	—
瑞昌	87,547	335,076
永修	7,704	30,814
奉新	—	—
安義	1,101	4.405
武寧	1,149	4,595

註：農業部份各表列「贛南園藝場」係四區專署與中正大學合辦

表五

江西省抗戰財產直接損失

四 礦業部份

單位：千元

縣市別	共計	房屋	器具	礦坑	現款	礦產品	機械及工具	運輸工具	其他
總計	3,856,963	117,071	8,610	2,881,710	1,860	209,376	191,380	338,773	108,183
豐城	104,500	2,000	1,000	—	500	—	1,000	—	100,000
萍鄉	515,090	1,300	890	204,200	1,200	205,730	100,520	950	300
萬安	3,250	2,700	120	—	—	300	50	30	50
萍平	3,229,519	110,871	6,580	2,675,510	—	846	89,298	337,781	7,633
廣豐	4,432	200	20	1,000	160	2,500	340	12	200
吉安	172	—	—	—	—	—	172	—	—

表五

江西省抗戰財產直接損失

五　工業部份

單位：千元

機關或縣市名稱	共計	廠房	器具	現款	製成品	原料	機械及工具	運輸工具	衣物	其他
總計	17,091,258	5,727,661	780,094	244,250	1,728,516	3,203,023	3,897,844	221,399	480,278	807,193
小計	821,775	60,247	96,917	——	65,416	190,157	292,631	45,046	43,000	28,361
興業公司	609,472	52,562	90,014	——	33,283	153,857	219,493	39,560	——	20,703
工業實驗處	92,231	595	969	——	7,217	12,569	63,153	186	——	7,542
重工業理事會	60,600	2,000	1,800	——	4,000	4,600	5,200	——	43,000	——
新贛南國民經濟建設公司	47,850	3,000	——	——	20,000	18,500	1,050	5,300	——	——
復興紡織廠	9,622	1,690	4,034	——	416	331	3,035	——	——	116
度量衡檢定所	2,000	400	100	——	500	300	700	——	——	——
小計	16,269,483	5,667,414	683,177	244,250	1,663,100	3,012,866	3,605,213	176,353	437,278	779,832
南昌市	4,226,314	11,450	5,510	15,050	128,077	944,302	2,885,232	50,060	24,551	162,082
豐城	228,432	2,500	1,232	950	102,500	104,200	7,040	8,580	1,170	260
南昌	1,105,180	——	150,000	——	89,600	91,400	268,000	——	5,200	500,980
進賢	567,050	330,700	36,075	——	83,750	91,000	13,000	25	12,500	——
高安	512,207	59,510	40,343	106,461	123,167	79,129	32,730	20,354	38,255	12,258
萍鄉	332,915	——	10,080	150	121,240	101,200	60,040	——	40,080	125
萬載	54,134	16,460	11,150	5,250	11,509	3,750	——	3,250	15	2,750
分宜	14,267	47	276	222	5,845	6,751	64	——	563	499
上高	370,545	22,618	9,504	18,337	122,419	113,001	11,662	1,698	69,046	2,260
宜豐	2,690	5	332	——	401	265	587	384	442	274
吉安	346,087	21,560	26,200	2,645	26,940	46,590	151,998	7,225	8,927	41,982
峽江	57,912	4,263	3,218	1,546	18,695	12,783	8,124	1,409	7,227	647
永豐	269	——	38	——	12	21	198	——	——	——
泰和	27,421	6,420	2,489	3,913	3,830	4,586	3,018	1,488	1,249	428

表五

江西省抗戰財產直接損失

五 工業部份(續)

單位：千元

機關或縣市名稱	共計	廠房	器具	現款	製成品	原料	機械及工具	運輸工具	衣物	其他
萬安	23,126	393	672	390	4,810	6,569	875	2,000	2,343	5,074
遂川	112,939	4,430	1,035	396	50,947	50,891	1,571	228	2,290	1,151
寧岡	—	—	—	—	—	—	—	—	—	—
永新	228,937	12,892	16,039	—	64,295	102,154	2,665	—	30,892	—
蓮花	31,995	3,822	6,481	465	8,352	9,737	1,575	174	489	900
安福	—	—	—	—	—	—	—	—	—	—
贛縣	4,876,665	3,648,053	112,243	3,927	109,896	910,460	9,957	407	60,913	20,809
南康	204,959	95	2,215	16	100,518	50,365	51,423	—	117	210
上猶	2,651	—	50	—	751	—	1,850	—	—	—
崇義	—	—	—	—	—	—	—	—	—	—
大庾	15,788	2,935	1,194	—	543	200	10,025	—	—	891
信豐	20,451	4,570	1,988	1,124	1,960	3,392	2,230	320	2,617	2,250
虔南	—	—	—	—	—	—	—	—	—	—
龍南	21,000	800	500	400	5,000	10,000	2,000	1,500	200	600
定南	13,527	4,283	1,116	—	3,771	1,548	1,442	310	606	451
安遠	1,375	—	249	200	338	70	23	30	265	200
尋鄔	—	—	—	—	—	—	—	—	—	—
浮梁	923,388	491,400	—	—	240,588	160,000	8,000	—	23,400	—
德興	—	—	—	—	—	—	—	—	—	—
婺源	—	—	—	—	—	—	—	—	—	—
樂平	—	—	—	—	—	—	—	—	—	—
鄱陽	—	—	—	—	—	—	—	—	—	—
都昌	4,75[illegible]	534	1,063	1,002	171	374	223	19	1,1[illegible]	179

表五

江西省抗戰財產直接損失

五 工業部份（續）

單位：千元

機關或縣市名稱	共計	廠房	器具	現款	製成品	原料	機械及工具	運輸工具	衣物	其他
彭澤	——	——	——	——	——	——	——	——	——	——
湖口	——	——	——	——	——	——	——	——	——	——
星子	——	——	——	——	——	——	——	——	——	——
上饒	50,389	18,164	7,673	6,634	5,951	4,425	1,276	545	5,594	127
廣豐	6,694	780	620	——	1,300	2,080	1,040	390	484	——
玉山	156,630	61,600	6,160	2,200	12,485	25,920	13,650	13,715	9,700	11,200
橫峯	194	——	21	1	49	44	——	6	73	——
鉛山	——	——	——	——	——	——	——	——	——	——
弋陽	——	——	——	——	——	——	——	——	——	——
貴谿	55,189	10,409	7,628	1,126	10,615	11,803	2,162	465	9,397	1,584
餘江	83,385	31,311	6,799	462	22,108	2,924	1,985	557	12,476	4,763
新建	——	——	——	——	——	——	——	——	——	——
新淦	——	——	——	——	——	——	——	——	——	——
清江	——	——	——	——	——	——	——	——	——	——
宜春	——	——	——	——	——	——	——	——	——	——
萬年	——	——	——	——	——	——	——	——	——	——
餘干	——	——	——	——	——	——	——	——	——	——
南城	52,890	5,000	3,000	——	7,240	24,790	8,400	1,600	1,800	1,060
南豐	——	——	——	——	——	——	——	——	——	——
宜黃	113,007	32,400	21,153	3,960	3,793	3,486	12,137	63	32,177	3,838
樂安	——	——	——	——	——	——	——	——	——	——
崇仁	——	——	——	——	——	——	——	——	——	——
臨川	89,167	1,750	27,659	123	230	132	47	59,226	——	——

表五

江西省抗戰財產直接損失

五　工業部份

單位：千元

機關或縣市名稱	共計	廠房	器具	現款	製成品	原料	機械及工具	運輸工具	衣物	其他
東鄉	1,157,748	827,000	157,000	67,000	42,420	19,240	14,664	190	30,234	—
金谿	—	—	—	—	—	—	—	—	—	—
光澤	3,200	2,000	—	—	1,000	200	—	—	—	—
資谿	—	—	—	—	—	—	—	—	—	—
黎川	—	—	—	—	—	—	—	—	—	—
寧都	—	—	—	—	—	—	—	—	—	—
廣昌	—	—	—	—	—	—	—	—	—	—
石城	—	—	—	—	—	—	—	—	—	—
瑞金	5,412	2,460	492	—	984	984	—	—	492	—
會昌	—	—	—	—	—	—	—	—	—	—
雩都	100,000	—	—	—	100,000	—	—	—	—	—
興國	—	—	—	—	—	—	—	—	—	—
靖安	2,895	1,380	580	—	—	—	800	135	—	—
九江	—	—	—	—	—	—	—	—	—	—
德安	20,000	8,000	—	—	—	—	12,000	—	—	—
瑞昌	—	—	—	—	—	—	—	—	—	—
永修	—	—	—	—	—	—	—	—	—	—
奉新	45,700	15,400	1,100	300	15,000	12,100	1,500	—	300	—
安義	—	—	—	—	—	—	—	—	—	—
武寧	—	—	—	—	—	—	—	—	—	—
新喻	—	—	—	—	—	—	—	—	—	—
修水	—	—	—	—	—	—	—	—	—	—
銅鼓	—	—	—	—	—	—	—	—	—	—
吉水	—	—	—	—	—	—	—	—	—	—

表五

江西省抗戰

六　商

縣市別	共計	房屋				器具		現款
		店房		住房				
		棟數	價值	棟數	價值	件數	價值	
總計	284,754,466	55,309	42,478,711	55,947	53,005,932	4,387,792	17,553,765	7,378,351
南昌市	121,248,824	8,394	10,492,750	25,182	31,478,250	839,420	8,394,200	388,469
豐城	4,152,547	825	186,320	320	116,750	21,156	102,284	83,559
南昌	12,949,699	2,665	2,681,298	1,038	1,173,337	53,976	772,939	109,724
進賢	2,044,006	500	278,200	260	130,700	29,623	88,870	28,350
新建	22,017,999	7,181	2,872,985	10,440	6,336,082	267,404	595,798	3,426,585
高安	21,640,192	1,538	1,277,470	906	897,165	19,623	105,708	134,933
新淦	292,757	96	85,000	—	—	10,263	21,218	10,279
清江	214,702	58	35,184	3	2,300	2,775	7,084	178
宜春	—	—	—	—	—	—	—	—
萍鄉	3,474,016	92	145,900	101	150,521	6,152	36,914	63,167
萬載	866,138	677	338,502	310	156,920	29,658	88,976	7,836
分宜	130,197	—	—	—	—	3,127	6,126	540
上高	1,782,067	854	841,932	13	5,030	68,226	136,571	18,623
宜豐	632,086	422	327,284	258	126,463	18,715	29,803	31,949
新喻	373,026	310	106,439	177	73,110	10,636	38,864	1,223
修水	1,429,622	790	716,050	—	—	17,348	29,908	386,548
銅鼓	691,351	376	190,732	4	900	25,779	51,558	83,138
吉安	4,233,591	2,722	2,984,720	786	447,447	64,355	241,673	50,980
吉水	327,699	187	119,150	—	—	3,160	3,920	500
峽江	8,450	5	1,860	3	600	439	595	290
永豐	—	—	—	—	—	—	—	—
泰和	1,233,942	583	291,743	68	34,142	28,485	85,454	62,146
萬安	770,213	331	199,798	40	19,750	63,710	38,834	6,736
遂川	448,073	136	67,050	19	7,000	13,447	63,603	3,188
寧岡	—	—	—	—	—	—	—	—
永新	54,195	3	1,500	—	—	1,106	2,485	336
蓮花	2,054,432	136	68,172	100	49,928	18,696	35,038	25,448
安福	125	1	60	—	—	3	30	—

財產直接損失

業部份

價值單位：千元

存貨		運輸工具				衣物		其他	
		車		船					
件數	價值	輛數	價值	艘數	價值	件數	價值	件數	價值
10,692,026	136,675,258	179,303	470,808	8,834	1,476,142	8,301,582	21,030,252	940,589	4,685,247
4,610,000	69,220,205	59,528	178,586	—	—	262,800	788,400	102,654	307,964
276,728	2,695,787	604	1,347	40	4,800	15,390	59,161	8,461	902,539
346,984	7,423,983	423	2,360	157	17,300	106,107	437,530	82,245	331,228
131,826	1,318,260	49	148	—	—	51,128	153,385	11,523	46,093
661,131	7,322,263	35,398	90,796	2,904	290,400	467,904	1,083,091	—	—
765,400	10,168,384	34,651	62,270	2,097	892,228	2,935,460	8,101,548	162	486
12,840	144,729	—	—	—	—	6,589	31,531	—	—
5,318	112,973	3	8	—	—	19,168	56,938	12	37
—	—	—	—	—	—	—	—	—	—
120,205	2,404,120	2,522	7,566	106	10,600	207,450	622,351	10,959	32,877
19,860	198,601	319	958	—	—	29,742	59,485	4,953	14,860
5,962	101,019	22	60	—	—	10,980	21,588	288	864
50,900	655,837	89	179	2	165	61,389	122,933	254	797
19,869	97,638	52	172	3	360	14,218	16,797	406	1,620
18,618	86,200	—	—	—	—	24,906	58,731	2,115	8,459
16,828	273,720	—	—	—	—	11,050	13,850	2,387	9,546
32,956	329,564	—	—	—	—	17,730	35,459	—	—
33,646	243,876	285	6,341	2	75	64,050	131,101	47,340	127,378
26,450	200,360	15	15	—	—	1,450	3,754	—	—
388	3,877	20	80	—	—	525	880	86	268
—	—	—	—	—	—	—	—	—	—
62,336	623,362	790	2,372	11	668	52,512	105,025	9,677	29,030
15,793	157,924	62	160	35	1,880	590,465	332,392	3,185	12,739
21,101	231,756	102	204	34	2,400	24,656	70,533	826	2,339
—	—	—	—	—	—	—	—	—	—
1,354	27,086	47	190	1	138	1,247	2,596	4,966	19,864
30,716	372,738	51	91	8	1,200	747,384	1,496,512	1,781	5,305
—	—	—	—	—	—	20	35	—	—

表五

江西省抗戰

六　商

縣市別	共計	房屋				器具		現款
		店房		住房				
		棟數	價值	棟數	價值	件數	價值	
贛縣	1,447,451	411	242,330	184	91,749	41,206	123,720	251,808
南康	1,057,414	546	530,209	43	17,374	28,550	65,412	27,318
上猶	9,588	—	—	—	—	27	62	—
崇義	—	—	—	—	—	—	—	—
大庾	475,936	158	153,900	101	109,850	12,210	32,210	983
信豐	53,581	46	5,070	13	1,450	3,375	5,240	788
虔南	66,174	51	21,000	—	—	3,200	24,539	7,2[illegible]3
龍南	55,155	71	14,050	24	2,500	302	600	20,000
定南	50,366	41	10,345	—	—	2,800	5,570	1,600
安遠	20,713	1	580	2	1,200	958	1,416	2,805
尋鄔	—	—	—	—	—	—	—	—
浮梁	1,531,072	818	587,820	864	564,430	29,366	79,470	2,437
德興	—	—	—	—	—	—	—	—
婺源	22,085	2	225	—	—	39	25	—
樂平	45,990	11	4,200	19	5,800	800	1,300	50
鄱陽	219,688	377	141,175	229	44,567	2,052	3,292	1,027
都昌	333,131	89	44,912	56	18,010	5,161	10,323	11,030
彭澤	4,036,823	830	698,000	369	284,500	282,050	464,100	24,700
湖口	4,400,000	564	451,500	263	210,400	189,475	378,950	1,235
星子	1,216,368	75	37,500	82	41,000	2,793	6,344	5,700
上饒	7,203,282	752	975,575	120	160,273	41,648	283,111	62,152
廣豐	1,697,574	838	701,575	401	486,810	10,610	22,543	13,196
玉山	2,422,169	580	308,550	609	284,830	84,342	162,770	9,123
橫峯	18,628	—	—	—	—	32	27	55
鉛山	157,068	316	63,246	196	39,154	—	—	355
弋陽	445,889	—	—	—	—	600	1,178	5,844
貴谿	2,795,944	1,729	812,275	933	397,310	130,549	209,722	178,942
餘江	1,407,248	477	238,508	284	125,552	37,184	37,490	11,355
萬年	—	—	—	—	—	—	—	—

財產直接損失

業部份（續）

價值單位：千元

存貨		運輸工具				衣物		其他	
		車		船					
件數	價值	輛數	價值	艘數	價值	件數	價值	件數	價值
54,425	544,257	1,138	3,414	138	13,821	73,602	147,205	9,715	29,147
63,104	323,871	762	1,457	181	11,112	51,684	62,946	6,502	17,715
130	1,550	50	230	—	—	—	—	1,543	7,746
—	—	—	—	—	—	—	—	—	—
57,330	155,733	820	2,480	15	750	7,071	19,542	244	488
6,495	21,581	—	—	10	2,310	7,652	12,392	250	4,750
5,103	12,632	—	—	—	—	800	743	34	47
4,769	10,483	—	—	—	—	2,500	5,000	5,022	2,522
12,983	26,778	50	191	—	—	10,071	2,729	1,050	3,153
3,420	11,901	—	—	—	—	1,710	2,436	120	375
—	—	—	—	—	—	—	—	—	—
41,079	217,965	4	11	—	—	53,625	77,629	310	1,310
—	—	—	—	—	—	—	—	—	—
4,580	21,820	—	—	—	—	5	15	—	—
3,281	33,320	—	—	—	—	630	1,320	—	—
1,957	12,698	131	475	8	511	6,916	15,823	40	120
19,281	192,815	54	161	43	4,310	18,944	37,888	3,420	13,682
170,809	1,708,078	14,113	42,340	367	35,000	211,653	423,307	89,199	356,798
189,372	3,014,976	269	738	42	3,360	159,632	319,264	4,894	19,577
51,980	1,064,600	1,150	3,450	166	16,590	6,500	23,000	4,546	18,184
368,983	5,658,593	673	2,211	75	4,360	19,736	54,178	534	2,829
38,935	389,349	1,420	3,602	47	3,060	32,015	66,219	3,663	10,[illegible]0
139,484	1,595,303	532	948	96	560	29,589	50,575	3,025	9,510
4,177	18,399	2	8	—	—	93	139	—	—
7,071	50,878	24	480	24	2,431	—	—	175	524
19,483	283,941	8	19	—	—	24	48	8,570	154,859
137,164	774,461	1,443	3,838	13	540	126,505	379,516	9,825	39,340
77,309	581,817	324	1,063	53	1,860	12,553	31,295	32,025	378,308
—	—	—	—	—	—	—	—	—	—

表五

江西省抗戰

六　商

縣市別	共計	房屋 店房 棟數	房屋 店房 價值	房屋 住房 棟數	房屋 住房 價值	器具 件數	器具 價值	現款
餘干	1,225,201	568	284,117	319	139,351	46,908	168,667	6,[illegible]22
南城	5 228,118	884	805,000	1,854	1,589,300	464,889	986,373	32,734
南豐	358,107	61	49,099	50	64,474	13,602	34,752	4,930
宜黃	1,437,329	464	210,542	339	168,455	21,860	43,982	30,725
樂安	4,754	—	—	—	—	4	9	18
崇仁	856,314	425	230,100	237	154,207	34,129	68,969	33,939
臨川	2,795,686	1,936	911,830	764	369,450	57,804	110,422	60,258
東鄉	526,528	189	92,380	170	87,680	2,604	15,250	30,988
金谿	759,588	664	222,361	250	146,767	8,123	14,952	50,042
光澤	33,900	96	9,600	—	—	1,100	2,200	9,100
資谿	—	—	—	—	—	—	—	—
黎川	—	—	—	—	—	—	—	—
寧都	—	—	—	—	—	—	—	—
廣昌	—	—	—	—	—	—	—	—
石城	63,320	—	—	—	—	—	—	63,320
瑞金	31,711	76	15,983	14	5,346	1,945	4,041	736
會昌	—	—	—	—	—	—	—	—
雩都	325	—	—	—	—	—	—	—
興國	—	—	—	—	—	—	—	—
靖安	1,661,324	552	492,914	150	170,750	62,572	125,144	46,436
[illegible]江	11,261,485	1,047	809,000	543	436,050	153,543	583,296	1,135,430
德安	793,815	620	366,170	291	201,000	23,201	68,210	8,984
瑞昌	9,406,366	2,305	2,149,764	2,629	2,177,857	543,256	1,268,791	17,183
永修	4,676,259	3,309	2,633,850	317	273,600	131,520	586,882	72,769
奉新	3,935,533	1,243	1,243,000	2,560	2,560,000	31,075	62,150	3,729
安義	1,554,965	838	653,372	640	368,461	39,297	64,310	48,747
武寧	3,884,752	2,367	946,985	—	—	223,749	447,498	157,520

財產直接損失

業部份（續）

價值單位：千元

存貨 件數	存貨 價值	運輸工具 車 輛數	運輸工具 車 價值	運輸工具 船 艘數	運輸工具 船 價值	衣物 件數	衣物 價值	其他 件數	其他 價值
115,759	521,706	214	697	179	4,576	44,546	76,814	6,194	22,951
103,904	858,824	820	3,459	96	7,230	362,812	867,318	219,470	77,880
879	131,573	2	50	—	—	8,766	26,689	11,635	46,540
102,729	755,527	149	447	237	7,959	55,405	106,857	28,209	112,835
1,902	3,678	—	—	—	—	437	1,009	10	40
11,787	198,882	465	1,188	106	6,970	50,357	99,326	13,184	62,733
166,416	410,048	1,395	2,896	216	12,408	84,647	180,153	185	738,221
5,913	217,128	69	298	—	—	35,542	69,663	3,785	13,141
24,716	258,553	66	200	5	457	5,670	11,486	13,692	54,770
500	10,000	—	—	—	—	1,200	3,000	—	—
—	—	—	—	—	—	—	—	—	—
—	—	—	—	—	—	—	—	—	—
—	—	—	—	—	—	—	—	—	—
—	—	—	—	—	—	—	—	—	—
—	—	—	—	—	—	—	—	—	—
284	2,848	26	70	—	—	835	1,687	200	1,000
—	—	—	—	—	—	—	—	—	—
650	325	—	—	—	—	—	—	—	—
—	—	—	—	—	—	—	—	—	—
54,076	540,758	109	295	66	5,488	132,057	264,115	5,141	15,424
691,908	7,408,525	15,000	30,000	397	45,621	8,821	246,928	141,770	566,[illegible]5
21,732	130,207	202	568	—	—	8,970	18,676	—	—
126,719	1,230,587	1,315	5,110	390	39,010	510,674	2,504,164	6,475	13,900
93,726	854,090	736	2,396	261	15,326	76,400	236,200	3,712	1,146
24,860	62,150	50	75	3	300	2,486	3,729	100	400
11,768	128,363	586	2,040	200	8,008	103,957	253,280	7,096	28,384
361,885	1,809,426	—	—	—	—	250,170	520,343	745	2,980

表五

江西省抗戰財產直接損失

七　公用事業部份

單位：千元

縣市別	共計	房屋	器具	現款	機械及工具	運輸工具	其他
總計	80,409	2,521	710	5	71,208	1,430	4,535
上饒	32,015	221	130	—	29,791	1,430	443
玉山	40,522	1,800	480	—	34,182	—	4,060
浮梁	4,500	300	—	—	4,200	—	—
鄱陽	72	—	—	5	35	—	32
武寧	3,300	200	100	—	3,000	—	—

表五

江西省抗戰財產直接損失

八　金融事業部份

單位：千元

縣市別	共計	房屋	器具	現款	生金銀	保管品	抵押品	有價證卷	運輸工具	其他
總計	2,223,389	353,520	21,461	45,426	640,508	73,723	951,510	889	17,113	116,229
南昌市	1,824,565	274,000	11,760	522	518,551	58,270	929,300	202	15,160	16,800
南昌	227	—	125	—	—	—	—	—	—	102
高安	385,615	76,420	8,151	41,254	121,957	14,754	21,480	687	1,923	98,989
贛縣	2,110	1,100	680	70	—	—	200	—	—	60
餘江	3,662	500	545	1,720	—	49	530	—	30	288
奉新	7,210	1,500	3,200	1,860	—	650	—	—	—	—

表五

江西省抗戰財產直接損失

九　銀行部份

單位：千元

機關或縣市別	共計	房屋	器具	現款	生金銀	保管品	抵押品	有價證券	運輸工具	其他
總計	753,755	338,361	193,501	37,693	4,805	11,844	129,182	2,972	11,844	23,553
小計	736,767	329,952	188,051	37,693	4,805	11,761	128.232	2,938	10,044	23,291
裕民銀行	723,477	320,972	183,741	37,693	4,805	11,761	128,232	2,938	10,044	23,291
建設銀行	13,290	8,980	4,310	—	—	—	—	—	—	—
小計	16,988	8,409	5,450	—	—	83	950	34	1,800	262
南昌市	7,000	5,000	2,000	—	—	—	—	—	—	—
清江	111	101	10	—	—	—	—	—	—	—
吉安	5,800	3,000	2,000	—	—	—	—	—	800	—
贛縣	2,752	152	693	—	—	—	927	—	980	—
南康	330	30	250	—	—	—	—	30	20	—
大庾	287	—	140	—	—	83	—	4	—	60
信豐	189	—	98	—	—	—	—	—	—	91
龍南	193	—	59	—	—	—	23	—	—	111
鄱陽	326	126	200	—	—	—	—	—	—	—

表五

江西省抗戰財產直接損失

十　公路部份

單位：千元

機關名稱	共計	房屋	器具	現款	路線設備	電訊設備	車輛	材料	修理機械及工具	貨物	其他
公路處	5,726,586	125,890	1,750	—	4,522,965	570,320	44,863	144,907	315,042	—	849

表五

江西省抗戰財產直接損失

十一　航業部份

單位：千元

縣市別	共計	房屋	器具	現款	碼頭及船塢設備	船隻	材料	修理機械及工具	貨物	其他
總計	13,940,291	193,599	112,463	20,435	22,535	2,637,206	84,729	5,461	10,786,179	77,684
南昌市	5,400	—	50	—	300	3 900	—	—	1,150	—
豐城	123,540	—	250	—	—	77,030	—	—	46,260	—
南昌	100,182	31,870	384	57	100	12,028	147	—	52,556	3,040
新建	11,119,836	28,729	20,580	3,193	—	1,683,579	—	—	9,322,262	61,493
高安	442,703	114,300	45,435	7,760	16,785	66,199	6,873	1,978	181,056	2,311
萍鄉	8,220	500	170	80	100	6,000	820	140	200	210
萬載	46,620	—	—	—	—	38,850	—	—	—	77,700
上高	221,539	500	36	—	1,100	56,865	50,135	109	112,788	6
宜豐	5,372	280	160	110	—	2,840	654	15	1,277	36
修水	105,000	—	—	—	—	105,000	—	—	—	—
吉安	6,204	1,759	980	—	—	175	1,950	750	—	590
永新	89,870	—	15,000	—	—	45,000	—	—	29,870	—
蓮花	16,460	113	160	45	—	400	65	—	15,642	35
贛縣	83,500	3,000	2,000	1,000	—	77,500	—	—	—	—
南康	148	—	—	—	—	148	—	—	—	—
虔南	3,783	—	—	—	—	2,500	30	—	1,253	—
龍南	1,475	—	35	—	—	1,200	—	—	—	240
浮梁	1,820	—	420	—	—	1,400	—	—	—	—
貴谿	1,184,348	—	22,305	4,581	—	227,952	30	—	929,460	20
餘江	132,290	2,048	417	1,099	—	46,487	25	19	81,762	433
南豐	47,400	—	—	—	—	47,400	—	—	—	—
崇仁	2,155	—	355	—	—	1,800	—	—	—	—
臨川	38,061	—	2,992	400	—	26,509	7,410	750	—	—
石城	1,050	—	—	—	—	1,050	—	—	—	—

表五

江西省抗戰財產直接損失

十一 航業部份(續)

單位：千元

縣市別	共計	房屋	器具	現款	碼頭及躉船設備	船隻	材料	修理機械及工具	貨物	其他
瑞金	443	—	—	200	—	243	—	—	—	—
會昌	14,890	300	100	—	1,000	2,000	—	400	10,000	1,000
雩都	48,000	—	—	—	—	36,000	12,000	—	—	—
靖安	8,751	—	—	—	—	6,801	1,950	—	—	—
永修	16,750	—	—	—	—	15,000	1,750	—	—	—
奉新	41,118	200	150	200	250	40,000	80	95	143	—
安義	4,950	—	250	—	—	2,250	750	1,200	—	500
武寧	18,503	10,000	234	1,710	2,900	3,100	54	5	500	—

表五

江西省抗戰財產直接損失

十二 電訊部份

單位：千元

機關或縣市名稱	共計	房屋	器具	現款	路線設備	材料	其他
總計	280,611	27,644	24,234	3,743	165,927	56,050	3,013
小計	66,098	22,000	2,969	—	33,800	7,329	—
電話局	42,164	1,000	1,294	—	33,800	6,070	—
無線電訊總隊	23,934	21,000	1,675	—	—	1,259	—
小計	214,513	5,644	21,265	3,743	132,127	48,721	3,013
南昌	6,968	200	2,300	—	4,421	39	8
進賢	28,650	—	—	—	22,000	5,450	1,200
新淦	230	30	15	—	—	180	5
萍鄉	3,675	—	475	3,000	—	150	50
上高	1,133	—	243	—	104	784	2
宜豐	113	—	—	—	—	113	—
新喻	105	—	2	—	103	—	—
吉安	2,429	—	—	—	2,300	120	9
吉水	1,040	6	4	17	1,000	13	—
泰和	1,610	700	10	—	50	820	30

表五

江西省抗戰財產直接損失

十二 電訊部份(續)

單位：千元

機關或縣市名稱	共計	房屋	器具	現款	路線設備	材料	其他
萬安	3,185	—	—	—	—	3,068	117
遂川	9,140	—	—	—	—	9,140	—
永新	2,364	—	—	—	—	2,364	—
蓮花	5,780	—	280	—	—	5,500	—
贛縣	181	—	—	—	16	165	—
南康	14,031	30	500	—	5,060	8,401	40
大庾	2,749	—	550	526	1,608	65	—
信豐	5,719	—	105	—	5,614	—	—
龍南	1,870	300	120	—	600	700	150
定南	385	—	40	—	80	265	—
都昌	894	—	—	—	600	210	84
湖口	9,000	1,000	800	—	2,200	5,000	—
星子	11,536	1,800	456	130	5,680	2,950	520
鉛山	2,268	—	—	—	2,268	—	—
弋陽	36,522	200	200	—	36,000	122	—
餘江	5,565	—	—	—	5,565	—	—
南城	5,060	100	100	—	4,560	300	—
宜黃	3,393	—	955	—	2,258	122	58
崇仁	2,739	150	100	—	1,824	259	370
臨川	23,670	1,000	900	70	20,000	1,500	200
雩都	1,100	—	—	—	1,100	—	—
興國	12	—	—	—	12	—	—
靖安	1,330	—	650	—	552	80	48
九江	7,435	—	7,110	—	—	325	—
永修	10,628	128	4,100	—	6,000	400	—
安義	2,004	—	1,250	—	552	80	122

表五

江西省抗戰財產直接損失

十三　公教員工部份

單位：千元

機關或縣市名稱	共計	房屋	器具	衣物	現款	圖書	其他
總計	50,504,698	24,947,473	7,510,520	6,805,951	817,191	1,120,473	9,303,090
小計	25,440,647	11,808,133	2,284,192	2,845,985	339,428	475,281	7,687,628
全省保安司令部	989,311	674,317	92,052	148,384	2,070	42,197	21,291
委員會	294,280	154,000	65,310	49,730	——	10,510	14,730
祕書處	1,717,749	1,164,620	146,172	230,179	——	41,810	134,968
民政廳及所屬機關	697,734	432,161	60,972	88,774	210	76,291	39,326
財政廳	1,343,899	920,633	96,519	226,564	1,288	66,851	32,644
教育廳及所屬機關學校	8,682,740	5,552,598	1,221,335	1,139,580	232,670	11,706	524,851
建設廳及所屬機關	7,398,090	618,808	217,869	88,508	366	52,722	6,419,817
統計處	60,843	33,000	2,176	5,036	——	19,909	722
社會處	1,127,148	672,372	98,397	164,533	3,016	20,984	167,846
衛生處及所屬機關	284,148	130,811	35,544	72,713	8,341	17,435	19,304
合管處及所屬機關	552,952	208,438	94,003	63,260	20,838	3,501	162,912
地政局及所屬機關	490,622	287,252	38,583	99,556	62	21,278	43,891
田賦糧食管理處	533,800	333,475	12,734	132,458	4,289	17,224	33,620
通志館	50,167	23,356	2,833	12,026	——	9,882	2,070
特種工作辦事處	5,027	1,210	1,051	2,218	——	502	46
臨時參議會	283,450	221,900	17,040	26,630	——	——	17,880
農業院及所屬機關	190,274	89,797	36,761	20,537	6,600	24,209	12,370
地方行政幹部訓練團	150,038	118,760	10,454	10,241	1,780	2,166	6,637
戰後事業計劃委員會	15,827	10,500	1,166	3,950	——	——	211
裕民銀行	201,340	——	——	191,586	——	9,754	——
建設銀行	21,132	10,885	3,149	3,715	58	1,876	1,449

表五

江西省抗戰財產直接損失

十三　公教員工部份（續）

單位：千元

機關或縣市名稱	共計	房屋	器具	衣物	現款	圖書	其他
第二區行政督察專員公署	55,530	35,020	3,513	9,652	120	6,605	620
第四區行政督察專員公署	62,738	34,876	1,370	7,819	85	9,906	8,682
第六區行政督察專員公署	30,920	6,764	8,016	10,552	——	1,354	4,234
第七區行政督察專員公署	56,264	15,130	2,738	20,407	——	6,168	11,821
第八區行政督察專員公署	2,263	950	315	507	——	441	50
第九區行政督察專員公署	151,361	57,100	14,120	16,870	57,635	——	5,636
小計	25,064,051	13,139,340	5,226,328	3,959,966	477,763	645,192	1,615,462
南昌市	247,763	89,575	35,999	66,976	6,600	34,633	13,980
豐城	62	——	2	58	——	——	2
南昌	185,568	151,218	2,810	14,529	612	2,388	14,011
進賢	2,230,584	1,436,842	298,089	240,360	54,938	97,830	102,525
新建	——	——	——	——	——	——	——
高安	2,231,518	1,016,385	105,504	434,710	19,557	63,102	592,260
新淦	671,267	65,868	234,897	343,331	1,178	147	25,846
清江	259,289	143,000	36,023	69,775	5,348	4,737	406
宜春	63,525	16,150	3,984	18,933	3,409	1,986	19,063
萍鄉	209,831	29,595	25,430	73,696	53,192	12,703	15,215
萬載	31,648	9,341	3,465	15,030	824	1,011	1,977
分宜	4,094	——	385	2,748	192	262	507
上高	136,958	46,407	14,181	43,209	16,987	7,945	8,229
宜豐	60,126	18,235	4,537	8,582	118	1,239	27,415
新喻	13,491	1,741	3,128	7,156	154	646	666
修水	19,845	4,025	4,670	——	400	9,950	800

表五

江西省抗戰財產直接損失

十三 公教員工部份(續)

單位：千元

機關或縣市名稱	共計	房屋	器具	衣物	現款	圖書	其他
銅鼓	1,616	—	—	1,616	—	—	—
吉安	180,667	105,711	16,785	36,397	1,461	10,613	9,700
吉水	1,219,445	693,149	173,002	225,889	16,572	8,649	102,184
峽江	147,188	54,992	11,951	51,693	7,712	9,306	11,534
永豐	40,087	19,800	3,415	14,162	36	2,674	—
泰和	32,778	12,340	3,431	6,578	368	2,905	7,156
萬安	171,162	33,895	109,776	13,901	1,284	7,381	4,925
遂川	35,131	19,447	2,854	7,743	824	1,959	2,304
寧岡	—	—	—	—	—	—	—
永新	9,007	2,883	2,435	2,158	50	68	1,413
蓮花	162,712	21,739	13,401	118,337	1,315	1,715	6,205
安福	—	—	—	—	—	—	—
贛縣	178,696	90,934	8,949	30,462	2,339	26,524	19,488
南康	60,093	15,978	16,043	16,618	1,916	2,280	7,258
上猶	28,583	11,325	2,173	9,559	1,284	3,492	750
崇義	5,095	5,000	—	95	—	—	—
大庾	124,061	43,478	10,982	38,104	5,441	3,852	22,204
信豐	38,126	14,326	4,782	11,517	1,208	1,379	4,914
虔南	19,312	642	4,065	11,971	10	219	2,405
龍南	6,097	269	1,640	3,328	214	258	388
定南	86,298	30,709	5,657	27,852	155	6,667	15,258
安遠	—	—	—	—	—	—	—
尋鄔	—	—	—	—	—	—	—

表五 江西省抗戰財產直接損失

十三 公教員工部份（續）

單位：千元

機關或縣市名稱	共計	房屋	器具	衣物	現款	圖書	其他
浮梁	4,410	520	48	2,168	522	738	414
德興	26	——	3	20	——	3	——
婺源	——	——	——	——	——	——	——
樂平	15,729	10,750	707	3,085	157	730	300
鄱陽	91,243	61,199	8,902	10,807	92	572	9,671
都昌	7,476	875	842	2,599	1,395	267	1,498
彭澤	——	——	——	——	——	——	——
湖口	——	——	——	——	——	——	——
星子	112,711	44,740	11,838	20,562	3,476	15,719	16,376
上饒	77,146	32,210	5,582	21,534	1,362	6,772	9,686
廣豐	262,650	56,450	25,170	104,584	15,131	10,221	51,094
玉山	153,975	64,856	15,373	47,069	3,889	7,742	15,046
橫峯	6,339	52	511	4,905	310	250	311
鉛山	14,084	——	923	7,560	215	1,831	3,555
弋陽	4,452	1,592	448	1,133	154	852	273
貴谿	349,132	158,236	45,994	92,191	8,289	21,247	23,175
餘江	365,583	155,244	58,208	86,366	5,830	27,462	32,473
萬年	——	——	——	——	——	——	——
餘干	16,112	5,500	3,920	5,175	89	1,198	230
南城	166,877	65,961	19,754	26,687	8,850	28,224	17,401
南豐	163,808	24,660	21,296	34,795	5,690	43,728	33,639
宜黃	101,346	51,743	12,058	21,494	4,809	5,109	6,133
樂安	105,461	47,210	10,927	13,126	7,520	10,493	15,975

表五

江西省抗戰財產直接損失

十三 公教員工部份（續）

單位：千元

機關或縣市名稱	共計	房屋	器具	衣物	現款	圖書	其他
崇仁	249,016	104,297	19,649	46,892	19,467	16,571	42,140
臨川	817,288	473,423	99,724	194,868	17,569	2,504	29,200
東鄉	10,760,794	6,240,025	3,383,943	849,741	110,985	27,520	148,580
金谿	117,539	48,200	7,647	22,475	3,077	8,196	27,944
光澤	1,235	400	20	810	—	5	—
資谿	—	—	—	—	—	—	—
黎川	59,272	37,200	5,758	11,560	—	3,010	1,744
寧都	34,682	8,210	2,512	6,582	2,565	4,093	10,720
廣昌	15,939	200	7,109	3,013	400	319	4,898
石城	2,645	—	25	270	80	210	2,060
瑞金	1 239	341	106	706	5	17	64
會昌	5,490	2,660	220	1,060	350	560	640
雩都	177,525	97,788	11,755	18,668	13,668	29,163	6,483
興國	—	—	—	—	—	—	—
靖安	17,445	7,786	2,351	6,195	145	839	129
九江	548,736	368,400	68,046	80,313	2,485	2,236	27,256
德安	—	—	—	—	—	—	—
瑞昌	601,585	461,316	76,919	51,905	8,460	2,353	632
永修	227,374	34,856	49,023	84,620	14,427	12,722	31,726
奉新	397,634	223,000	79,750	73,000	2,450	17,284	2,150
安義	95,654	44,441	4,802	31,429	8,152	6,002	828
武寧	2,676	—	20	2,626	—	—	30

表六

江西省抗戰財產間接損失

一　機關部份

單位：千元

機關或縣市名稱	共計	遷移費	防空設備費	疏散費	救濟費	撫卹費
總計	5,033,805	1,215,221	1,041,211	734,324	1,857,211	185,838
小計	895,149	441,969	144,563	219,595	57,941	31,081
全省保安司令部	37,722	196	35,000	2,526	——	——
祕書處	55,241	8,800	1,563	44,878	——	——
民政廳及所屬機關	18,401	8,244	3,780	1,602	30	1,745
財政廳	82,282	50,000	30,000	1,282	——	1,000
教育廳及所屬機關學校	413,060	230,040	21,396	82,279	52,109	27,236
建設廳及所屬機關	27,284	12,668	4,480	8,325	1,061	750
統計處	2,163	1,511	——	652	——	——
社會處及所屬機關	4,492	2,956	14	1,522	——	——
衛生處及所屬機關	52,869	26,062	5,266	20,089	1,300	152
合管處及所屬機關	84,662	32,956	30,094	20,551	1,061	——
地政局及所屬機關	39,800	13,656	6,523	19,621	——	——
田賦糧食管理處	28,170	25,000	675	2,495	——	——
通志館	430	130	——	300	——	——
特種工作辦事處	2,928	502	——	2,426	——	——
臨時參議會	923	333	200	390	——	——
農業院及所屬機關	6,774	1,541	769	4,163	271	30
地方行政幹部訓練團	12,951	12,627	——	317	7	——
戰後事業計劃委員會	386	386	——	——	——	——
第二區行政督察專員公署	427	50	156	220	1	——
第四區行政督察專員公署	15,820	7,505	4,054	2,461	1,700	100
第六區行政督察專員公署	461	37	153	24	235	12
第七區行政督察專員公署	92	38	54	——	——	——
第九區行政督察專員公署	7,811	6,731	386	472	166	56
小計	4,138,656	773,252	896,648	514,729	1,799,270	154,757
南昌市	8,997	8,997	——	——	——	——
豐城	11,250	5,600	5,150	——	500	——
南昌	3,080	1,230	800	530	320	200
進賢	10,438	7,803	1,414	978	181	62
新建	39,479	30,588	7,545	490	856	——
高安	275,909	98,566	68,208	52,702	41,304	15,129
新淦	2,741	495	419	1,769	37	21
清江	4,952	1,956	392	2,129	431	44
宜春	122,198	8,761	32,115	75,305	3,190	2,827
萍鄉	15,453	4,151	2,634	3,849	3,820	999
萬載	8,030	1,485	1,017	1,763	3,227	538

表六

江西省抗戰財產間接損失

（其）一 機關部份（續）

單位：千元

機關或縣市名稱	共計	遷移費	防空設備費	疏散費	救濟費	撫卹費
分宜	1,997	47	166	48	862	874
上高	90,358	44,924	32,013	12,515	864	42
宜豐	6,681	1,877	2,382	1,146	842	434
新喻	3,682	848	1,047	1,333	415	39
修水	15,808	6,783	8,263	591	135	36
銅鼓	1,410	400	86	640	260	24
吉安	17,886	3,250	3,727	3,031	4,851	3,027
吉水	4,826	2,295	924	994	308	305
峽江	52,259	9,779	19,596	5,643	17,241	——
永豐	22,439	8,255	3,212	4,097	3,745	3,130
泰和	2,440	1,255	273	728	174	10
萬安	8,493	2,837	1,101	3,061	944	550
遂川	10,133	2,663	1,152	3,068	1,568	1,682
寧岡	——	——	——	——	——	——
永新	22,710	2,558	3,171	11,693	4,550	738
蓮花	196,514	16,824	118,627	27,454	25,267	8,342
安福	893	318	164	411	——	——
贛縣	57,024	30,333	5,989	16,688	3,161	853
南康	17,808	5,354	2,146	4,366	2,886	3,056
上猶	8,841	1,828	2,313	2,411	1,761	528
崇義	24,054	10,479	2,526	5,098	3,990	1,961
大庾	4,390	192	461	1,881	1,197	659
信豐	14,224	4,322	2,470	4,799	1,272	1,361
虔南	7,346	2,730	2,554	1,022	762	278
龍南	188	20	25	15	117	11
定南	26,737	3,218	13,019	606	9,894	——
安遠	30,648	3,385	7,020	11,986	7,938	319
尋鄔	41,576	——	18,278	4,235	19,063	——
浮梁	280,082	1,170	60,178	23,539	193,635	1,566
婺源	98,215	936	23,630	——	73,649	——
德興	105,292	417	2,815	5,200	96,860	——
樂平	375,438	550	213,627	192	161,062	7
鄱陽	55,788	20,394	20,690	10,191	3,153	1,360
都昌	4,267	913	1,484	494	659	717
彭澤	40,745	20,145	8,470	8,763	3,367	——
湖口	——	——	——	——	——	——
星子	28,534	7,165	2,250	4,065	11,790	3,264

表六

江西省抗戰財產間接損失

一　機關部份(續)

單位：千元

機關或縣市名稱	共計	遷移費	防空設備費	疏散費	救濟費	撫卹費
上饒	8,565	4,562	1,346	2,357	300	—
廣豐	49,676	6,931	14,050	11,663	17,017	15
玉山	13,235	5,587	5,961	1,544	108	35
橫峯	1,184	667	—	517	—	—
鉛山	9,007	2,756	1,060	3,620	1,541	30
弋陽	814	150	193	414	57	—
貴谿	129,920	4,306	19,131	10,545	59,390	36,548
餘江	708,299	4,835	9,534	24,782	663,329	5,819
萬年	—	—	—	—	—	—
餘干	13,342	6,053	530	6,168	374	217
南城	4,272	642	803	1,667	870	290
南豐	1,745	309	149	51	1,210	26
宜黃	258,859	105,842	44,271	30,978	54,680	23,088
樂安	106,528	46,702	20,894	10,542	18,422	9,968
崇仁	33,909	9,872	8,021	8,981	3,847	3,188
臨川	72,729	25,408	10,049	21,306	8,707	7,259
東鄉	14,100	5,596	3,683	1,532	1,743	1,546
金谿	9,486	4,926	1,231	2,297	636	396
光澤	58,468	—	2,867	23	55,578	—
資谿	1,083	—	584	499	—	—
黎川	5,410	2,040	230	1,590	550	1,000
寧都	96,586	—	—	—	96,586	—
廣昌	50,708	4,725	5,589	12	40,382	—
石城	19,558	3,858	13,608	767	1,175	150
瑞金	9,498	1,417	2,875	730	2,599	1,877
會昌	11,669	1,002	867	800	9,000	—
雩都	2,799	827	835	366	735	36
興國	13,405	54	5	92	13,254	—
靖安	23,470	10,886	382	61	12,129	12
九江	18,748	7,661	5,289	1,851	3,932	15
德安	—	—	—	—	—	—
瑞昌	91,302	34,490	12,913	30,597	8,646	4,656
永修	17,473	7,824	1,939	1,008	5,012	1,690
奉新	26,320	12,375	120	11,825	1,600	400
安義	53,513	53,513	—	—	—	—
武寧	20,723	9,340	2,096	4,025	3,753	1,509

註：教育廳數字包括全部省立學校之損失在内

表六

江西省抗戰財產間接損失

二　學校部份

單位：千元

縣市別	共計	遷移費	防空設備費	疏散費	救濟費	撫卹費
總計	922,538	411,022	226,516	196,637	59,784	28,579
南昌市	47,912	9,246	18,654	10,120	892	9,000
豐城	10,045	5,021	3,020	2,004	——	——
南昌	4,056	1,382	920	554	970	230
進賢	11,454	9,198	1,024	356	423	453
新建	96,517	91,103	4,543	264	607	——
高安	13,960	10,738	1,626	1,544	29	23
新淦	3,000	1,200	1,000	800	——	——
清江	1,136	391	201	519	20	5
宜春	62,878	32,124	30,378	338	20	18
萍鄉	19,257	7,680	1,791	1,971	4,012	3,803
萬載	2,989	1,277	711	798	181	22
分宜	5,241	2,701	2,540	——	——	——
上高	80,481	40,094	20,382	20,005	——	——
宜豐	3,365	2,137	615	350	233	30
新喻	——	——	——	——	——	——
修水	1,358	669	390	219	80	——
銅鼓	10	10	——	——	——	——
安吉	——	——	——	——	——	——
吉水	475	189	——	286	——	——
峽江	96,000	35,670	28,784	15,876	15,670	——
永豐	7,937	695	290	572	6,355	25
泰和	2,414	2,007	376	30	4	——
萬安	——	——	——	——	——	——
遂川	——	——	——	——	——	——
寧岡	3,100	1,500	800	800	——	——
永新	——	——	——	——	——	——
蓮花	103	33	20	50	——	——
安福	——	——	——	——	——	——

表六

江西省抗戰財產間接損失

二　學校部份（續）

單位：千元

縣市別	共計	遷移費	防空設備費	疏散費	救濟費	撫卹費
贛縣	126,782	32,091	7,431	78,627	6 939	1,694
南康	2,609	370	494	1,613	83	49
上猶	4,145	805	1,383	1,423	386	148
崇義	—	—	—	—	—	—
大庾	580	260	148	140	32	—
信豐	1,372	482	154	651	85	—
虔南	156	37	13	96	10	—
龍南	18	—	13	5	—	—
定南	8,190	1,125	5,888	724	453	—
安遠	15,008	4,234	8,780	1,785	94	115
尋郎	1,180	88	401	229	462	—
浮梁	—	—	—	—	—	—
婺源	—	—	—	—	—	—
德興	470	155	251	64	—	—
樂平	6,968	270	5,917	781	—	—
鄱陽	50,000	20,000	20,000	10,000	—	—
都昌	128	80	48	—	—	—
彭澤	13,225	2,897	4,634	5,694	—	—
湖口	—	—	—	—	—	—
星子	4,215	1,710	758	1,099	411	237
上饒	126	65	—	26	35	—
廣豐	—	—	—	—	—	—
玉山	—	—	—	—	—	—
橫峯	135	126	—	9	—	—
鉛山	—	—	—	—	—	—
弋陽	167	55	63	23	26	—
貴谿	4,951	2,626	1,052	1,260	13	—
餘江	8,416	1,374	2,181	3,069	1,758	34
萬年	—	—	—	—	—	—

表六

江西省抗戰財產間接損失

二 學校部份（續）

單位：千元

縣市別	共計	遷移費	防空設備費	疏散費	救濟費	撫卹費
餘干	—	—	—	—	—	—
南城	347	187	60	100	—	—
南豐	450	240	130	80	—	—
宜黃	700	500	50	50	50	50
樂安	—	—	—	—	—	—
崇仁	1,342	840	294	208	—	—
臨川	65,321	23,408	10,049	18,602	6,003	7,259
東鄉	12,180	5,280	2,721	1,271	2,198	710
金谿	—	—	—	—	—	—
光澤	—	—	—	—	—	—
資谿	327	—	93	104	130	—
黎川	—	—	—	—	—	—
寧都	2,692	1,549	415	728	—	—
廣昌	1,231	—	1,184	47	—	—
石城	14,750	—	14,750	—	—	—
瑞金	9,670	1,917	4,128	782	1 944	899
會昌	4,483	600	2,096	600	987	200
雩都	369	272	65	24	8	—
興國	1,298	608	628	62	—	—
靖安	8,813	6,406	1,009	—	1,398	—
九江	—	—	—	—	—	—
德安	—	—	—	—	—	—
瑞昌	—	—	—	—	—	—
永修	3,220	2,350	870	—	—	—
奉新	26,500	10,750	4,300	5,225	4,150	2,075
安義	28,400	24,200	4,000	—	200	—
武寧	17,916	8,000	2,000	3,980	2,433	1,500

註：省立各學校之損失未列在本表内

表六

江西省抗戰財產間接損失

三 農業部份

單位：千元

機關或縣市名稱	共計	可能生產額減少	可獲純利額減少	費用之增加			
				拆遷費	防空費	救濟費	撫卹費
總計	156,846,416	152,541,310	2,375,908	813,397	372,943	709,927	31,931
小計	40,691	39,831	——	500	——	150	210
墾務處所屬各墾場	24,831	24,831	——	——	——	——	——
贛南園藝場	15,860	15,000	——	500	——	150	210
小計	156,805,725	152,502,479	2,375,908	812,897	372,943	709,777	31,721
豐城	2,855,834	2,830,030	——	25,804	——	——	——
南昌	15,318,554	15,315,804	——	——	1,091	835	824
進賢	688,741	616,371	1,520	66,749	3,875	13	213
新建	5,241,323	5,241,323	——	——	——	——	——
高安	3,124,168	2,965,041	5,203	31,060	2,582	117,296	2,986
新淦	700,000	700,000	——	——	——	——	——
清江	3,525,593	3,525,593	——	——	——	——	——
宜春	1,286,356	1,229,460	32,938	11,193	4,993	5,739	2,033
萍鄉	3,288,535	3,288,135	400	——	——	——	——
萬載	1,523,288	1,511,465	——	8,250	1,627	1,745	201
分宜	780,674	780,674	——	——	——	——	——
上高	1,564,130	1,560,522	——	3,126	482	——	——
宜豐	916,580	820,647	46,271	20,921	8,645	9,893	10,203
新喻	796,134	796,134	——	——	——	——	——
修水	7,664,210	7,295,210	369,000	——	——	——	——
銅鼓	675,382	675,382	——	——	——	——	——
吉安	2,159,445	2,159,445	——	——	——	——	——
吉水	708,541	708,541	——	——	——	——	——
峽江	781,991	781,991	——	——	——	——	——
永豐	2,080,000	2,000,000	20,000	50,000	——	10,000	——
泰和	604,490	601,940	50	2,450	50	——	——
萬安	671,147	671,147	——	——	——	——	——
遂川	2,006,271	2,002,476	——	3,795	——	——	——
寧岡	354,000	354,000	——	——	——	——	——

表六

江西省抗戰財產間接損失

三 農業部份（續）

單位：千元

機關或縣市名稱	共計	可能生產額減少	可獲純利額減少	費用之增加			
				拆遷費	防空費	救濟費	撫卹費
永新	2,214,000	1,805,000	264,000	70,000	40,000	35,000	——
蓮花	800,000	800,000	——	——	——	——	——
安福	1,202,500	1,202,500	——	——	——	——	——
贛縣	1,320,393	1,309,124	8,746	987	469	780	287
南康	1,886,044	1,879,200	3,121	3,079	644	——	——
上猶	970,263	897,370	64,352	654	1,431	4,878	1,578
崇義	1,173,453	1,131,639	——	13,060	4,047	21,658	3,049
大庾	1,275,027	1,266,995	3,143	1,029	191	3,281	388
信豐	911,650	882,150	——	6,000	15,000	5,000	3,500
虔南	414,598	319,712	51,293	9,443	22,879	8,338	2,933
龍南	600,000	560,000	40,000	——	——	——	——
定南	886,790	875,000	——	——	11,790	——	——
安遠	640,600	619,000	——	——	21,600	——	——
尋鄔	534,620	520,170	——	——	14,450	——	——
浮梁	6,775,749	6 775,749	——	——	——	——	——
婺源	9,968,111	9,968,111	——	——	——	——	——
德興	1,209,660	1,209,660	——	——	——	——	——
樂平	1,817,710	1,817,710	——	——	——	——	——
鄱陽	1,609,106	1,600,000	670	6,024	2,310	52	50
都昌	1,537,062	1,522,528	12,479	1,782	118	68	87
彭澤	1,787,290	1,787,290	——	——	——	——	——
湖口	1,891,200	1,891,200	——	——	——	——	——
星子	1,700,000	1,600,000	100,000	——	——	——	——
上饒	2,395,000	2,395,000	——	——	——	——	——
廣豐	1,984,000	1,984,000	——	——	——	——	——
玉山	1,085,000	1,085,000	——	——	——	——	——
橫峯	389,420	389,420	——	——	——	——	——
鉛山	1,810,540	1,808,450	2,000	75	——	15	——
弋陽	1,136,210	1,129,672	6,510	28	——	——	——
貴谿	1,725,431	1,625,431	100,000	——	——	——	——

表六

江西省抗戰財產間接損失

三 農業部份（續）

單位：千元

機關或縣市名稱	共計	可能生產額減少	可獲純利額減少	費用之增加			
				拆遷費	防空費	救濟費	撫卹費
餘江	1,926,724	1,926,724	——	——	——	——	——
萬年	682,000	682,000	——	——	——	——	——
餘干	1,200,000	1,200,000	——	——	——	——	——
南城	3,082,000	3,082,000	——	——	——	——	——
南豐	1,013,485	994,882	4,867	2,670	974	7,487	2,605
宜黃	1,100,000	1,100,000	——	——	——	——	——
樂安	830,565	822,197	1,001	7,307	60	——	——
崇仁	675,518	638,597	31,966	2,438	1,200	522	195
臨川	1,603,662	1,368,711	231,463	980	2,110	110	288
東鄉	1,206,347	896,324	257,850	51,186	259	527	201
金谿	616,196	616,196	——	——	——	——	——
光澤	775,158	725,600	49,558	——	——	——	——
資谿	272,574	272,574	——	——	——	——	——
黎川	750,000	750,000	——	——	——	——	——
寧都	1,624,188	1,187,148	——	——	——	437,040	——
廣昌	846,132	533,406	307,687	3,500	1,539	——	——
石城	1,098,905	1,057,505	——	——	1,800	39,500	100
瑞金	695,697	693,523	——	1,047	1,127	——	——
會昌	915,526	915,526	——	——	——	——	——
雩都	1,000,000	920,000	80,000	——	——	——	——
興國	889,561	889,561	——	——	——	——	——
靖安	2,648,737	2,586,177	——	62,560	——	——	——
九江	5,218,000	5,218,000	——	——	——	——	——
德安	1,998,821	1,998,821	——	——	——	——	——
瑞昌	1,800,000	1,800,000	——	——	——	——	——
永修	2,694,975	2,559,940	——	130,035	5,000	——	——
奉新	2,178,820	1,500,000	279,820	200,000	200,000	——	——
安義	2,170,780	2,155,115	——	15,665	——	——	——
武寧	2,323,540	2,323,540	——	——	——	——	——

註：贛南園藝場係四區專署與中正大學合辦

表六

江西省抗戰財產間接損失

四 工業部份

單位：千元

機關或縣市名稱	共計	可能生產額減少	可獲純利額減少	費用之增加			
				拆運費	防空費	救濟費	撫卹費
總計	47,200,611	38,895,722	7,662,495	276,380	205,907	84,385	75,722
小計	497,035	154,537	262,761	64,396	3,776	11,415	150
興業公司	277,634	——	236,461	37,626	——	3,547	——
重工業理事會	153,000	115,000	11,500	20,000	——	6,500	——
復興紡織工廠	25,578	15,000	4,500	3,560	2,000	368	150
度量衡檢定所	34,150	18,850	10,300	2,500	1,500	1,000	——
民生建築公司籌備處	6,673	5,687	——	710	276	——	——
小計	46,703,576	38,741,185	7,399,734	211,984	202,131	72,970	75,572
豐城	204,883	184,030	20,553	300	——	——	——
南昌	672,000	600,000	72,000	——	——	——	——
進賢	1,147,085	1,147,085	——	——	——	——	——
高安	169,471	20,608	112,801	9,629	2,115	11,029	13,289
萬載	512,181	511,750	——	172	93	88	78
分宜	14,759	14,759	——	——	——	——	——
上高	117,820	113,390	2,600	1,000	830	——	——
宜豐	3,901	1,292	1,284	730	284	311	——
峽江	100,000	80,000	20,000	——	——	——	——
永豐	6,196	1,438	2,515	243	——	2,000	——
泰和	13,850	7,500	450	5,800	100	——	——
萬安	100,000	70,000	30,000	——	——	——	——
遂川	11,551	5,501	——	5,535	174	238	103
永新	2,512	1,425	——	——	808	94	185
贛縣	791,113	703,939	67,686	7,852	10,813	735	88
南康	400,000	310,000	90,000	——	——	——	——
上猶	6,684	4,950	1,634	100	——	——	——

表六

江西省抗戰財產間接損失

四　工業部份（續）

單位：千元

機關或縣市名稱	共計	可能生產額減少	可獲純利額減少	費用之增加：拆運費	防空費	救濟費	撫卹費
大庾	5,576	4,000	1,400	158	12	6	——
定南	143,500	97,000	45,000	1,500	——	——	——
安遠	7,950	5,800	2,150	——	——	——	——
尋鄔	202,000	148,000	54,000	——	——	——	——
浮梁	39,201,299	32,550,200	6,463,800	117,100	50,000	20,199	——
樂平	4,200	——	2,700	1,500	——	——	——
都昌	201,272	200,710	289	191	30	25	27
上饒	14,673	3,125	4,987	3,658	1,567	566	770
廣豐	3,405	2,925	——	480	——	——	——
玉山	124,958	82,635	41,619	530	54	120	——
貴谿	743,472	672,400	71,072	——	——	——	——
餘江	42,137	35,808	4,165	856	583	725	——
南豐	7,123	6,725	398	——	——	——	——
樂安	22,925	11,253	2,301	7,781	40	800	750
臨川	41,407	930	39,089	1,021	367	——	——
東鄉	799,190	621,880	——	44,000	133,310	——	——
光澤	22,800	10,800	12,000	——	——	——	——
資谿	57,711	57,711	——	——	——	——	——
寧都	10,045	6,216	3,829	——	——	——	——
瑞金	21,573	9,643	11,144	516	——	——	270
會昌	2,189	60	2,049	——	51	29	——
雩都	134,000	134,000	——	——	——	——	——
興國	150,596	125,497	25,099	——	——	——	——
靖安	104,352	——	103,320	1,032	——	——	——
奉新	361,217	176,200	87,800	300	900	36,005	60,012

表六

江西省抗戰財產間接損失

五 商業部份

單位：千元

縣市別	共計	可能生產額減少	可獲純利額減少	費用之增加			
				拆遷費	防空費	救濟費	撫卹費
總計	113,062,964	4,681,400	103,909,248	1,747,129	580,759	1,243,744	900,684
南昌市	26,481,223	2,098,232	23,308,730	537,150	221,751	194,744	120,616
豐城	1,146,733	1,780	1,138,693	2,528	3,692	40	——
南昌	179,200	——	151,200	20,000	8,000	——	——
進賢	2,197,823	508,820	1,682,183	6,210	610	——	——
新建	3,223,193	——	3,213,883	9,110	200	——	——
高安	3,242,165	——	1,182,334	364,190	92,834	878,643	724,164
新淦	597,000	——	597,000	——	——	——	——
清江	2,011,799	6,002	2,003,578	2,089	80	50	——
宜春	938,000	——	938,000	——	——	——	——
萍鄉	2,427,137	197	2,384,488	27,183	12,644	2,390	235
萬載	1,414,605	120,254	1,285,514	5,284	1,858	758	937
分宜	380,435	——	380,000	——	115	115	205
上高	1,299,172	10,000	1,283,152	3,640	2,270	110	——
宜豐	796,687	148,387	617,672	20,325	1,372	7,172	1,759
新喻	749,840	——	745,974	3,212	654	——	——
修水	292,819	82,800	201,710	6,087	1,588	398	236
銅鼓	632,048	——	632,048	——	——	——	——
吉安	1,497,267	——	1,264,550	67,620	52,104	81,582	31,411
吉水	491,459	——	491,459	——	——	——	——
峽江	489,506	——	456,370	11,050	9,458	12,628	——
永豐	213,000	150,000	45,000	8,000	5,000	5,000	——
泰和	412,800	——	409,500	2,500	800	——	——
萬安	318,832	——	312,685	4,954	250	942	1
遂川	1,009,539	——	1,006,996	2,543	——	——	——
寧岡	225,000	——	225,000	——	——	——	——
永新	500,000	——	500,000	——	——	——	——
蓮花	363,405	——	362,640	765	——	——	——
安福	492,640	——	485,536	5,383	981	360	380

表六

江西省抗戰財產間接損失

五　商業部份（續）

單位：千元

縣市別	共計	可能生產額減少	可獲純利額減少	費用之增加			
				拆遷費	防空費	救濟費	撫卹費
贛縣	1,297,035	—	1,165,494	69,757	33,956	20,981	6,847
南康	1,031,215	51,368	948,243	22,531	6,246	2,265	562
上猶	300,741	740	292,707	4,437	1,357	577	923
崇義	300,000	—	300,000	—	—	—	—
大庾	806,664	—	803,380	1,600	644	1,040	—
信豐	754,819	13,680	725,600	3,032	8,507	3,000	1,000
虔南	200,000	—	200,000	—	—	—	—
龍南	222,000	—	206,600	12,500	750	1,900	250
定南	428,950	385,000	—	31,600	8,150	4,000	200
安遠	578,500	—	574,150	4,350	—	—	—
尋鄔	304,571	—	304,571	—	—	—	—
浮梁	2,593,416	—	2,528,328	24,972	38,494	1,622	—
德興	1,673,280	1,088,000	584,820	160	100	200	—
婺源	2,712,060	—	2,712,060	—	—	—	—
樂平	145,483	—	132 573	11,110	1,800	—	—
鄱陽	1,103,587	—	1,100,303	1,937	1,347	—	—
都昌	1,336,996	6,072	1,314,610	9,288	4,997	858	1,171
彭澤	1,158,739	—	1,158,739	—	—	—	—
湖口	1,000,000	—	1,000 000	—	—	—	—
星子	1,300,000	—	1,300,000	—	—	—	—
上饒	2,128,170	—	2,057,290	54,120	10,000	6,760	—
廣豐	530,814	—	530,240	450	70	54	—
玉山	2,057,138	—	2,056,160	871	107	—	—
橫峯	210,580	—	210,580	—	—	—	—
鉛山	1,206,895	3,150	1,203,370	150	73	84	68
弋陽	908,322	618	906,092	1,233	293	78	8
貴溪	1,274,569	—	1,274,569	—	—	—	—
餘江	623,264	—	617,255	4,556	639	814	

表六

江西省抗戰財產間接損失

五 商業部份(續)

單位：千元

縣市別	共計	可能生產額減少	可獲純利額減少	費用之增加			
				拆遷費	防空費	救濟費	撫卹費
萬年	338,000	—	338,000	—	—	—	—
餘干	800,000	—	800,000	—	—	—	—
南城	2,513,500	500	2,512,000	—	1,000	—	—
南豐	778,121	2,800	754,310	20,231	780	—	—
宜黃	860,000	—	860,000	—	—	—	—
樂安	400,500	500	379,722	20,010	268	—	—
崇仁	567,949	—	548,618	9,035	2,262	7,919	115
臨川	5,014,555	—	4,854,597	149,000	8,189	2,263	506
東鄉	678,943	—	673,296	3,910	1,737	—	—
金谿	414,525	—	381,230	14,667	9,004	1,394	8,230
光澤	390,000	—	390,000	—	—	—	—
資谿	225,037	—	224,513	524	—	—	—
黎川	708,000	—	700,000	4,000	4,000	—	—
寧都	380,600	—	380,600	—	—	—	—
廣昌	532,013	—	532,013	—	—	—	—
石城	217,730	—	216,900	—	830	—	—
瑞金	517,148	—	512,703	1,899	997	709	840
會昌	229,345	2,500	225,636	648	469	92	—
雩都	430,613	—	426,600	1,425	432	2,156	—
興國	510,803	—	506,212	4,525	—	46	20
靖安	1,754,488	—	1,748,400	6,088	—	—	—
九江	2,380,360	—	2,380,360	—	—	—	—
德安	1,000,000	—	1 000,000	—	—	—	—
瑞昌	1,200,000	—	1,200,000	—	—	—	—
永修	2,658,556	—	2,505,606	135,950	17,000	—	—
奉新	1,500,000	—	1,500,000	—	—	—	—
安義	1,798,200	—	1,791,460	6740	—	—	—
武寧	2,052,843	—	2,052,843	—	—	—	—

表六　# 江西省抗戰財產間接損失

六　其他

單位：千元

機關或縣市名稱	共計	礦業	銀行業	金融事業	航業	公用事業	電訊	公路
總計	8,529,697	4,198,594	1,124,881	1,304,373	1,104,747	105,828	11,720	679,554
南昌市	1,204,060	—	—	1,204,060	—	—	—	—
豐城	506,237	401,204	—	—	105,033	—	—	—
萍鄉	1,018,150	1,018,150	—	—	—	—	—	—
永豐	103,854	—	—	—	30,000	73,854	—	—
安福	60	—	—	—	—	—	60	—
南康	3,566	—	3,200	—	—	366	—	—
上猶	2,614	645	1,969	—	—	—	—	—
大庾	589	—	589	—	—	—	—	—
信豐	725	—	412	313	—	—	—	—
安遠	264,291	248,613	—	—	15,678	—	—	—
婺源	28,186	—	—	—	—	28,186	—	—
樂平	2,468,094	2,464,672	—	—	—	3,422	—	—
寧都	504,205	—	403,000	100,000	1,205	—	—	—
石城	12,134	—	—	—	3,250	—	8,884	—
瑞金	3,600	—	—	—	3,600	—	—	—
興國	3,207	—	—	—	3,207	—	—	—
九江	5,000	5,000	—	—	—	—	—	—
黎川	6,000	—	—	—	6,000	—	—	—
高安	314,000	—	—	—	314,000	—	—	—
萬載	122,000	—	—	—	122,000	—	—	—
上高	12,637	—	—	—	12,637	—	—	—
宜豐	12,147	—	—	—	12,147	—	—	—
永新	6,269	—	—	—	6,269	—	—	—
臨川	46,325	—	—	—	46,325	—	—	—
靖安	106,888	—	—	—	106,888	—	—	—
永修	206,888	—	—	—	206,888	—	—	—
安義	109,620	—	—	—	109,620	—	—	—
吉安	60,310	60,310	—	—	—	—	—	—
裕民銀行	703,877	—	703,877	—	—	—	—	—
建設銀行	11,834	—	11,834	—	—	—	—	—
公路處	679,554	—	—	—	—	—	—	679,554
電話局	1,976	—	—	—	—	—	1,976	—
無線電訊總隊	800	—	—	—	—	—	800	—

表六

江西省抗戰財產間接損失

七　醫葯埋葬費

單位：千元

縣市別	共計	醫葯費				埋葬費				
		小計	男	女	童	小計	男	女	童	不明
總計	3,617,731	862,717	505,001	246,542	111,174	2,755,014	1,767,781	744,984	238,203	4,646
南昌市	16,672	402	222	93	87	16,270	11,279	3,607	1,246	138
豐城	13,430	3,051	1,267	1,525	259	10,379	7,293	2,234	852	——
南昌	96,068	3,070	1,820	900	350	92,998	62,998	2,2340	6,666	994
進賢	38,033	10,056	5,894	3,007	1,155	27,977	14,620	9,923	3,236	198
新建	85,284	791	675	116	——	84,493	41,800	38,250	4,443	——
高安	353,296	30,646	14,810	10,817	5,019	322,650	146,700	103,230	72,197	523
新淦	4,275	2,355	1,392	933	30	1,920	1,350	470	100	——
清江	4,616	916	744	129	43	3,700	2,675	746	279	——
宜春	12,447	1.318	943	361	14	11,129	7,822	2,991	312	4
萍鄉	17,825	2,675	1,925	550	200	15,150	11,561	2,404	1,185	——
萬載	33,568	16,658	11,675	4,180	803	16,910	14,980	1,520	410	——
分宜	20,812	8,354	4,921	2,815	618	12,458	11,302	830	314	12
上高	20,782	7,140	3,260	2,586	1,294	13,642	7,686	3,695	2,253	8
宜豐	64,137	32,285	15,390	11,385	5,510	31,852	16,833	8,742	6,260	17
新喻	599	32	32	——	——	567	265	229	73	——
修水	4,407	213	149	64	——	4,194	3,407	760	27	——
銅鼓	1,036	253	139	108	6	783	509	233	41	——
吉安	21,241	9,571	8,091	1,216	264	11,670	5,874	5,110	651	35
吉水	5,944	1,166	986	180	——	4,778	4,065	713	——	——
峽江	3,892	962	786	157	19	2,930	2,420	320	190	——
永豐	17	7	7	——	——	10	——	——	10	——

表六

江西省抗戰財產間接損失

七　醫藥埋葬費(續)

單位：千元

縣市別	共計	醫藥費 小計	醫藥費 男	醫藥費 女	醫藥費 童	埋葬費 小計	埋葬費 男	埋葬費 女	埋葬費 童	埋葬費 不明
泰和	12,502	4,183	3,060	885	238	8,319	6,053	1,913	353	—
萬安	19,860	3,138	2,817	271	50	16,722	12,958	3,259	505	—
遂川	10,308	1,037	640	279	118	9,271	6,168	2,628	452	23
寧岡	750	—	—	—	—	750	504	182	64	—
永新	139,210	100,791	83,131	15,092	2,568	38,419	35'723	2,292	393	2
蓮花	8,059	679	559	118	2	7,380	5,954	1,344	80	2
安福	65	38	30	4	4	27	25	—	2	—
贛縣	18,797	4,946	3,347	1,559	40	13,851	10,391	2,480	980	—
南康	8,884	1,527	1,092	282	153	7,357	5,482	1,565	290	20
上猶	—	—	—	—	—	—	—	—	—	—
崇義	—	—	—	—	—	—	—	—	—	—
大庾	3,450	—	—	—	—	3,450	2,860	590	—	—
信豐	6,232	1,153	941	179	33	5,079	3,731	1,252	88	8
虔南	2,789	699	487	207	5	2.090	1,572	436	82	—
龍南	12,152	3,280	2,179	820	281	8,872	5,796	2,232	820	24
定南	1,281	361	270	47	44	920	820	80	20	—
安遠	59	17	12	5	—	42	42	—	—	—
尋鄔	—	—	—	—	—	—	—	—	—	—
浮梁	9,075	818	337	356	125	8,257	3,407	3,591	1,247	12
德興	—	—	—	—	—	—	—	—	—	—
婺源	12	—	—	—	—	12	12	—	—	—

表六

江西省抗戰財產間接損失

七 醫藥埋葬費(續)

單位：千元

縣市別	共計	醫藥費 小計	醫藥費 男	醫藥費 女	醫藥費 童	埋葬費 小計	埋葬費 男	埋葬費 女	埋葬費 童	埋葬費 不明
樂平	194	121	78	29	14	73	53	20	——	——
鄱陽	8,366	2,973	2,246	597	130	5,393	3,903	1,235	255	——
都昌	18,886	4,314	2,530	1,600	184	14,572	10,194	4,105	273	——
彭澤	89,055	9,105	5,750	3,070	285	79,950	47.428	30,612	1,902	8
湖口	430,530	161,790	94,454	60,044	7,292	268,740	165,744	89,613	13,187	196
星子	85,862	9,926	6,473	2,821	632	75,936	55,170	18,080	2,575	111
上饒	30,019	3496	2,330	836	330	26,523	19,863	6,001	659	——
廣豐	7,985	272	187	69	16	7,713	5,676	1,574	443	20
玉山	43,719	7,129	4,148	2,079	902	36,590	23,200	8,920	4,398	72
橫峯	931	283	99	105	79	648	454	152	42	——
鉛山	1,043	428	237	132	59	615	348	161	106	——
弋陽	3,506	343	249	93	1	3,163	2,383	630	150	——
貴谿	83,708	7,142	5,121	1,745	276	76,566	37,041	19,312	19,997	216
餘江	26.180	2,897	1,465	871	561	23,283	14,449	5,848	2,970	16
萬年	147	28	19	5	4	119	90	24	5	——
餘干	6,329	741	589	126	26	5,588	3,687	1,410	491	——
南城	67,783	4,043	1,684	1,718	641	63,740	35,885	19,097	7,900	858
南豐	672	192	172	5	15	480	220	200	60	——
宜黃	7,925	696	515	149	32	7,229	4,849	1,540	831	9
樂安	42	2	2	——	——	40	10	20	10	——
崇仁	5,[illegible]51	369	340	20	9	4,982	3,340	1,451	182	9

表六

江西省抗戰財產間接損失

七 醫藥埋葬費(續)

單位：千元

縣市別	共計	藥費 小計	藥費 男	藥費 女	藥費 童	埋葬費 小計	埋葬費 男	埋葬費 女	埋葬費 童	埋葬費 不明
臨川	255,234	105,099	46,861	31,488	26,750	150,135	91,108	39,567	19,460	—
東鄉	13,824	3,134	1,939	910	285	10,690	6,115	3,206	1,369	—
金谿	9,088	1,303	703	487	113	7,785	4,587	2,615	582	—
光澤	2,200	1,230	714	232	284	970	514	238	218	—
資谿	—	—	—	—	—	—	—	—	—	—
黎川	9	9	8	1	—	—	—	—	—	—
寧都	—	—	—	—	—	—	—	—	—	—
廣昌	18	18	12	6	—	—	—	—	—	—
石城	—	—	—	—	—	—	—	—	—	—
瑞金	720	320	202	56	62	400	279	68	53	—
會昌	—	—	—	—	—	—	—	—	—	—
雩都	49	19	17	2	—	30	20	10	—	—
興國	1,388	873	426	447	—	515	400	115	—	—
靖安	30,878	3,278	2,222	753	303	27,600	18,556	7,648	1,366	30
九江	147,302	19,798	14,584	4,547	667	127,504	115,410	9,815	2,279	—
德安	57,428	8,708	6,182	2,526	—	48,720	28,910	19,810	—	—
瑞昌	395,454	178,969	90,592	51,107	37,270	216,485	128,950	75,203	12,281	51
永修	230,123	24,833	21,788	1,902	1,143	205,290	165,110	26,200	13,980	—
奉新	343,754	19,344	1,152	7,380	10,812	324,410	212,128	91,419	20,683	180
安義	100,644	18,344	12,488	4,386	1,470	82,300	60,260	18,717	3,084	239
武寧	39,519	6,560	2,393	2,972	1,195	32,959	24,500	8,157	291	11

附　錄

江西省抗戰損失追查辦法

中華民國卅四年八月廿八日
第一七八二次省務會議通過

一・江西省政府為澈底追查九一八以來抗戰損失依抗戰損失調查辦法第五條之規定訂定本辦法

二・自九一八事變日起至三十四年九月底止凡在本省境内所有本省省縣公私機關學校團體及人民因抗戰所遭受之直接間接損失悉依本辦法追查清楚

三・前項追查事務由本府統計處會同有關機關辦理並由本府就各該機關調集富有調查統計學驗之高級人員三十至四十人為調查專員歸本府統計處指揮調遣分赴各縣實地追查不另設調查機構

四・追查方法如下

1.人民及團體之損失——用實地調查法由調查專員代為填表

2.縣市各機關學校（包括私立以下同）公營事業及其服務員工之損失——用實地調查法由調查專員指導填表

3.省各機關學校公營事業及其服務員工之損失——用通訊調查法由各該主管機關負責辦理

五・各調查專員於派定調查區域後應依江西省抗戰損失追查須知及調查日程分赴各指定縣份為詳確之實地調查由本府統計處隨時督責考核

六・各縣縣政府於奉到本辦法後半月内根據本辦法及追查須知與應用表格廣為宣諭並搜集有關損失資料以為省派調查專員實地追查之準備

七・各縣縣長鄉鎮長應於調查專員實地追查時盡力協助其有敷衍從事者由本府予以懲處

八・追查工作定二個月辦理完竣由統計處彙編追查總報告呈府轉呈　行政院

九・本辦法由省務會議通過施行並呈請　行政院備案

江西省抗戰損失追查須知

中華民國卅四年八月廿八日
第一七八二次省務會議通過

一・抗戰損失追查之範圍

所有自九一八事變起至三十四年九月底止凡本省省縣公私機關學校團體及人民因抗戰遭受之直接間接損失均在追查之列

二・人口傷亡追查方法

人口傷亡由縣長責成鄉鎮長中心學校校長及其他有關人員隨同省派調查專員以鄉鎮為單位逐一追查（無損失之鄉鎮免查）每一事件均應填具人口傷亡調查表（表式１）及彙報表（表式２）各四份一份存鄉鎮三份呈縣政府內一份抽存二份由調查專員攜呈省政府存轉

三・公私財產直接損失之分類

1.人民私有財產之損失

2.省縣級政府及其所屬機關公有財產之損失

3.公立或私立各級學校財產之損失

4.公營或民營事業財產之損失

5.人民團體財產之損失

6.淪陷區天然資源之損失

7.淪陷區金融破壞之損失

8.因敵人在淪陷區經營工礦交通及其他生產事業所受之損失

9.人民在淪陷區因被迫吸食毒品及種植毒品所受之損失

10勞力損失

11其他損失

四・財產直接損失追查方法

1.第三條各款之損失屬於人民及團體者由縣長責成鄉鎮長中心學校校長及其他有關人員隨同省派調查專員以鄉鎮為單位逐一追查（無損失之鄉鎮免查）每一事件填列彙

報表（表式6.7.8.9.10.11.12.14.其中無損失部份之表免填）四份一份存鄉鎮三份送縣政府内一份抽存二份由調查專員攜呈省政府存轉

2.縣級機關學校（學校包括私立以下同）公營事業財產直接損失由省派調查專員指導追查填具報告單（表式3）並按年填彙報表（表4——15）各三份送縣政府内一份抽存二份由調查專員攜呈省政府存轉縣政府仍爲縣級機關其本身損失追查手續同此

3.省級機關學校公營事業財產之直接損失由主管廳處局會院分令所屬填具報告單（表式3）並按年填彙報表（表式4——15）各三份呈送各該主管機關内一份抽存二份彙送本府存轉各該主管機關本身之損失應照前項規定填具表單隨同彙報其他非各廳處局會院所屬之省級機關學校公營事業由本府分別函令填具報告單（表式3）並按年填彙報表（表式4——15）各二份逕送本府存轉

4.省縣級機關學校或公營事業内之員工其私人財產之直接損失應填具財產損失報告單（表式3）由服務之機關學校或事業之主辦人收集彙總連同彙報表（以該機關學校或事業爲單位填具彙報表）（表式16）轉報屬於省級者其辦理手續同上第三款屬於縣級者同上第二款

前項損失不得在鄉鎮中申報以免重複

5.官商合辦之事業其官股由省款支出者視爲省營由縣款支出者視爲縣營官股損失部份照本條二、三款分別辦理商股損失部份應另列一表分別隨報

五•公私財產間接損失只追查左列三類

1.省縣各機關學校費用之增加

2.省縣各種公私營業可獲純利之減少及其費用之增加

3.傷亡人員之醫藥埋葬等費

六•間接損失追查方法

1.關於省縣各機關學校因抗戰增加之支出（如遷移防空設備疏散救濟撫卹等費）應由各該機關學校按年將實在支出數目填就報告表（表式17）屬於省級者填具三份呈送主管廳處局會院部内一份抽存二份彙送本府存轉各該主管機關本身之損失應照前項之規定填具表單隨同彙報其他非各廳處局會院所屬之機關學校由本府分別函令填具報告表（表式17）二份逕送本府存轉屬於縣級者由調查專員指導追查仍按年填具報告表（

表式17）三份送縣政府內一份抽存二份由調查專員攜呈省政府存轉縣政府仍為縣級機關其本身損失追查手續同比

2.各種公私營業可獲純利額之減少　省營或縣營者由該事業主辦人民營者由農工商業各業團按年依後列計算方法覈實估計並查明因抗戰增加之費用（如遷移防空設備疏散救濟撫卹等費）填就報告表(表式18)屬於省營者填具二份逕呈本府存轉縣營及民營者由省調查專員指導追查填具三份呈送縣政府內一份抽存二份由調查專員攜呈省政府存轉官商合辦事業仍照四條五款辦理可獲純利減少之計算方法分下列三種

甲、營業在戰前獲利而本年獲利較少者用下式

可獲純利減少＝戰前三年平均純利數(如無三年數字一年亦可)×當年物價指數＋本年純利數

乙、營業在戰前獲利而本年虧損者用下式

可獲純利減少＝戰前三年平均純利數(如無三年數字一年亦可)×當年物價指數＋本年虧損數

丙、營業在戰前虧損而本年虧損更多者用下式

可獲純利減少＝本年營業虧損數—戰前三年營業平均虧損數（如無三年數字一年亦可）×當年物價指數

七•追查時已不存在而曾受抗戰損失之機關學校及公營事業其損失由各該主管機關依照前列有關各條規定代為填報

八•收復區損失之查報

收復地區應由該管縣政府協同省派調查專員儘量依照前列有關各條追查本區內損失實情除比較開始淪陷及收復時狀況並斟酌疏遷情形估計損失填具前列有關各表外並按年填就報告表(表式19)二分呈本府存轉

九•價值之計算及其單位

財產損失之價值應以追查時之價值為準其單位為國幣「元」

十•表格紙幅一律長二八公分，寬二〇•五公分。

應用表式

……………市/縣人口傷亡調查表（表式1）

事件：

日期：

地點：　　　　填送日期　三十四年　　月　　日

姓名	性別	職業	年齡	最高學歷	傷或亡	費用(國幣元)	
						醫藥	葬埋

調查專員（簽蓋）　　　　縣長（簽蓋）　　　　鄉鎮長（簽蓋）

說明：1.『事件』指發生損失之事件，如日機轟炸日軍進攻等。

2.『日期』指事件發生之日期，如某年某月某日或某年某月某日至某年某月某日

3.『地點』指事件發生之地點，如某市某縣某鄉某鎮某村等。

4.『職業』可分（一）農業（二）礦業（三）工業（四）商業（五）交通運輸業（六）公務（七）自由職業（八）人事服務（九）無業等類。

5.『學歷』分為（一）大學（二）中學（三）小學及（四）其他視傷亡者最高之學歷屬於何種分別填列。

6.『傷或亡』分為三種即（一）輕傷（二）重傷（三）死亡；所謂重傷即(子)毀敗一目或二目之視能(丑)毀敗一耳或二耳聽能(寅)毀敗語能味能或嗅能(卯)毀敗一肢以上機能(辰)毀敗生殖之機能(巳)其他與體身或健康有重大不治或難治之傷害，輕傷則為不成為重傷之輕微傷者，視傷亡者死傷情形分別填列

7.如傷亡者姓名不知即畫一『△』形符號代之其他各項有不明者倣此。

……市/縣人口傷亡彙報表（表式2）

事件：(1)
日期：(2)
地點：(3)

填送日期三十四年 月 日

性別＼傷亡人數	重傷	輕傷	死亡	費用（國幣元）	
				醫藥	葬埋
男					
女					
童(4)					
不明					

附人口傷亡調查表 張

調查專員（簽蓋） 縣長（簽蓋） 鄉鎮長（簽蓋）

說明：1.即發生損失之事件，如日機轟炸日軍進攻等。

2.即事件發生之日期、如某年某月某日，或某年某月某日至某年某月某日。

3.即事件發生之地點，如某市某縣某鄉某鎮某村等。

4.「童」指十六歲以下者。

財產損失報告單【表式3】

填送日期三十四年 月 日

(1) 損失年月日	(2) 事件	(3) 地點	(4) 損失項目	購置 年 月	單位	數量	查報時價值（國幣元）	(5) 證件

直轄機關學校團體或事業 受損失者

名稱 印信 （名稱或姓名） （印信或蓋章）

說明：1.即事件發生之日期，如某年某月某日或某年某月某日至某年某月某日。

2.即發生損失之事件，如日機之轟炸日軍之進攻等。

3.即事件發生之地點，如某市某縣某鄉某鎮某村等。

4.即一切動產（如衣服什物財帛舟車證券等）及不動產）如房屋田園鑛產等）所有損失逐項填明。

5.如有證件應將名稱與件數填入『證件』欄内。

6.受損失者如係機關學校團體或事業填其名稱，如係機關學校團體或事業之員工填其姓名。

……財產直接損失彙報表（表式4）

機關名稱(1)

年份：(2) 民國　　年

事件：(3)

地點：(4)

填送日期三十四年　　月　　日

分類	查報時之價值(國幣元)
共計	
建築物	
器具	
現款	
圖書	
儀器	
文卷(5)	
醫藥用品	
其他	

附財產損失報告單　　　張

報告者(6)

說明：1.試驗研究機關如農業試驗場工業試驗所等之類及公立醫院均包含在內，其損失項目如有本表未列者概歸入『其他』一項。
2.即損失發生之年份。
3.即發生損失之事件，如日機轟炸日軍進攻等。
4.即事件發生之地點，包括某市某縣某鄉某鎮某村。
5.文卷損失之價值難以估計，只須填入毀損及遺失文卷宗數。
6.除由該填報機關長官簽名加蓋機關印信外，縣級機關並應由調查專員及縣長簽蓋，省級機關並應由主管廳處局會院長官簽蓋。

……財產直接損失彙報表（表式5）

學校名稱

(1)

年份：民國　　年

(2)

事件：

(3)

地點：

填送日期三十四年　　月　　日

分類	查報時之價值(國幣元)
共計	
建築物	
器具	
現款	
圖書	
儀器	
醫藥用品	
其他	

附財產損失報告單　　　張

（4）

教育廳長或縣長　（簽蓋）

報告者校長或鄉鎮長　（簽蓋）

調查專員（簽蓋）

說明：1.即損失發生之年份。
2.即發生損失之事件，如日機轟炸日軍進攻等。
3.即事件發生之地點，包括某市某縣某鄉某鎮某村等。
4 省立學校及私立中學由教育廳長簽蓋，調查專員簽蓋從缺，縣立學校及私立小學由縣長簽蓋。

(1)
……………營事業財產損失彙報表（表式6）

（農業部份）(2)

事　件：(3)
日　期：(4)
地　點：(5)

分類			單位	數量	查報時之價值（國幣元）
共計			—	—	
房屋			棟		
器具			件		
現款			元		
產品	農產品	谷	市担		
		麥	市担		
		植物油	市担		
		雜糧	市担		
	林產品	木	株		
		竹	株		
	水產品(6)				
	畜產品(6)				
工具	農具		件		
	漁具		件		
牲畜	豬		頭		
	牛		頭		
	雞鴨		頭		
	其他		頭		
運輸工具（手車）			輛		
衣物			件		
其他					

調查專員（簽蓋）　　縣長(7)（簽蓋）　　鄉鎮長或事業團體主持人（簽蓋）

說明：1.如爲省營應於營字前填「省」字，「市」營填市字，縣營填「縣」字，民營填「民」字，並於其前填明該省市縣名稱。
2.包括農林漁牧等業。
3.即發生損失之事件，如日機轟炸日軍進攻等。
4.即事件發生之日期，如某年月日或某年月日至某年月日。
5.即事件發生之地點，如某市縣某鄉鎮某村等。
6.水產品如魚，畜產品如猪鬃皮革，按照當地生產情形及有無是項損失酌填。
7.如爲省營應改爲省主管官署長官簽蓋。調查專員簽蓋從缺。

……營(1)事業財產直接失彙報表（表式7）

（礦業部份）

事件：(2)

日期：(3)

地點：(4)

填送日期三十四年　月　日

分類	查報時之價值（國幣元）
共計	
房屋	
器具	
礦坑	
現款	
礦產品	
機械及工具	
運輸工具	
其他	

調查專員（簽蓋）　縣長(5)（簽蓋）

報告者鄉鎮長或事業團體主持人（簽蓋）

說明：1.如爲省營應於營字前填一「省」字，市營填「市」字，縣營填「縣」字，民營填「民」字，並於其前填明該省市縣名稱。

2.即發生損失之事件，如日機轟炸日軍進攻等。

3.即事件發生之日期，如某年月日或某年月日至某年月日。

4.即事件發生之地點，如某市某縣某鄉鎮某村等。

5.如爲省營，應改爲省主管官署長官簽蓋，調查專員簽蓋從缺。

……營(1)事業財產直接失彙報表（表式8）

（工業部份）

事件：(2)

日期：(3)

地點：(4)

填送日期三十四年　月　日

分類	查報時之價值（國幣元）
共計	
廠房	
器具	
現款	
製成品	
原料	
機械及工具	
運輸工具	
衣物	
其他	

調查專員（簽蓋）　縣長(5)（簽蓋）

報告者鄉鎮長或事業團體主持人（簽蓋）

說明：1.如爲省營應於營字前填一『省』字，市營填『市』字，縣營填『縣』字，民營填『民』字，並於其前填明該省市縣名稱。

2.即發生損失之事件，如日機轟炸日軍進攻等。

3.即事件發生之日期，如某年月日或某年月日至某年月日。

4.即事件發生之地點，如某市某縣某鄉鎮某村等。

5.如爲省營應改爲省主管官署長官簽蓋，調查專員簽蓋從缺。

(1)……………營事業財產直接損失彙報表（表式9）

（公用事業部份）(2)

事　件：(3)

日　期：(4)

地　點：(5)

填送日期三十四年　　月　　日

分　類	查報時之價值（國幣元）
共　計	
房　屋	
器　具	
現　款	
機械及工具	
運輸工具	
其　他	

附財產損失報告單　　張

報告者　事業主持人（簽蓋）

說明：1.如為省營於營字前填『省』字，市營則填『市』字，縣營填『縣』字，民營填『民』字，並於其前填明該省市縣名稱。
2.僅包含水電煤氣供給事業。
3.即發生損失之事件，如日機轟炸日軍進攻等。
4.即事件發生之日期，如某年月日或某年月日至某年月日。
5.即事件發生之地點，如某市某縣某鄉鎮某村等。
6.如為省營應加由省主管官署長官署名加蓋官署印信，如為縣營及民營，應加由調查專員簽蓋及縣長署名並蓋縣印。

……………(1)營事業財產直接損失彙報表（表式10）

（商業部份）

事件：(2)

日期：(3)

地點：(4)

填送日期三十四年　月　日

分類		單位	量數	查報時之價值（國幣元）
共計		——	——	
房屋	店房	棟		
	住宅(5)	棟		
器具		件		
現款		元		
存貨		件		
運輸工具	車	輛		
	船	艘		
衣物		件		
其他				

調查專員（簽蓋）　縣長(6)（簽蓋）　報告者鄉鎮長或事業主持人（簽蓋）

說明：1.如爲省營則填『省』字，縣營則填『縣』字，民營則填『民』字，並於其前填明該省市縣名稱。

2.即發生損失之事件，如日機轟炸日軍進攻等。

3.即事件發生之日期，如某年月日或某年月日至年月日。

4.即事件發生之地點，如某市某縣某鄉某鎮某村等。

5.城區房屋除店房及機關學校農鑛工銀行等各業房屋外，一律視爲住宅填入本欄。

6.如爲省營應改爲省主管官署長官簽蓋，調查專員簽蓋從缺。

……直接損失報告表(表10附表)(1)

（某業或某行名稱）

事件：(2)

日期：(3)

地點：(4)

填送日期三十四年　月　日

分類	單位	查報時之價值(國幣元)
現款		
存貨		
運輸工具		
金銀首飾		
古物書		

報告者

說明：1.本表專供各業各行填寫，以便彙總填入表10。

2.即發生損失之事件，如日機轟炸日軍進攻等。

3.即事件發生之日期，如某年月日或某年月日至某年月日。

4.即事件發生之地點，如某市某縣某鄉鎮某村等。

……市縣民營事業財產直接損失彙報表（表式11）

(金融事業(不包括銀行業)部份(1))

事件：(2)

日期：(3)

地點：(4)

填送日期三十四年　月　日

分類	查報時之價值(國幣元)
共計	
房屋	
器具	
現款	
生金銀	
保管品	
抵押品	
有價證券	
運輸工具	
其他	

調查專員（簽蓋）　縣長（簽蓋）

報告者鄉鎮長或事業主持人（簽蓋）

說明：1.可以聲明遺失補領者不能列作損失。

2.即發生損失之事件，如日機轟炸日軍進攻等。

3.即事件發生之日期，如某年月日或某年月日至某年月日。

4.即事件發生之地點，如某市某縣某鄉鎮某村等。

(1)
……營事業財產直接損失彙報表（表式12）

（銀行部份(2)）

(3)
事件：
(4)
日期：
(5)
地點：

填送日期三十四年　月　日

分類	查報時之價值（國幣元）
共計	
房屋	
器具	
現款	
生金銀	
保管品	
抵押品	
有價證券	
運輸工具	
其他	

附財產損失報告單　張

調查專員（簽蓋）財政廳長或縣長（簽蓋）

報告者事業主持人

說明：1.如為省營應於營字前填一『省』字，市營填『市』字，縣營填『縣』字，民營填「民」字，並於其前填明該省市縣名稱。
2.可以聲明補領者不能列作損失。
3.即發生損失之事件，如日機轟炸日軍進攻等。
4.即事件發生之日期，如某年月日或某年月日至某年月日。
5.即事件發生之地點，如某市縣某鄉鎮某村等。
6.如為省營者調查專員簽蓋從缺。

江西省營事業財產直接損失彙報表（表式13）

（公路部份）

(1)
事件：
(2)
日期：
(3)
地點：

填送日期三十四年　月　日

分類	查報時之價值(4)（國幣元）
共計	
房屋	
器具	
現款	
路線設備	
電訊設備	
車輛	
材料	
修理機械及工具	
貨物(5)	
其他	

附財產損失報告單　張

(6)
報告者

說明：1.即發生損失之事件。如日機轟炸日軍進攻等。
2.即事件發生之日期，如某年月日或某年月日至某年月日。
3.即事件發生之地點，如某市某縣某鄉鎮某村等。
4.如購置及損失時價值並詳者，可另表附報。
5.包含裁運及機存之貨物。
6.應由彙報機關長官署名並加蓋機關印信。

……營事業財產直接損失彙報表(表式14)[1]

(航業部份)

事　件：[2]
日　期：[3]
地　點：[4]

填送日期三十四年　月　日

分　類	查報時之價值(國幣元)
共　計	
房　屋	
器　具	
現　款	
碼頭及躉船設備	
船　隻	
材　料	
修理機械及工具	
貨　物[5]	
其　他	

調查專員(簽蓋)[6]　縣長(簽蓋)

報告者 鄉鎮長或事業團體主持人

說明：1.如為省營應於營字前填一『省』字，市營填『市』字，縣營填『縣』字，民營填『民』字，並於其前填明該省市縣名稱。
2.即發生損失之事件，如日機轟炸日軍進攻等。
3.即事件發生之日期，如某年月日或某年月日至某年月日。
4.即事件發生之地點，如某市某縣某鄉鎮某村等。
5.包含裝運及棧存之貨物。
6.如為省營應改為省主管官署長官簽蓋，調查專員簽蓋從缺。

……營事業財產直接損失彙報表(表式15)[1]

(電訊部份)

事　件：[2]
日　期：[3]
地　點：[4]

填送日期三十四年　月　日

分　類	查報時之價值(國幣元)
共　計	
房　屋	
器　具	
現　款	
路線設備	
材　料	
其　他	

附財產損失報告單　張

調查專員(簽蓋)　縣長(簽蓋)

填表人(簽蓋)

說明：1.如為省營應於營字前填一『省』字，市營填『市』字，縣營填『縣』字，民營填『民』字，並於其前填明該省市縣名稱。
2.即發生損失之事件，如日機轟炸日軍進攻等。
3.即事件發生之日期，如某年月日或某年月日至某年月日。
4.即事件發生之地點，如某市某縣某鄉鎮某村等。

……員工財產直接損失彙報表（表式16）

（機關學校或公營事業名稱）

填送日期三十四年　月　日

分類	查報時之價值（國幣元）
共計	
房屋	
器具	
衣物	
現款	
圖書	
其他	

附財產損失報告單　張

主管官長（簽蓋）　填表人（簽蓋）

說明1.本表根據本機關各個員工損失報告單編製。

2.主管長官及製表人應將報告單嚴加審核，如填報不實，應連帶負責，縣級機關學校或公營事業並加由調查專員簽蓋。

……財產間接損失報告表（表式17）

（機關學校名稱）

損失發生之年份：民國　年

填送日期三十四年　月　日

分類	數額（單位國幣元）
共計	
遷移費	
防空設備費	
疏散費	
救濟費(1)	
撫卹費(1)	

報告者(2)

說明：1.為本機關支出者。

2.應由報告機關長官署名並加蓋機關印信縣級機關學校並加由調查專員簽蓋。

……(1)營事業財產間接損失報告表(表式18)

……部份(2)

損失發生之年份：民國　　年

填送日期三十四年　　月　　日

分類		數額(單位國幣元)
可能生產額減少(3)		
可能純利額減少(3)		
費用之增加	拆遷費	
	防空費	
	救濟費(4)	
	撫卹費(4)	

說明：1.各省市縣營事業機關報告該機關財產間接損失民營事業之農工商業各業團體報告各該部份財產間接損失均用此表並於營字前分別填『省』『市』『縣』『民』等字。

2.省市縣營及民營事業財產直接損失彙報表共分爲農業、礦業、工業、公用事業、商業、銀行業、金融事業(不包括銀行)公路、航業、電訊等十部份，財產間接損失報告表亦依此分類填寫。

3.可能生產額減少應依市價估計所值國幣數填入數額欄內如某種營業生產額及純利額均減少者則兩項並填否則填一項。

4.係指營業主對雇用之工人或店員支給之救濟費撫卹費。

5.省市縣營者填明本機關名稱由主管人員簽名並加蓋機關印信、民營者填明市、鄉、農會漁會商會或工會並加蓋各該會圖記，縣營民營者並加由調查專員簽蓋。

收復地區內損失實情清查報告表(表式19)

報告期間：民國　　年　　月至　　年　　月

收復地區名稱：

收復地區面積：

收復日期：

收復情形略述：

調　報　項　目

1.人口傷亡約數

2.毀壞企業名稱與各該資產約值（照查報時之價值計算以下同）

3.攫奪企業名稱與各該資產約值

4.開採資源名稱數量與其約值

5.徵發物資名稱數量與其約值

6.徵收稅捐名稱與其約值

7.徵用勞力數量與其約值

8.套購物資名稱數量與其約值及所付代價

9.盜營工礦交通等事業情形

10破壞金融情形

11.實施毒化政策情形

12.調查與估計之方法

調查機關——市縣政府

調查專員抵縣後工作日程

第一日

1.訪問縣長面交有關文件

2.查明該縣對於前發府令遵辦情形並調閱有關檔案

3.向縣府索取該縣地圖縣級機關團體首長名冊及鄉鎮概況表概況表格式如式

某某縣鄉鎮概況表

鄉鎮名稱	保數	甲數	戶數	人口數		田畝數	田賦數	著名士紳姓名
				男	女			

4.向縣長縣政府主任秘書及各科室負責人詢問該縣過去敵人竄擾或佔領及敵機轟炸情形與平時一般農工商業以及城鎮村落之分佈人口之疏密等項概況隨時筆錄以供參考

5.與縣長商定舉行各種追查講習會座談會日期地點及開會準備事項請縣政府先期通知應出席人員按時出席並應立知通時有損失之鄉鎮之鄉鎮長提前起程來縣以免路遠誤期

各種集會日期及應出席人員表

<table>
<tr><th>會別</th><th>日期</th><th>應出席之人員</th><th>應準備之事項</th></tr>
<tr><td>縣級機關損失追查座談會</td><td>第三日上午</td><td>1.縣長及縣府主任秘書統計員統計助理員
2.縣黨部書記長參議會議長其他縣級各機關學校團體公營事業首長及各機關主辦總務與辦理會計統計人員
3.省派調查專員</td><td>1.請縣政府調製各個集會應出席人員名冊其格式如後
<table><tr><th>姓名</th><th>職別</th><th>所在機關名稱</th><th>備攷</th></tr><tr><td></td><td></td><td></td><td></td></tr></table>2.請縣政府指定人員担任各個集會記錄
3.請縣政府購備簽到簿記簿</td></tr>
</table>

城區工商等業損失追查講習會	第三日下午	1.工會商會等理事長理事及書記 2.各業同業公會理事長理事 3.縣政府建設科長 4.統計員統計助理員 5.鎮長及鎮公所幹事 6.省派調查專員
鄉鎮損失追查講習會	第七日（爲免各鄉鎮長在城等待追查本鄉鎮損失日期過久可于第七日至第十五日之間開分組會）	1.縣長縣府主任秘書統計員統計助理員及各科室負責人 2.有損失鄉鎮之鄉鎮長中心學校校長及其他有關人員 3.省派調查專員

第二日

1.訪問各機關團體報社首長及地方士紳探詢過去敵人竄擾佔領或轟炸情形以爲實地調查之參考

2.偵詢縣政府發出開會通知及辦理開會準備事項情形

第三日上午

開縣級機關損失追查座談會

1.說明此次追查之目的

2.參照講習大綱追查須知講解學校機關部份損失之追查方法

下午

開城區工商等業損失追查講習會

1.參照講習大綱宣達中央辦理抗戰損失調查之意義及本省此次辦理追查之重要性

2.參照講習大綱調查專員應注意事項及追查須知講解工商業等部份損失之追查方法

3.宣佈次日實行追查城鎮工商業等部份損失

第四日

實行追查城鎮工商業等部份損失

第五日

繼續追查城鎮損失

第六日

1.追查機關學校損失

2.向縣府債詢鄉鎮長次日開會報到情形

第七日上午

開鄉鎮損失追查講習會

1.參照講習大綱宣達中央辦理抗戰損失調查之意義及本省此次辦理追查之重要性

2.參照講習大綱調查專員應注意事項及追查須知講解農、礦、工、商、航業、公用事業、金融、銀行等各業部份損失之追查方法(各業部份查報方法之講解視有無該部份之損失而定去取)

下午

1.繼續開會

2.宣佈次日起追查填表次序

第八日至十七日

追查鄉鎮損失

第十八日

將全部調查表彙報表整理編號

第十九至二十日

繼續理整並將全部表格裝訂成册連同各種集會紀錄掛號郵寄統計處

附註上項日程應由統計處分別淪陷流竄空襲後方四種情形及損失區域之廣狹人口之多少酌量增減之

江西省各縣抗戰損失追查調查專員應意注事項

壹•出發前之準備：

一、應將抗戰損失調查全案（即過去奉頒法令與本省辦理經過）詳加研究俾明原委及遞變情形

二、三十三年八月院頒抗戰損失調查委員會組織規程抗戰損失調查辦法查報須知及本省三十四年施政計劃為此次追查之法的根據尤須詳為閱覽並摘錄其要點

三、省定追查辦法追查須知工作日程講習大綱及本注意事項為此次追查工作之規範與指針應反復研究以備實地進行時有所憑藉

四、省　追查辦法及追查須知僅適用於此次追查過去之抗戰損失為臨時的院頒調查辦法及查報須知便利於即時即事查報為經常的二者內容雖有出入而目的相同精神一貫應比較研究認識清楚

五、明瞭追查之意義及此項任務之重大尤其對所得數字結果之正確完備與否應有充分之責任觀念

六、除個人旅行上應備之衣物外並須攜帶左列各項：

1.院頒小册一本

2.追查辦法及追查須知各若干份

3.調查表格若干份

4.調查專員應注意事項

5.講習大綱

6.省府訓令

貳•抵縣後追查前之準備：

一、查詢當地抗戰損失情形為實地追查時之主要參考材料向縣鄉鎮長及其他有關人員洽談時應切實注意搜集查詢之先最好針對當地情況彙集注意事項工作日程調查須知及表格中有關抗戰損失調查事項作成有系統而完備之紀錄慎查參較以期觀點明晰判斷正確

二、填表方法（包括報送程序）在座談會講習會中若講解簡要清晰當大可減少追查之困

難並提高工作之成果從表中各欄事項之調查步驟以至表格送呈之方式應先有通盤之了解澈底之認識俾無解釋能融會貫通藉收事半功倍之效

叁・實行追查：

各種表格以鄉鎮為單位均由調查專員根據下列所得結果逐一代為填寫

一、與鄉鎮長面談時應就所填報表逐項詢問調查經過及數字來源滿意者在該項目上記「〇」不滿意者在該項目上記「×」

二、查詢鄉鎮所受竄擾轟炸及其他有關抗戰損失情形

三、查詢各該鄉鎮地方經濟狀況及人口疏密情形

四、向鄉鎮長查詢填表時如無法獲得實際損失數字則參照談話所得材料用下列估計方法分別將該項損失之數量及價值予以估定填入表内

五、如認為鄉鎮長所報數字過大或過小時亦得參照下列方法推斷其可靠程度並作必要之更正

（一）關於房屋損失之估計方法：

房屋損失應視為各種損失中之最基本數字因房屋損失數字較易獲得並較正確可作為估計其他損失之根據調查專員應首先認真調查清楚其步驟如下：

第一步向鄉鎮長查詢以下各項參考材料：

1.當地戰前房屋有多少視建築材料分磚房土房木房草房等種其數量最多者為何種？此種房屋平均每棟約有幾間？

2.問本鄉鎮中等房屋(最多數之房屋)每棟或每間現在建築需費多少？

3.本鄉鎮被敵人竄擾轟炸所焚毀之房屋棟數有若干？

第二步根據上得結果將損失房屋棟數填入表内

第三步依下列算式計算房屋損失之總值

被毀棟數×每棟平均價值×0.8(八折)＝房屋損失之總值；

（二）關於器具損失之估計方法：

甲、城鎮區器具之損失值照上列當地房屋損失總值之百分之二十填列。

乙、鄉區器具之損失值照上列當地房屋損失總值之百分之十填列。

（三）關於現款損失之估計方法：

向鄉鎮長查詢本鄉鎮受損户數及有無富户在内然後斟酌情形予以填列。

（四）關於農產品損失之估計方法：

第一步向鄉鎮長查詢以下各項參考材料：

1.本鄉鎮主要農產品有那幾種生產量若干？

2.詢明敵人竄擾是何時？距主要農產品收獲後有多少時間？敵人劫奪焚毁糧食情形若何？

3.詢明本鄉鎮受損户數若干？

第二步根據所得參考材料將損失農產品市担數填入表内

第三步依下列算式計算農產品損失之總值

受損失户數×每户平均損失某種農產品市担數×每市担調查時價值＝該種農產品損失總值。

（五）關於林產品損失之估計方法：

向鄉鎮長查詢本鄉有無森林有無砍伐征用事情及敵人焚毁情形斟酌所得材料酌為填列如無此項損失則免填。

（六）關於水產品損失之估計方法：

向鄉鎮長查詢本鄉鎮是否近河近湖有無魚產有無養魚風尚及有無損失然後斟酌情形酌為填列如無此項損失則免填。

（七）關於畜產品損失之估計方法：

向鄉鎮長查詢當地雞豕出產情形有無其他特產（如猪鬃皮革等）有無損失然後斟酌情形酌為填列如無此項損失則免填。

（八）關於工具損失之估計方法：

甲、農具

向鄉鎮長查詢本鄉鎮受損農户數及每户損失平均價值然後用下列算式計算農具損失之總值：

受損户數×每户平均受損工具價值＝農具損失總值。

乙、漁具

向鄉鎮長查詢本鄉鎮受損户數及每户損失平均漁具價值然後用下列算式計算漁具損失之總值：

受損漁户數×每户平均受損工具價值＝漁具損失總值

（九）關於畜牲損失之估計方法：

甲、猪

第一步向鄉鎮長查詢敵人竄擾時間之久暫敵人人數之多寡敵人騷擾程度之輕重及每戶平均可能損失猪之頭數又每頭重八十斤之毛猪現值多少。

第二步根據上得結果將損失猪之頭數填入表内。

第三步依下列算式計算猪之損失總值：

受損戶數×每戶平均損失猪三頭數×重八十斤毛猪之現值＝猪之損失總值。

乙、牛

第一步向鄉鎮長查詢本鄉鎮損失牛之頭數每頭平均值多少？

第二步根據上得結果將損失牛之頭數填入表内。

第三步依下列算式計算牛之損失總值：

本鄉損失牛之頭數×每頭平均現值＝牛之損失總值。

丙、鷄之損失總值其估計方法與猪同。

丁、其他　其他牲畜（如騾馬羊鵝鴨等）視當地損失情形商同鄉鎮長酌爲填列。

（十）關於運輸工具損失之估計方法

農業部份（表6）運輸工具以手車爲主其估計步驟如下

第一步向鄉長查詢本鄉是否用手車其損失之輛數及每輛手車現值，

第二步根據上得結果將損失手車輛數填入表内。

第三步依下列算式計算手車損失之總值：

手車損失輛數×每輛手車之現值＝手車損失總值。

如該鄉不用手車本欄免填。

（十一）關於衣物損失之估計方法：

估計每戶損失衣物之平均價值（參考材料：鄉區每戶平均約爲被二套衣五套共值二萬元城鎮約計如此數三五倍即十萬元）。

依下列算式計算衣物損失之總值：

受損戶數×每戶平均受損衣物之價值＝衣物損失總值。

（十二）關於其他財產損失之估計方法：

其他財產之主要項目爲金銀、首飾、古物、字畫、圖書、其損失之估計方法商同鄉鎮長斟酌情形予以估列。

江西省抗戰損失追查講習大綱

通用講習部份

一•中央辦理抗戰損失調查之意義

甲、澈底清查中日事變以來我國所遭受之人口傷亡及財產損失。

抗戰損失是我中華民族爲保衛國土所積之血債，必須從頭全部記載清楚。所以(1)中央在二十八年七月一日即曾頒訂辦法通令各省縣遇有損失即時即事查報(2)三十三年行政院復成立抗戰損失調查委員會該會組織規程第一條即揭出「爲調查自民國二十年九月十八日以後因敵人侵略直接或間接所受損失向敵要求賠償起見設立抗戰損失調查委員會」

乙、抗戰業已勝利結束此種損失數字需要尤感急切

1.辦理復員及善後救濟工作除需要一般基本統計數字外必須有各地各種抗戰數字以爲進行之根據

2.將來和會上吾人需要提出我國抗戰損失之數字積極方面以便向敵寇索取賠償消極方面以免臨事茫然啓人輕視

二•本省此次辦理抗戰損失追查之重要性

甲、本省接近前方戰時損失極爲嚴重敵寇竄擾與轟炸所及計達七十餘縣爲時前後八年之久其在全國損失中所佔成數甚大本省若不追查清楚必至影響全國抗戰損失數字

乙、本省各縣對此項損失過去向未認真查報逐年累月迭積愈多幾至無法清理此次省府不惜巨大經費專派人員來縣協同辦理即在減輕各縣自行追查之困難

丙、現在時機緊迫不容許吾人再事拖延此次若不追查清楚不但防礙政府辦理復員善後救濟及外交諸要政之進行將來地方甚至全省人民均將無形蒙受重大損失而無從補救

丁、戰時因須發動全民貢獻人力財力物力故以往所辦之各種調查目的多在有「取」於民此次調查之目的則純在準備有「與」於民大家應共體斯旨並應層層轉達務使家喻戶曉俾調查工作得以順利進行

三•數字正誤之利弊及各個人員之責任

甲、損失數字如填報不正確將使人看出僞造謊報視爲「全盤皆非」不能應用雖有數字

等於無數字。

乙、數字如填報正確將來可以隨時應用不但國家政府之利亦即地方人民之利

丙、數字正誤省派調查專員雖可根據各種材料加以校核但大家仍須認識清楚負起責任認真填報填表人以及層級均須在表格上蓋章以明責任。

縣級機關學校損失追查座談會講習大綱

一、追查之範圍

甲、從時間言——自民國二十年九月十八日起至三十四年九月底止，所有本機關被敵侵害所受之直接間接損失，均在追查之列。

乙、從種類言

1.直接損失——即本機關所有公有財產物品，因敵寇竄擾劫掠或敵機轟炸等事件，直接發生之損失。

2.間接損失——只追查本機關因抗戰引起或增加之各種費用，如遷移防空設備疏散救濟撫卹等費。

二、應用表格

甲、表格有二種

1.報告單——記載原始事件，有如會計上之日記賬，應逐筆記載，一年填具一表（一頁不够接上第二頁，無損失之年免填。）以便彙總填入彙報表，如一事件跨二個以上年度而未中斷者，仍列入發生時之年度內，惟載明自某年月日至某年月日止。此報告單機關學校一律通用

2.彙報表——將報告單上數字逐項彙總填入，有如會計上之總賬，按年彙填為一表（無損失之年免填）。彙報表有機關用的與學校用的二種，須分別應用。

乙、應填份數及填報期限

1.份數——除本機關存查外各為三份均送縣府，加蓋印信存轉

2.期限——斟酌情形由調查專員與出席講習會之各機關代表共同決定。

三、各種損失追查方法

甲、各種損失，均以查照檔案文卷填列為原則，必要時得估計之。

乙、如遇確有損失無文卷可稽時，應由各機關主管商同省派調查專員詳慎估計，不可遺漏。

四、各表填寫方法

甲、關於表上各標題各欄之填寫應依表尾所附說明辦理，（由調查專員逐一解釋）

乙、如何由報告單彙填彙報表。（由調查專員舉例說明）

五•價值之計算及其單位，以追查時之價值為準，其單位為國幣元。

六•現在已不存在而有損失之機關，其損失之查報由縣府負責查明，列舉其名稱及裁併年月，並按照有關辦法及表格代為填報。

七•各機關學校員工私人財產直接損失，由各該機關學校依式（表式三）印製財產損失報告單發交現任各員工按實填報仍由各該機關學校收集彙總連同彙報表轉報。

城區工商等業損失追查講習會講習大綱

一、追查之範圍

甲、從時間言——自民國二十年九月十八日起至三十四年九月底止，凡在本城區内所有工商各業，因抗戰被敵强佔奪取征發破壞轟炸或殺戮姦擄等暴行遭受之損失，均在追查之列。

乙、從種類言

1.直接損失——即各業各字號各商場，所有私有財產，因敵寇竄擾劫掠或敵機轟炸等事件，直接發生之損失。

2.間接損失——只追查抗戰以來可獲純利之減少，及因抗戰引起或增加之費用，如遷移、防空設備、疏散、救濟、撫卹等費。

二、應用表格

甲、直接損失共有八個彙報表：

1.農業部份，

2.礦業部份，

3.工業部份，

4.公用事業部份，

5.商業部份，

6.金融事業（不包括銀行）部份，

7.銀行部份（省銀行國家銀行已由其上級運飭查報不必重查）

8.航業部份。

以上八表以商業部份彙報表對象最廣，工業部份次之，航業部份又次之。如某部份損失並未發生或該地根本無該項損失之主體，則其有關之表格，自可免填（如某鎮並無航業則航業部份損失之表即可不填）。

乙、間接損失——表式只有一種，但可適用於上列八個部份。

三、填表方法

甲、以業為單位，各業由其負責人將本城本業，自九一八以來所遭受之直接間接損失，分開依照前條所列各該部份表格，按年填一表（無損失之年免填），填時應注意左列三事：

1.以業為單位。

2.分部份（即農礦工商……等部份）填表

乙、表題及標目之填寫

1.…：營事業——空白處填某縣某業某營（分省營縣營民營等）事業，如泰和縣西昌鎮土布業民營事業。

2.事件——如該年一年之內，曾受日機轟炸日軍進攻或日軍搶掠可一並填明。

3.日期——指一事之起訖日期，如一年中有數事件發生，則以該年中最初事件發生期為起日，事件終止之日為訖日；如事件跨年度不便劃分，則斟酌情形仍將損失填入本年份並將所跨年度年月日填明，但上下年度不得重複。

4.地點——如發生之損失不只在一地時，亦可照實填明（如某商店在他處遇有損失亦可併列於本地損失之內並可將所有損失地點名稱一併填明）。

5.填送日期——即追查填表日期。

丙、各種損失項目之查填（由調查專員逐項向各業負責人解釋）。

丁、份數及填送期限

1.份數——各表除填報者自存一份外均應按年（無損失之年免填）填具三份，呈送縣政府加蓋印信存轉。

2.期限——斟酌情形由調查專員與出席講習會之人員共同決定。

四・各業中如有公營事業並應查填該事業內服務員工財產直接損失，其方法：由各事業機關依照規定表式（表式三）印製財產損失報告單發交現任員工按實填報仍由該事業機關收集彙總連同彙報表（表式十六）轉報

五・價值之計算及其單位

以追查時之價值為準，其單位為國幣元。

六・意見之徵詢

甲、現有各同業公會能否將城區各種民營事業包括無遺？有否未成立公會之業及未加入公會之字號場廠？如有應如何追查？可否由商會工會等負責查填？

乙、各項表格查填時，尚有無其他困難？困難之點何在？應如何補救？

丙、其他意見。

鄉鎮損失追查講習會講習大綱

一、追查之範圍

甲、從時間言——自民國二十年九月十八日起至三十四年九月底止，凡本鄉鎮内所有公私機關團體及人民，因抗戰被敵强佔奪取徵發破壞轟炸或殺戮姦擄等暴行遭受之損失，均在追查之列。

乙、從種類言

1.人口傷亡之損失，

2.公私財產直接之損失——鄉鎮内公私財產直接之損失約分左列各類：

(1)人民私有財產之損失，

(2)鄉鎮公所公有財產之損失，

(3)公營或民營事業財產之損失，

(4)人民團體財產之損失，

(5)其他損失。

3.間接損失——鄉鎮公私財產間接損失，只追查左列三類：

(1)機關學校費用之增加。

(2)公私營業可獲純利之減少及其費用之增加。

(3)傷亡人口之醫藥埋葬等費。

二、應用表格

甲、關於人口傷亡者

1.人口傷亡調查表

2.人口傷亡彙報表

乙、關於財產直接損失者

1.機關財產直接損失彙報表(可將本鄉鎮所屬各機關財產直接損失併計填於一表)

2.學校財產直接損失彙報表(可將本鄉鎮所屬各學校財產直接損失併計填於一表)

3.農業部份財產直接損失彙報表

4.礦業部份財產直接損失彙報表

5.工業部份財產直接損失彙報表

6.公用事業部份財產直接損失彙報表

7.商業部份財產直接損失彙報表

8.金融事業部份財產(不包括銀行)直接損失彙報表

9.航業部份財產直接損失彙報表

10.機關學校及公營事業内員工財產直接損失彙報表(可將本鄉鎮所屬各機關學校及公營事業内員工財產損失併計填於一表)

丙、關於財產間接損失者

1.機關學校財產間接損失報告表(可將本鄉鎮所屬各機關學校全體財產間接損失併計填於一表)

2.(公)(民)營(或公、民合營)事業財產間接損失報告表

三•填表方法

甲、三個重要原則,必須充分認識清楚:

1.以鄉鎮爲查填單位;

2.分部份(即農礦工商等部份)填表——一類一表(某類無損失者免填某表);

3.分年份填表——一年一表(某年無損失者免填該表)。

乙、表題及標目之填寫

1.……營事業——空白處填某縣某鄉(鎮)公民營事業,如餘干縣五都鄉民營業或都昌縣己立鄉公營事業。

2.事件——如該年一年之内,曾受日機轟炸日軍進攻或日軍搶掠,可一併填明。

3.日期——指事件起訖日期,如一年中有數事件發生,則從該年中最初事件發生之日爲起日,事件終止之日爲訖日;如事件跨年度不便劃分時,則斟酌情形仍將損失併入本年份並將所跨年度填明,但上下年度不得重複。

4.地點——如本鄉鎮人民之損失同時或前後發生於幾個地點可將所有地點名稱一併填明。

5.填送日期——即追查填表日期。

四•各種損失項目之查填:

甲、兩個重要原則

1.由鄉鎮長召集保甲長及鄉鎮民代表會,按保追查,並查明過去曾否查報有案,

如有是項資料應加參考。

2.如調查不易得確數時，應以估計方法爲輔助。

乙、兩件應特別注意事項

1.房屋損失之棟數較易獲得，且較正確，並且可作爲估計其他損失之根據，調查專員應責成鄉鎮長填報房屋損失時，認真辦理，求得最大可能之確數

2.受損失之户數，表格中雖無此欄查報之規定，但可作爲調查估計其他各種損失之根據，關係重要，亦應認真確實調查，並按「各種受損户之總數」，「受損農户」，「受損漁户」等分别紀録，以備應用。

五・各表份數及填送期限：

甲、份數——各表均應按年按（損失之年免填）填四份，一份存鄉鎮餘呈送縣政府加蓋印信存轉

乙、期限——斟酌情形由調查專員與出席鄉鎮損失追查講習會之鄉鎮長共同決定。

六・價值之計算及其單位

以追查時之價值爲準，其單位爲國幣元。

七・意見之徵詢：

甲、各項表格填時，尚有無其他困難？困難何在？應如何補救？

乙、此項追查有無其他重大遺漏之處？如有，如何補救？

丙、其他意見。

調查專員講習會記錄摘要

一·調查專員應預計抵達各該縣之時日，事先通知各該縣政府先行準備以免臨時茫無頭緒，減低工作效率。

二·工商業繁盛之大鎮，調查專員應親自前往率同該鎮鎮長實地追查。

三·調查專員於每一縣追查完竣後，應即將該縣損失總數快函呈送統計處。

四·現款損失應依照現款折合法折成現值（查報時之價值）填列。

五·縣電訊部份損失，調查專員仍應督同縣府建設科，及其他有關人員實行追查(補記)

六·表式(1)人口傷亡調查表。

1.本表於開鄉鎮損失講習會時、每鄉鎮發一樣張，由各鄉鎮公所照式翻印。

2.傷亡者之姓名，年齡，職業，最高學歷四項，如因時間關係，未能在限期内查填完畢，可先彙填彙報表（表式2）其（表式1）則俟以後由鄉鎮補填四份，一份存鄉鎮、三份送縣府，内一份抽存，二份郵寄統計處存轉。

3.失蹤或被擄者，以死亡論，填入死亡欄。

4.費用欄如實際數字無法獲得，其埋葬費每人可估填一萬元，醫藥費重傷者每人估填五千元，輕傷者，每人估填弍千元。

七·表式(2)人口傷亡彙報表

1.本表以鄉鎮為單位分年查填(無損失之鄉鎮免填)。

2.本表由鄉鎮填具四份，一份存鄉鎮，三份送呈縣府，内一份抽存，二份由調查專員攜呈統計處。

八·表式(3)財產損失報告單

1.公私機關學校團體各公營事業與其員工及人民之損失均適用本表。

2.縣各機關學校及事業並其員工損失調查用表，每單位發一樣張，由各單位照式翻印，其服務員工之損失並應由各單位彙填彙報表(即表16)

3.鄉鎮各機關學校事業之損失，以鄉鎮為單位每鄉鎮發一樣張，由鄉鎮公所依式翻印，共彙填於一表，鄉鎮機關中員工之損失可不填本報告單，而用表16將所有鄉鎮機關員工之損失共填於一表中。如該員工等必欲填具本報告單，亦可准其補填送存縣政府

4.本表應填具四份，一份存本機關學校或鄉鎮，三份送縣府暫存。

九•表式（4）財產直接損失彙報表

1.根據表式（3）數字分年彙填於本表。

2.縣各機關各填一表。鄉鎮各機關以鄉鎮為單位，彙填一表。

3.已撤銷之機關由縣府代填。

十•表式（5）財產直接損失彙報表

1.根據表（3）數字分年彙填于本表。

2.縣中等學校各填一表，鄉鎮各學校，以鄉鎮為單位彙填一表。

十一•表式（6）至表式(10)……營事業財產直接損失彙報表

1.均以鄉鎮為單位，分年查填。

2.表(10)附表僅適用於城鎮，各鄉可不填。

十二•表式(11)財產直接損失彙報表包括信用合作社錢莊合作金庫等，不包括銀行

十三•表式(13)公路部份之損失，由公路處負責追查，調查專員可不查

十四•表式(16)員工財產直接損失彙報表

1.縣各機關學校公營事業之員工損失，根據表式（3）所載數字，每單位彙填一表，但不分年。

2.鄉鎮之機關學校及事業，其員工之損失，不分年以鄉鎮為單位彙填一表。

十五•表式(17)財產間接損失彙報表

1.縣各機關學校，不分年各填一表。

2.鄉鎮之機關學校以鄉鎮為單位，不分年由調查專員督同縣府有關各科室負責人或各該鄉鎮長估填

十六•表式(18)……營事業財產間接損失彙報表

1.本表以縣為單位，不分年，但分部份，（見本表說明第二點）分公私填列。

2.可獲純利額之減少，調查專員應會同各有關負責人約估戰前與現在（查報時（之資本總額照下列方式計算。

某業各年可獲純利減少總額＝該業26年資本總額×900-34年資本總額

吉安歷年零售物價總指數

基期：二十六年上半年　　指數公式：簡單幾何平均式

時　　期	總　指　數	較基期上漲倍數	現款折合率
二十六年上半年	100.00	————	————
二十六年	102.07	0.02	855
二十七年	117.00	0.17	742
二十八年	190.29	0.90	492
二十九年	420.60	3.21	195
三十年	1081.90	9.82	81
三十一年	3367.33	32.67	26
三十二年	11737.00	116.37	7
三十三年	33551.00	334.51	3
三十四年	87226.00	871.26	————

現款折合公式：

損失現款折合現值(三十四年)數＝某年實際損失現款×某年現款折合率。

如廿七年某商號損失現款126元，其現款折合率為746代入上式，

則折合三十四年數額為126×746＝93.996元。

初步整理及審核抗戰損失報表應行注意事項

甲．整理表式

一、各表式所填記之損失，每表式按縣依類作一總表．(用原有表式)

1.本表呈核時，置於該縣市各同類次之報表前端．(類次附後)

2.本表為初級整理表，儘量保持原來面目，以備作任何分類統計之用。

3.本表由審核抗損報表人計算填列。

二、各縣損失，分類次作一總表，〔附整審表(1)〕

1.本表呈核時，置於該市縣報表之最前端。

2.本表係顯示各縣各類損失總數，俾長官核判時便於觀察，加以彙集，即成分縣各類損失之統計。

3.本表由審核抗損報表人計算填列。

三、全省損失，分縣按類作一累計表．〔附整審表(2)〕

1.本表係使已審核之各縣市損失，其各項累計數，即時可得。

2.由一人辦理此種登記計算工作。

乙．審核原則

一、查報對象必須劃一　縣級機關學校，以在縣總預算中列支者為限，不在縣總預算中列支之機關學校，不應在縣級查報其損失。

二、列報數值必須合理　某縣房屋有每棟報價數十萬萬元者，有一頭豬貴於一頭牛者，諸如此類，應參照調查專員應注意事項中估計方法，酌加改正，以免影響同類損失之總平均，又數字有疑問，須向原縣查明者，在未據具復以前，其數字仍認為有效，具報後，須更正者，立即將原始報表與各整理表一同更正。

三、填寫表式必須合法　填表方法有詳明規定，如尚有未盡遵守者，應予改正。

四、報表份數必須齊全　未送足兩份者，應令補足，又附件中必須附有該縣地圖。

所有審核意見，由審核人記入審核意見表．〔附整審表(3)〕

丙．整審步驟

一、將一縣全部報表，分好類次．(附表緊隨正表)

二、按類次分成兩份，將一份用紙條作束。

三、將未束一份，按類次逐表審核，意見填入審核意見表，原始表如須改正，則兩份應同時改正。

四、每一類審核後，用同一表式作一總表。

五、每縣各類總數，登入整審表(1)。

六、將所有㈠廢表(非縣級機關學校所填者)㈡附表㈢員工損失正副表，依次按類抽下，與其他附件(如會議錄之類)共作一束。

七、將審核整理之表，一面加封面訂册，(初級整理表，不予訂住，只須夾在其應有位置中。)一面以整審表(1)，送總登記人登入整審表(2)

八、將整審表(1)，(3)，隨同該縣表件，送長官核判。

九、核判後，將該縣整審表(1)，及初級整理表，彙集訂册，由承辦人保存。

十、將一縣全部表件，封成一袋，并貼簽占，標出縣名。

附一 類次

一、人口傷亡

二、直接損失(公私分列)

1.機關

2.學校

3.農業

4.礦業

5.工業

6.公用業

7.商業

8.金融業

9.銀行業

10.公路

11.航業

12.電訊

三、間接損失(公私分列)

類次同直接損失，惟在最後加上人口傷亡醫埋費。

附二 表式(共三種)

整審表(1)

……………縣全部抗戰損失：人口：
財產：

附員工財產損失：

	總數	員	工
機關			
學校			

人口傷亡

人別	傷	亡	人別	傷	亡
男			童		
女			不明		

直接損失總數：

表號	受損主體類別	追查時價值	表號	受損主體類別	追查時價值

間接損失總數：

表號	受損主體類別	追查時價值	表號	受損主體類別	追查時價值
			表號	費別	追查時所需
			2	人口傷亡醫葬費	

登審表(2)

各縣抗戰損失累計表

（縣次以登記先後為序）

單位：元

縣市別	人口傷亡						財產損失					
	共計		亡		傷		共計		直接		間接	
	累計	人口	累計	人口	累計	人口	累計	損失數	累計	損失數	累計	損失數

縣抗戰損失追查表件審核意見表

整審表(3)

年　　月　　日審核

表號及其標誌	填報機關範圍方面		填寫表格方面				其他方面	
			文字		數字			
	謬誤所在	審核意見	謬誤所在	審核意見	謬誤所在	審核意見	謬誤所在	審核意見

江西省政府统计处关于各机关所辖范围内应行救济事项根据抗战损失调查办理致省政府秘书处的公函（一九四六年六月十四日）

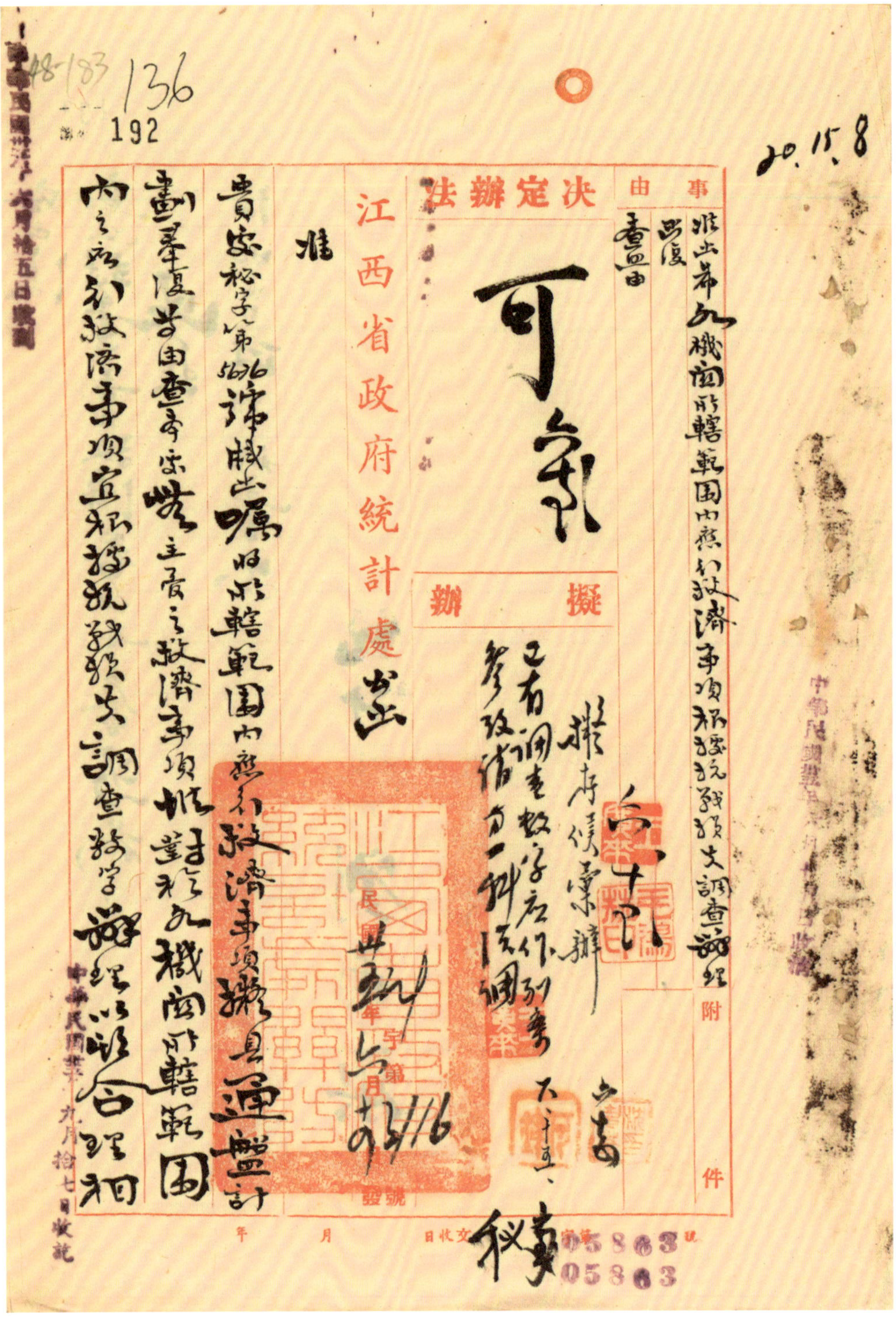
事由
決定辦法
擬辦
附件
江西省政府統計處

184

193

函復

查照轉達善後救濟審議委員會為荷。

此致

陝西省政府秘書處

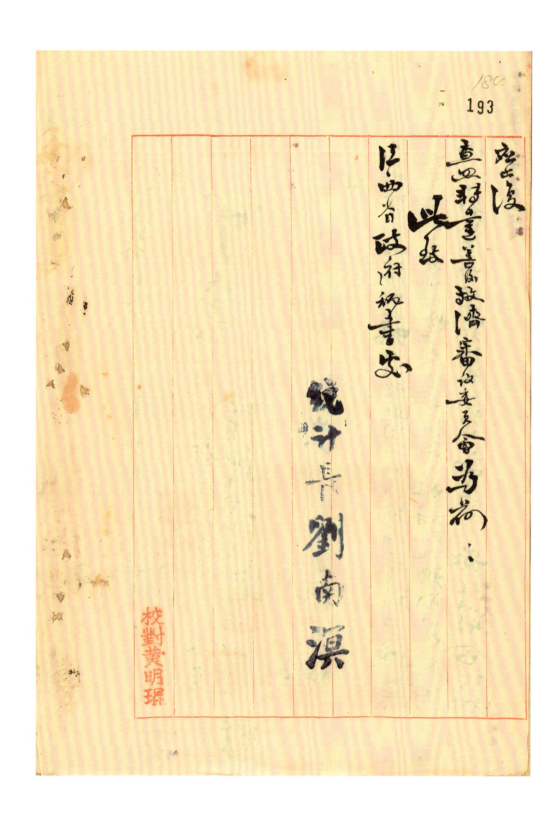

統計長　劉南溟

二、专题

（二）教育

江西省立龙南简易师范学校关于遭受敌机轰炸填具财产损失报告单并请拨款救济致省教育厅的呈（一九四一年十月二十八日）

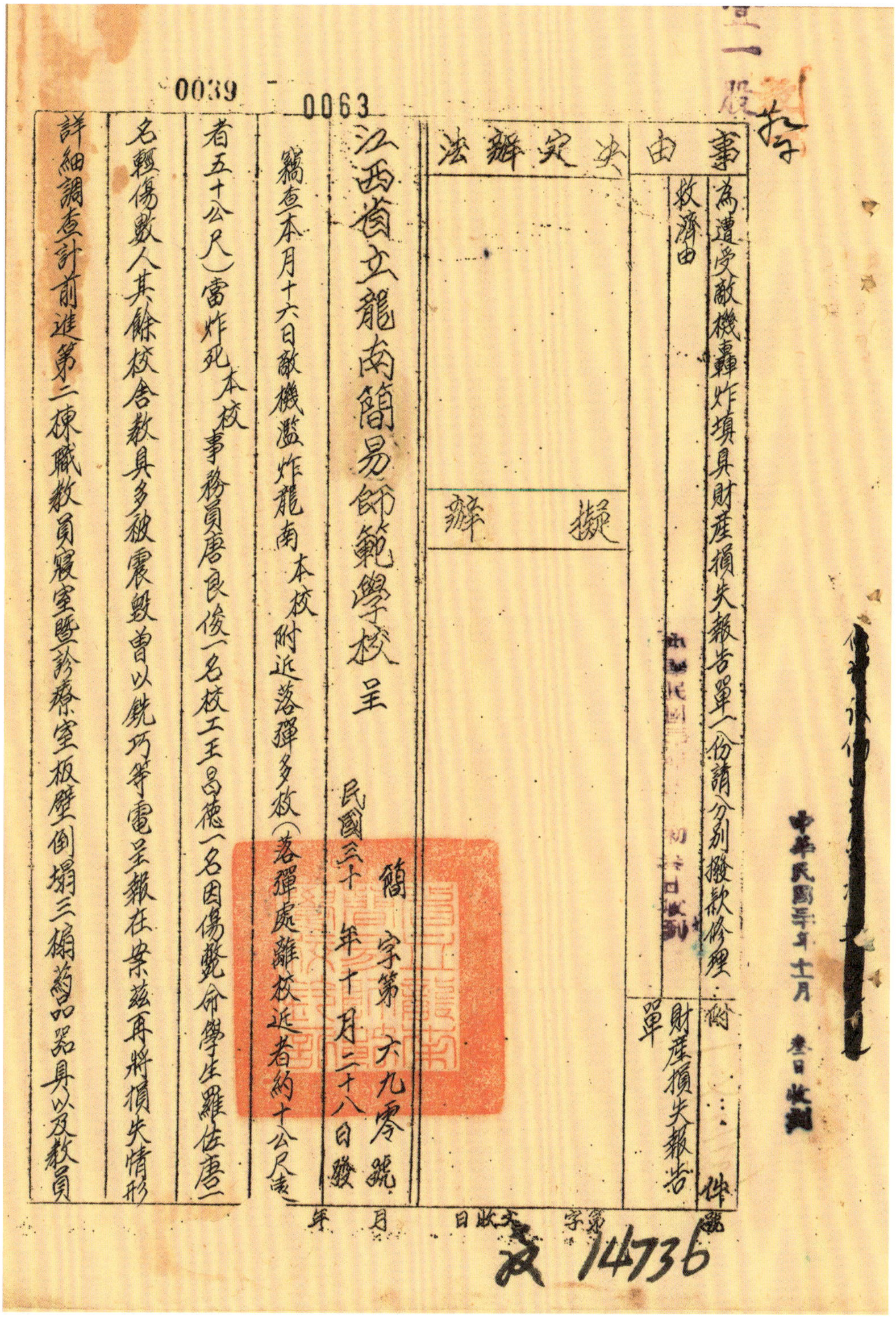
0039　0063

事由：為遭受敵機轟炸填具財產損失報告單一份請分別撥款修理、救濟由

附件：財產損失報告單

擬辦

決定辦法

江西省立龍南簡易師範學校呈　簡字第六九零號　民國三十年十月二十八日發

竊查本月十六日敵機濫炸龍南，本校附近落彈多枚（落彈處離校近者約十公尺遠者五十公尺），當炸死本校事務員唐良俊一名、校工王昌德一名，因傷斃命學生羅佐唐一名，輕傷數人，其餘校舍教具多被震毀，曾以銑巧等電呈報在案。茲再將損失情形詳細調查，計前進第二棟職教員寢室暨診療室板壁倒塌三處，藥品器具以及教員

中華民國三十年十一月一日收到

教 14736

0064

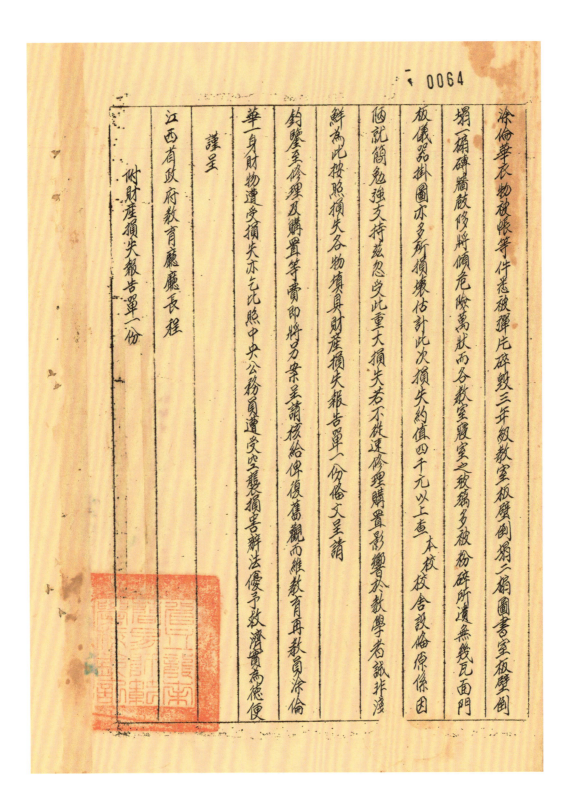

涂倫華衣物被帳等件悉被彈片碎毀三年級教室板壁倒塌二幅圖書室板壁倒塌一幅磚牆敝陊將傾危險萬狀而各教室寢室之玻璃多被粉碎所遺無幾瓦面門板儀器掛圖亦多所損壞估計此次損失約值四千元以上查本校校舍設備原係因陋就簡勉強支持茲忽受此重大損失若不從速修理購置影響於教學者誠非淺鮮為此按照損失各物填具財產損失報告單一份備文呈請

鈞鑒至修理及購置等費即將另案呈請核給俾復舊觀而維教育再教員涂倫華一身財物遭受損失亦乞比照中央公務員遭受空襲損害辦法優予救濟實為德便

謹呈

江西省政府教育廳廳長程

附財產損失報告單一份

0040 0065

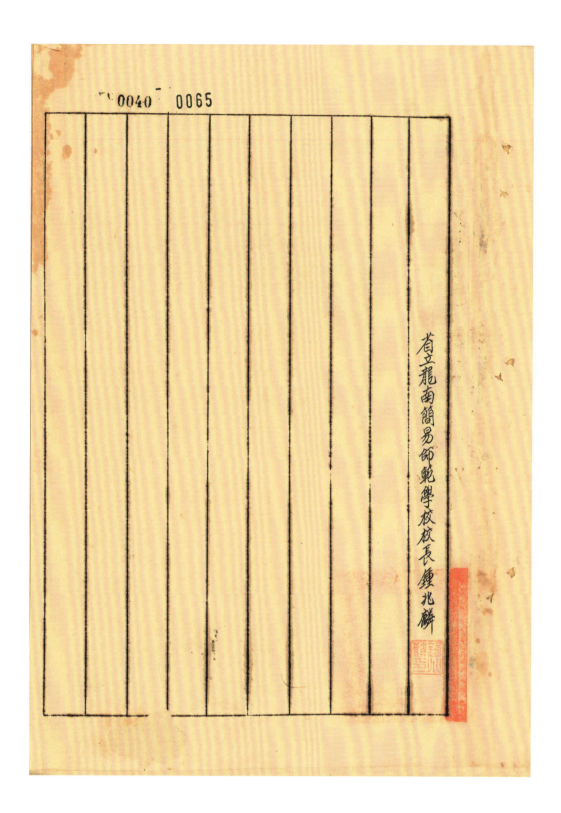

省立龍南簡易師範學校校長鍾兆麟

附：财产损失报告单（一九四一年十月二十八日）

江西省立龍南鄉村師範學校財産損失報告單

事件：敵機轟炸龍南城

日期：中華民國三十年十月十六日

地點：龍南城内

填送日期 三十年十月二十八日

損失項目	單位	數量	價值	
牆壁	面	4	1,400	00
門板	塊	7	124	80
窗户	副	24	166	20
屏風	榻	10	248	80
玻璃	斤	100	600	00
瓦	塊	70000	1,750	00
時鐘	只	1	24	00
熱水瓶	只	1	20	00
葯品	種	20	240	00
合計			$4,473	80

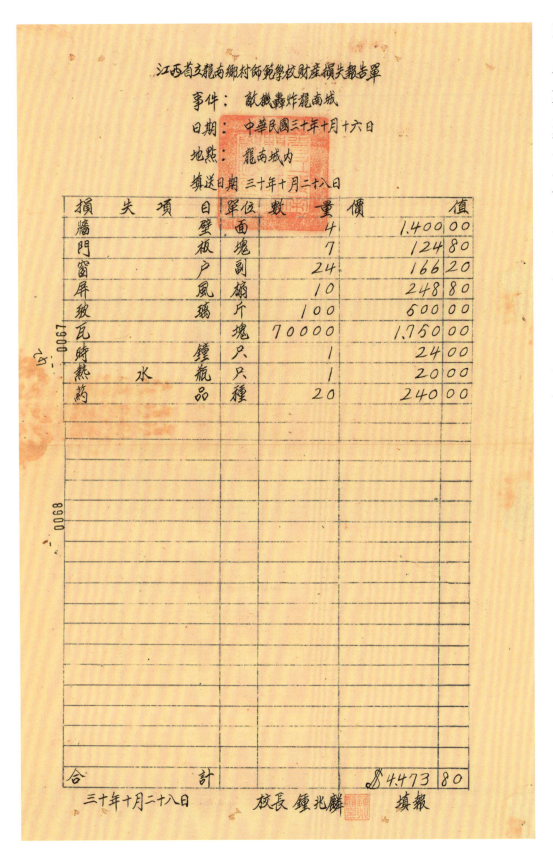

三十年十月二十八日　　校長 鍾兆麟（印） 填報

江西省立龍南鄉村師範學校教員涂倫華損失財產報告單

事件：　敵機轟炸龍南城

日期：　中華民國三十年十月十六日

地點：　龍南城內

填送日期　三十年十月二十八日

41

損失項目	單位	數量	價值
漂白夏布帳	床	1	120.00
白綫布棉被	床	1	80.00
草綠布軍服	套	1	60.00
茶瓶	個	1	20.00
茶壺	個	1	4.00
茶杯	個	10	4.00
合計			$288.00

9900

三十年十月二十八日　　校長鍾兆麟（印）　填報

江西省立上饶民众教育馆关于请赠各种书报以供阅览致国立中正大学的笺函（一九四二年九月二十日）

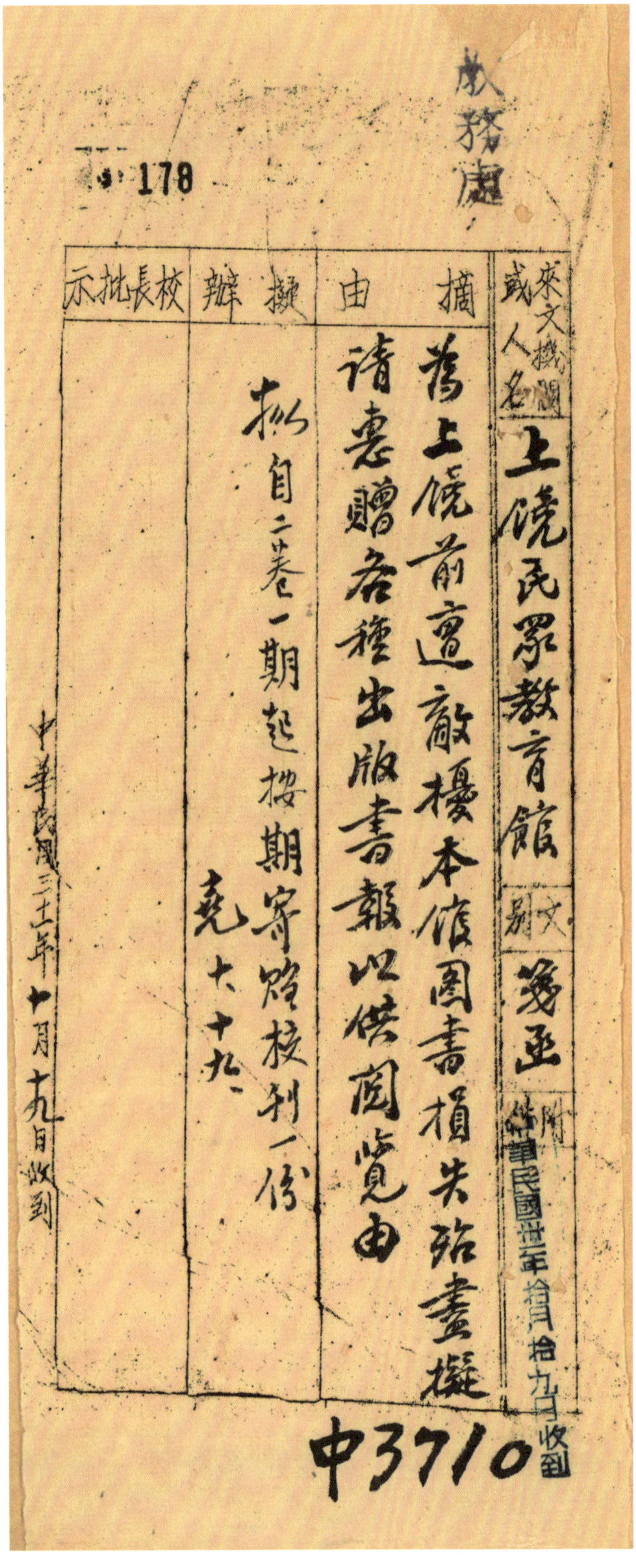
政務處

178

來文機關或人名	上饒民眾教育館
文别	箋函
附件	
摘由	為上饒前遭敵擾本館圖書損失殆盡擬請惠贈各種出版書報以供閱覽由
擬辦	擬自二卷一期起按期寄贈校刊一份 堯 九、十九
校長批示	

中華民國卅一年拾月拾九日收到

中華民國三十一年十月十九日收到

中3710

收

江西省立上饒民衆教育館公用箋

179

逕啟者：此次上饒淪陷，敵軍蹂躪不堪，對于我文化事業機關尤為忍心破壞，實堪痛恨！上饒克復後本館已回原地工作，惟圖書儀具損失殆盡，復興事業千頭萬緒，正有待于

社會人士之協導。茲鑒于民衆精神食糧之救濟，更甚于一般物質之供應，爰擬廣徵各地

書刊，首先恢復民衆圖書室，久仰

貴校熱心扶植社會文化事業，出版書報，卓著聲譽，特函奉達，務請將已出版者，先行檢賜一份，以備珍藏，嗣後並盼源源賜寄為感！此致

國立中正大學

江西省立上饒民衆教育館 謹啟

九月廿日

第　頁　共　頁

字第　號

（私人寫信不得用公用信箋信封）

国立中正大学关于该校财产损失致教育部的一组呈

（一）关于该校及附属国民学校等教职员财产损失（一九四四年三月五日）

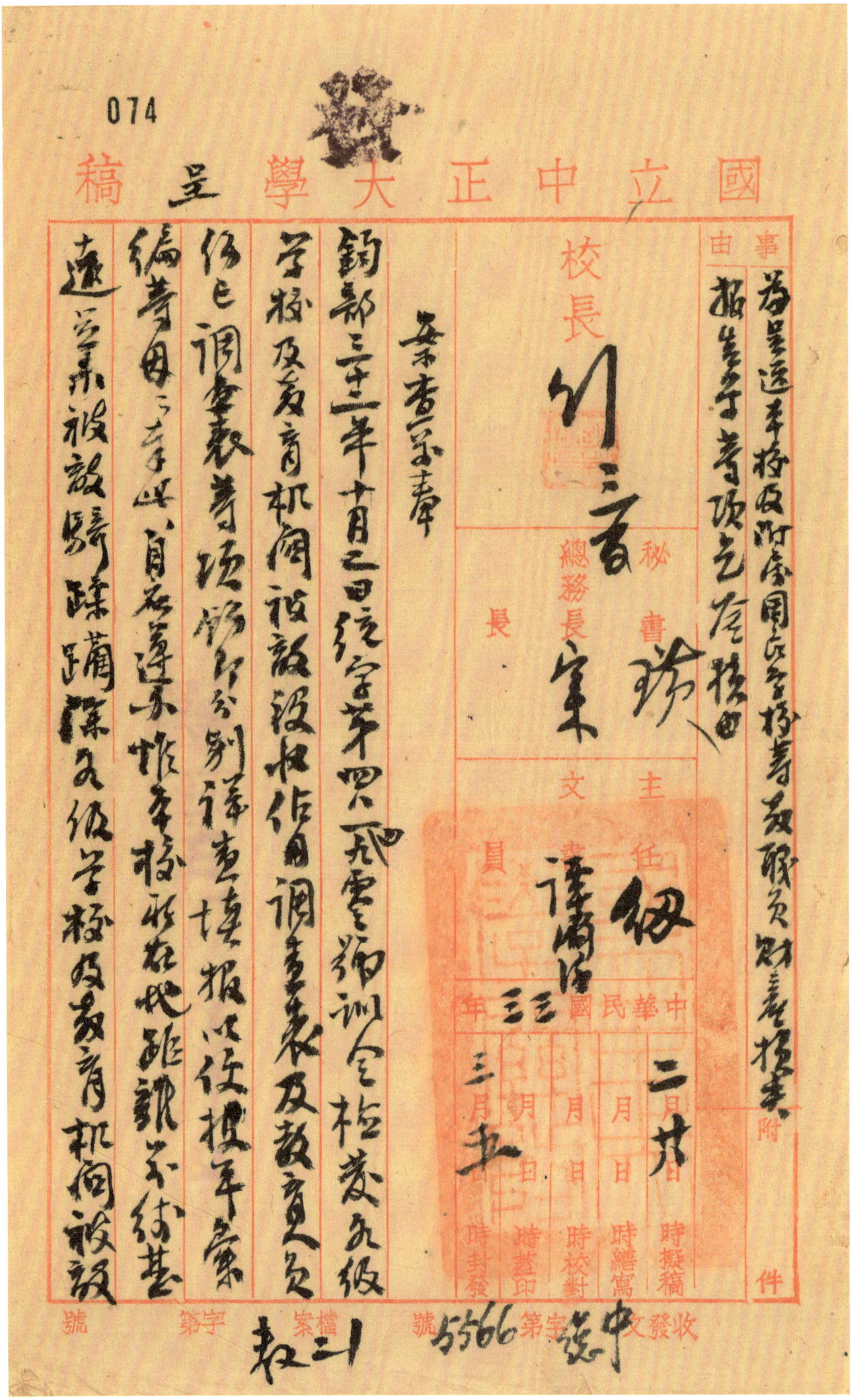

075

沿收佔用調查表及古籍文獻損失調查表每份填
呈外，兹謹填呈本校教員姚名達一名份之調查表
乙份，又暨本校教職員及附屬國民學校各校教職
員暨雜役分校教職員財產損失單共四十四份，
連同財產損失彙報表乙份，備文呈請
鈞部俯賜查核。
謹呈
教育部部長陳
附呈本校教員姚名達個人之調查表乙份、財產損失
損失單四十四份、財產損失彙報表乙份
校長胡

附：国立中正大学教育人员财产损失汇报表

国立中正大学　　教育人员财产损失汇报表　076

时间别	共计单位国币	房屋 间数	房屋 价值	器具 件数	器具 价值	现款	服着物 件数	服着物 价值	书籍 册数	书籍 价值	古物 件数	古物 价值	其他 件数	其他 价值
总计		88栋又115间	363776元	10箱 4000[illegible]件	109201[illegible]元	8500元	106箱 8932件	65782元	72箱 84471册	2500[illegible] 992330元	188件	105300	300件	30000元
二十六年下半年		3栋	43000元	779件	30360元		29箱 176件	89122元	23箱 3910册	27400元	60件	3000元	300件	30000元
二十七年		21栋又19间	194000元	5箱 305件	59000元		39箱 3200件	119000元	10箱 11000册	83000元 25000元				
二十八年		50栋 93间	2614420元	5箱 2736件	93250元	8500元	24箱 3056件	131700元	16箱 3257册	311980元	86件	50000元		
二十九年														
三十年				333件	5322元		3箱 200件	85000元	15箱 937册	204050元	34件	21500元		
三十一年		9栋 3间	279200元	128件	64830元		11箱 300件	203000元	8箱 1064册	119200元	[illegible]	3600元		
三十二年														

（二）关于公物损失情形（一九四五年九月十二日）

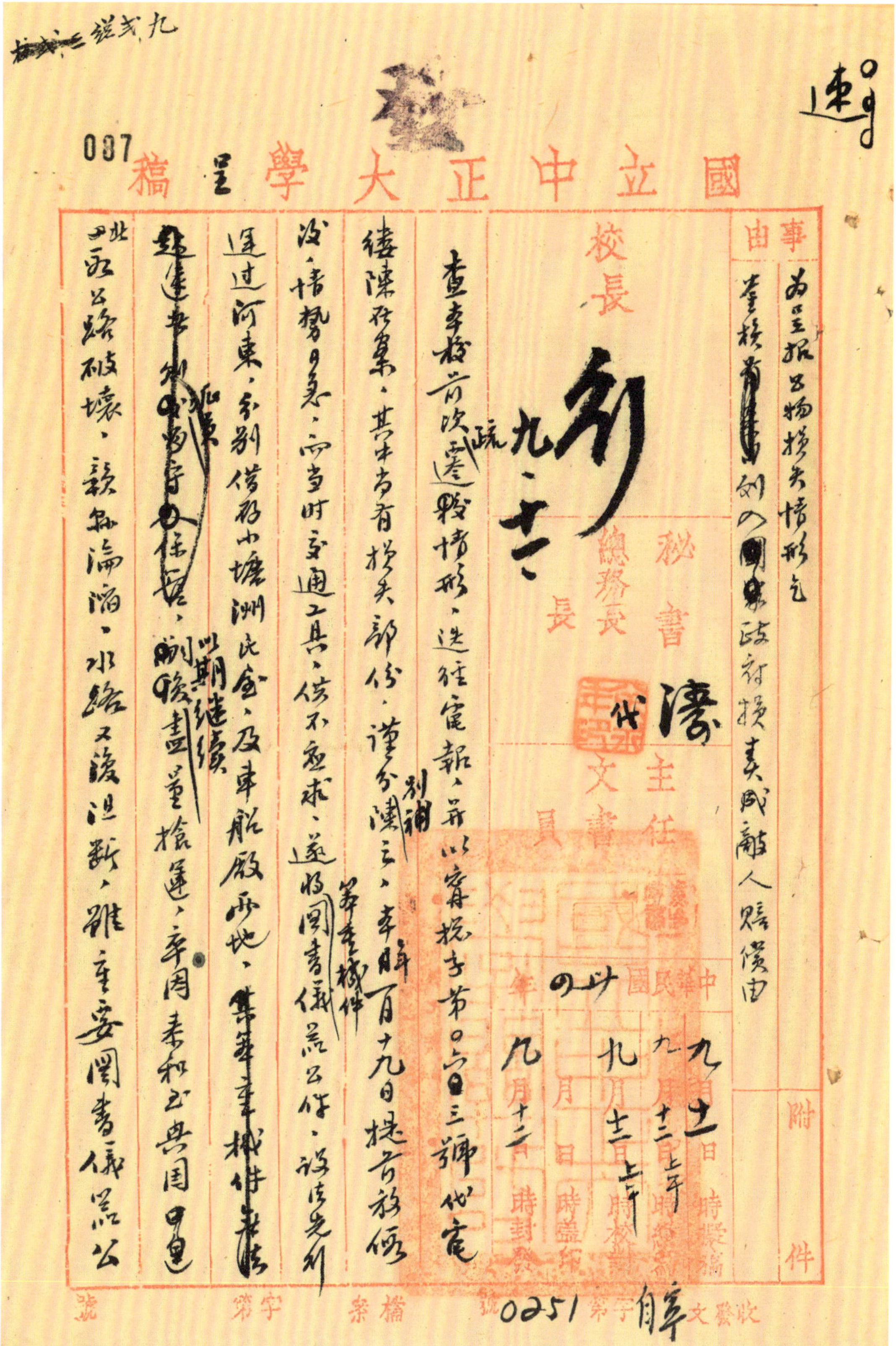

速

國立中正大學呈稿

事由：為呈報公物損失情形乞 鑒核[illegible]政府轉責成敵人賠償由

校長 胡 九 十二

秘書 總務長 濤

主任 文書員

查本校前次遷移疏散情形，迭經電部，并以寅梗字第〇一〇三號代電續陳在案。其中尚有損失部份，謹分陳之：本年七月十九日，擬前移[illegible]沒，情勢緊急，而當時交通工具，倍不應求，遂將圖書儀器公物，設法先行運過河東，分別借存小塘洲民倉，及車船啟運[illegible]地，等件[illegible]遷本校於[illegible]，以期繼續[illegible]北[illegible]路破壞，該縣淪陷，水路又復阻斷，雖本校圖書儀器公

中華民國 九月十二日 時 擬稿
九月十二日上午 時 校對
九月 日 時 蓋印
年 九月十二日 時 封發

附件

收發文 辭 字第 0251 號 檔案 字第 號

038

生物、大部份運往吳國，小塘洲寄存之農藝系標本種子等
九箱、生物切片標本八箱、森林系標本儀器部份等廿三箱、
化工系儀器二箱、体育用品五箱、公文二箱、圖書十箱、以及
借用蔡古訓堂藏書卅五箱，共計壹百零四箱，無法運輸，
亦即妥為封存，責成留守人員負責保管。[illegible]本年七月間敵竄犯贛江西岸，向南昌縣境竄擾，被敵[illegible]儲存該村之
[illegible]於七月二十三日竄至泰和，蹤所至，肆意破壞，事後收拾劫餘，尚存...
[illegible]小塘洲直[illegible]、[illegible]破壞，[illegible]後收拾劫餘，[illegible]尚[illegible]存者，僅及全部十分之一
[illegible]
月九日敵寇已至泰和馬家洲，本校農場所存稻谷千石，
以及員工合作社食油二百五十市斤、食鹽三百市斤，概被地方宵小在混亂中搶劫
一空。綜計以上所有損失，以戰前價值計算，合法幣貳拾萬元

戰前價值

009

以現時價值計合國幣貳萬萬元，事關公物，理合具文

呈報，請

鑒核，俯准撥款補充，以利教學，並列入國家政府損失表，向敵人賠償。

謹呈

教育部部長朱

（全銜）校長吴○

35
26
8
17
1
3
5
6
1
102

030

10
35
69

、清冊組件報表卅十箱

、圖書十六箱

、公文四六箱

、傢俱用品五六箱

、化工系儀器六箱

、農藝系標本種子等五箱

、生物系切片標本八箱

森林系標本種子藥品另若箱

借用蔡氏舊書三十五箱

（三）关于该校教育人员财产损失报告单（一九四六年十二月三十日）

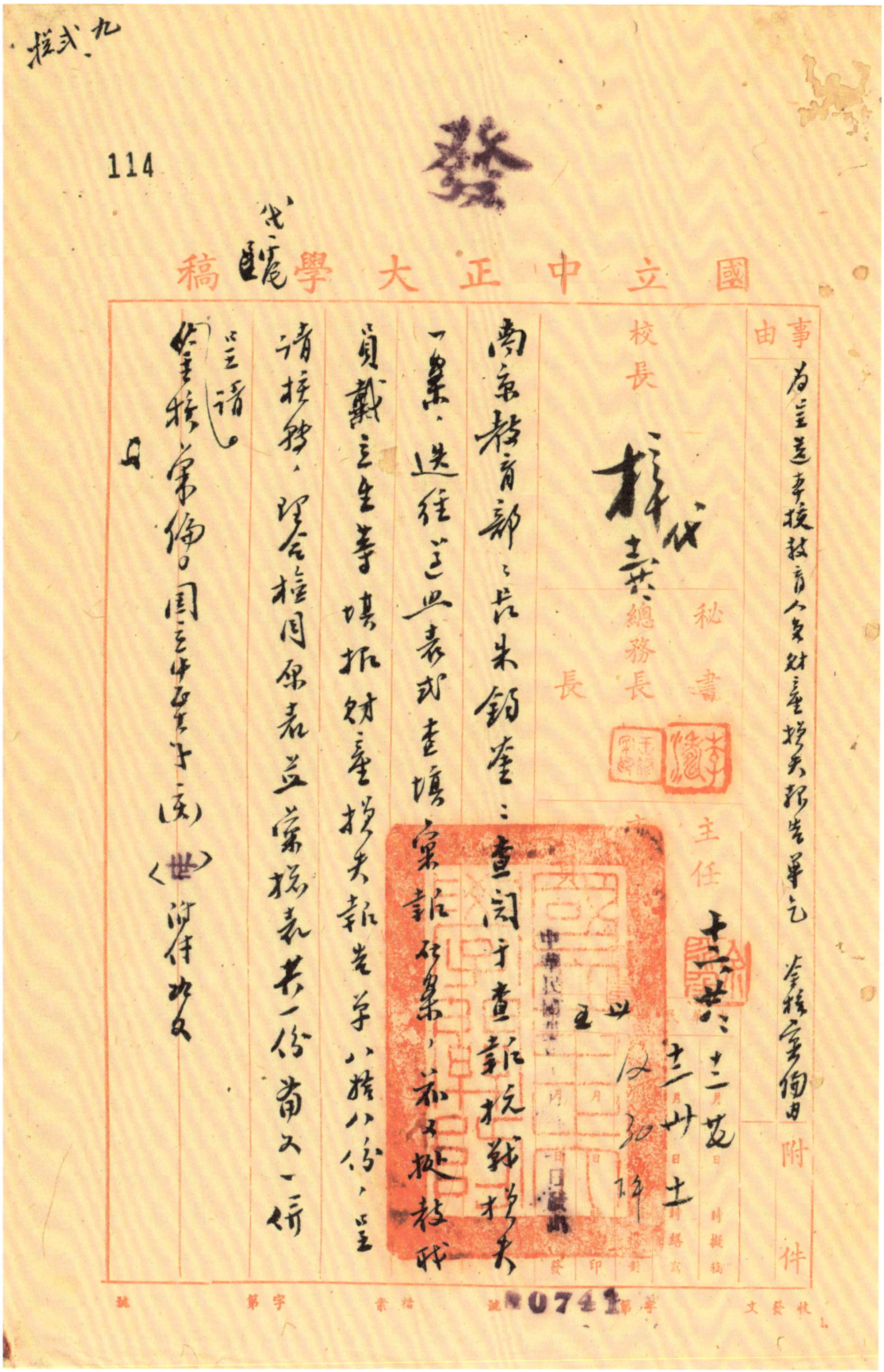

檔式 九

114

發

國立中正大學稿 代電

事由：為呈送本校教育人員財產損失報告單乞 鑒核備由

附件

校長

秘書

總務長

主任

南京教育部部長朱鈞鑒：查關于查報抗戰損失一案，迭經呈送表式查填具報在案，茲又據教職員戴立生等填報財產損失報告單八種八份，呈請核轉，理合檢同原表並案報表共一份，備文一併呈請鑒核彙轉。國立中正大學子（亥）（世）

附：国立中正大学教育人员财产损失汇报表

115

存卷

国立中正大学
教育人员财产损失汇报表

時期別	價值國幣	房屋		器具		現款	服着物		書籍		古物		其他	
		間數	價值	件數	價值		件數	價值	册數	價值	件數	價值	數量	價值
總計	972,050,470	1327	517,942,000	2884	46,575,130	35,206,200	7952	115,18,440	74,674	125,159,400	129	8,300,000	12,058	129,686,300
二十六年	197,619,170	142	109,930,000	207	27,649,030	33,000,000	920	19,931,040	7225	11,226,000			99	1,883,700
二十七年	156,547,500	155	40,583,500	470	2,263,000	200,000	1,236	43,587,000	36,546	27,080,000	9	300,000	3744	48,440,000
二十八年	190,923,200	456	112,130,000	1020	6,555,000	1,226,200	3336	23,404,000	18,374	25,248,000	120	8,000,000	1073	14,360,000
二十九年	16,548,000	24	5,100,000	75	868,000	280,000	235	7,265,000	294	349,000			42	2,686,000
三十年	67,098,000	281	59,659,000	88	1,551,000		190	300,000	304	2,020,000			289	877,000
三十一年	155,413,100	129	96,340,000	402	3,340,600	200,000	695	5,615,000	5371	15,670,000			5948	34,247,500
三十二年	105,721,000	43	31,000,000	758	2,335,000		573	6,506,000	3330	45,980,000			3	20,000,000
三十三年	5,187,000	10	960,000	98	575,000		190	2,140,000	245				244	971,000
三十四年	76,993,500	87	62,148,500	366	1,438,500	300,000	737	3,759,400	2985				616	76,993,500

校長蕭蘧（印）　　三十五年十二月　日編報

116

鄭立生	14,000元
劉乾才	8,120,000元
吳雲龍	265,000元
涂世恩	1,380,000元
熊大鳳	50,000,000元
曾　景	718,000元
周宗璜	36,150,000元
蔡華軒	354,100元
蕭德薰	14,500元
鍾佑周	6,525,000元
何正森	51,170,000元
朱甫誠	787,000元
古震寰	670,000元
張靜甫	98,000,000元
汪俊英	430,000元
陳鈸齊	8,800,000元
黃輝邦	31,000,000元
王　易	676,400元

羅　崙	13,460,000元
羅宏梓	100,000元
巴怡南	39,000,000元
倪士傑	80,000元
彭旭虎	31,700,000元
楊梓鳳	3,000,000元
楊淅義	5,440,000元
金述屺	2,450,000元
雷實秋	140,500元
任　棣	835,000元
沈宝珍	853,000元
周宝儒	142,420元
席聯斉	8,640,000元
黃新和	681,000元
劉詠漆	5,733,200元
谷霽光	2580元
龔庭槐	1,240,000元
張保賢	15,710,000元
鄺仲熙	202,800元
廖楚江	1,316,000元
林　英	1,105,000元

117

吴士棣 525,000元
劉根庠 7,620,000元
劉淑麟 63,460,000元
~~胡德凤 17,000,000元~~
胡德凤 17,000,000元
賀治仁 1,005,000元
曾幸琳 6,625,000元
陳耀家 125,240,000元
方步瀛 920,000元
劉振忠 1,050,000元
龔時俊 6,906,000元
余永年 890,000元
劉純俊 37,300,000元
伍乃激 835,000元
朱振文 1,690,000元
蔡文顯 9,300,000元
徐　雄 17,000,000元
黄晋生 1,285,000元
梁　鐸 412,000元
王宗和 60,000,000元
花素[illegible] 5,520,000元
黄培贵 2,460,000元

周　覺 5,539,000元　28年
方銘竹 15,184,000元
周　覺 9,842,000元　29年
嚴作祥 8,260,000元
項公傅 208,000元
龔時華 650,000元
蕭夢吾 5,249,200元
陳椿生 4,370元
盧润孚 46,400,000元
李　濤 216,000元
李道明 4[illegible]25,000元
黎曉初 14,700,000元
魏方程 2,690,000元
鄧焱生 467,000元
袁继枚 512,000元
涂漢臣 6,014,200元
劉中藩 143,100元
柳藹國 35,300,000元
張孝搜 24,800,000元
鄒陶祥 4,040,000元
李振聲 11,330,000元
汪大鑄 6,400,000元

吕筱峰 26,000,000元
葉 润 5,700,000元
胡丕賢 1,686,600元

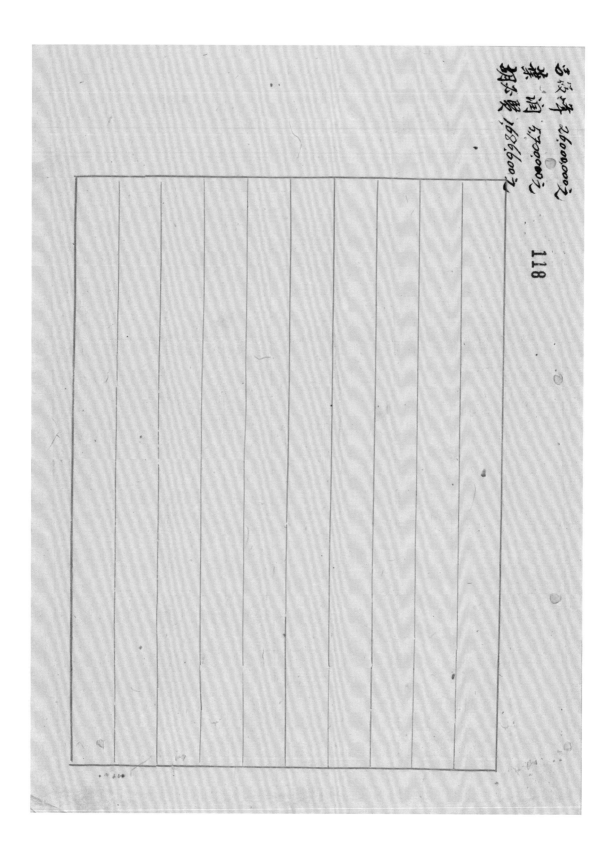

（四）关于抗战期间借用蔡氏藏书损失清册（一九四八年二月七日）

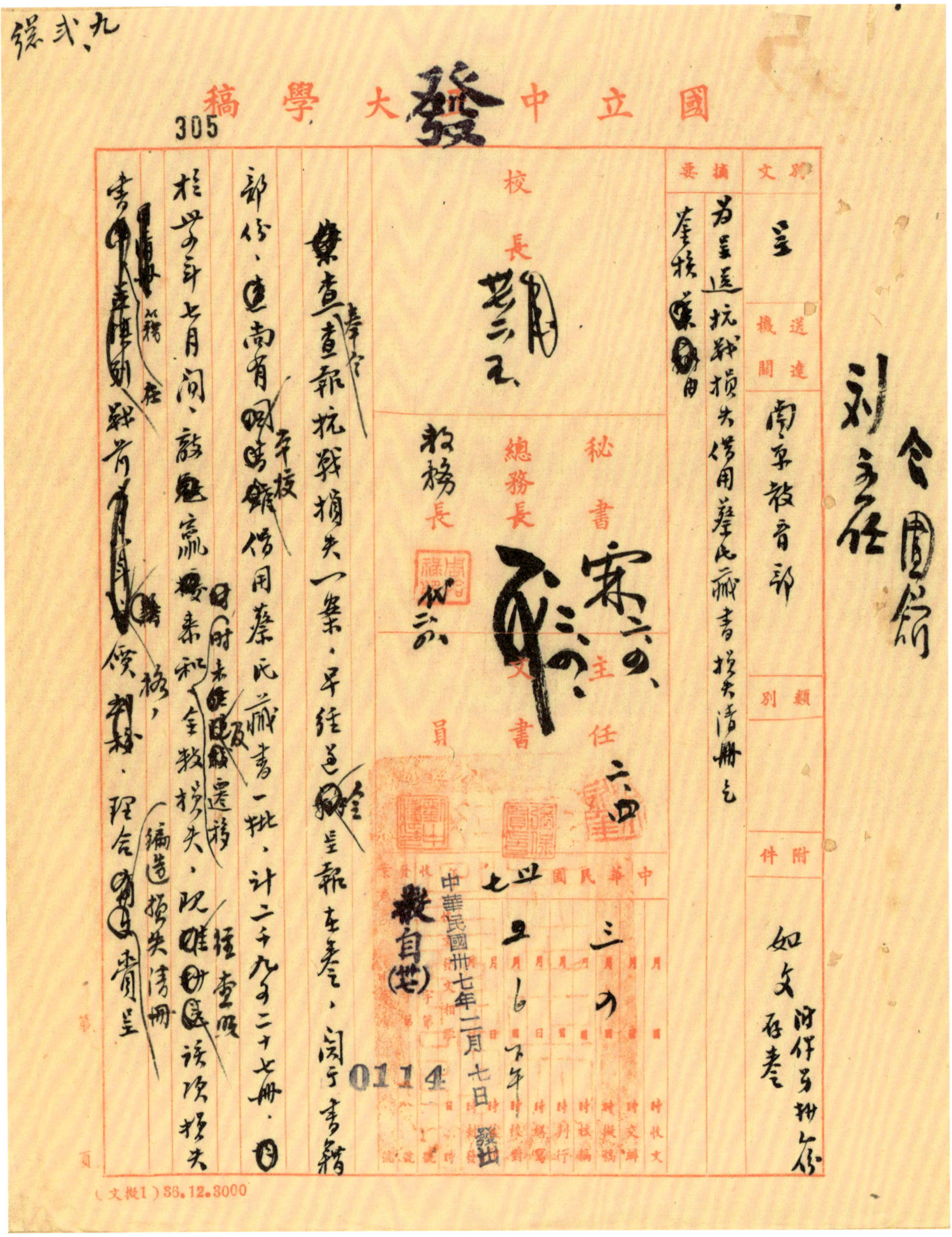

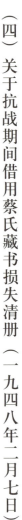

臺灣省

謹呈

教育廳、長朱

附呈（本校）借用臺民藏書損失清册乙份

（全銜）校長林一〇

年　　月　　日

第　　頁

稿紙中頁

（文擬3）35.10.5000

附：国立中正大学借用蔡氏藏书损失清册（一九四七年八月）

308

國立中正大學借用蔡氏藏書損失清册

國立中正大學借用蔡氏藏書損失清冊 三十六年八月

書名	冊數	定價	備註
玲瓏山館叢書	六〇	三十元	
說鈴	二〇	十六元	
易筋經義	二	二元	
鄉黨圖考	四	一元	
焦氏易林	六	三元	
困學紀聞	八	五元	
東萊博議	二	一元	
經學輯要	三二	十元	

310

策學備纂	四八	八元
九朝紀事本末	五六	二十四元
國朝文錄	一六	六元
讀通鑑論	六	二元
國粹叢書	二五	十元
四書滙參	一二	四元
國語 策	八	六元
六部處分例則	八	二元
六部處分例則	二四	五元
刺字統纂	二	五角

錢穀備要	二	五角
教案奏議彙編	六	二元
駁案新編	二四	三元
士禮居叢書	三〇	三十元
十三經注疏	三二	十二元
五經彙解	三六	八元
兩漢菁華錄	六	三元
文選	六	三元
讀史兵略	八	四元
明季稗史	六	十二元

312

方輿紀要	三二	八元
三通考輯要	三〇	十二元
富強齋叢書	六四	十五元
東華約錄	一六	六元
彭剛直奏稿	四	三元
板橋全集	四	四元
曾惠敏公全集	四	三元
左文襄公奏疏	二〇	八元
財政四綱	四	一元
約章分類輯要	三二	三元

通商始末記	六	二元
普天忠憤集	一二	二元
廿四史政治新論	一〇	六元
西國近事彙編	一三	二元
西國近事彙編	一二	二元
續先正事略	四	一元
光緒會計表	四	二元
西史綱目	一〇	二元
中東戰紀本末	一四	三元
明季稗史	六	十二元

314

洋務經濟通考	一二	二元
中西兵略指掌	八	二元
各國政治考	六	一元
格致書院課藝	八	一元
西學啟蒙	一六	二元
出使四國日記	四	五元
籌海初集	四	二元
南海先生七上書記	一	一元
東洋分國史	二	五角
萬國地理	三	一元

歐美教育觀	一	一元
外國史學小叢書	五	四元
六書通	五	四元
尚友錄統編	二〇	五元
東西洋尚友錄	四	二元
三蘇策論	六	二元
経解萃精	四	二元
西北地理五種	四	二元
泰西名家類要	六	一元
熙朝政紀	六	二元

316

續通典	一三	六元
續通志	六〇	二十元
續通考	三六	十二元
日本維新慷慨史	二	三元
四裔編年	四	二元
太西名人傳	四	二元
經濟實學考	一四	六元
續西國近事彙編	二八	四元
地球十五大戰記	二	二元
五洲事類滙表	一〇	三元

支那通史	五	四元
世界通史	一〇	八元
萬國史記	四	二元
地球一百名人傳	一	一元
法國志略	一〇	二元
太西新史攬要	八	二元
萬國史記	八	二元
日本國志	一〇	六元
美利堅志	二	一元
圖書集成	壹	八十元

318

焦氏遺書	三	八元
海國圖志	三	十元
四此堂稿	六	三元
洪北江全集	八四	三十二元
說文解字義證	三	十六元
頻羅菴遺集	六	六元
笠翁全集	四	八元
鮚埼亭集	二	十元
南巡盛典	八	六元
玉茗堂全集	二十四	十六元

雅雨堂叢書	一二	十元
國朝先正事略	十六	三元
吾學錄	六	二元
四書滙參	二四	三元
結鄰集	一〇	六元
學政全書	二二	八元
五種遺規	一二	四元
經義述聞	二〇	八元
經餘必讀	八	二元
叔論文稿	四	一元

320

沈文肅公政書	一二	八元
五經類編	一〇	四元
金元明八大家文選	九	三元
廿一史約編	八	三元
遜懷堂文箋注	六	四元
牧令書	一四	六元
佔畢叢談	四	二元
邁堂文略	六	三元
陸象山集	一〇	六元
歷代名臣奏疏	二六	十元

白喉忌表抉微	一	一元
訟過齋日記	二	二元
圖國民錄	二	一元
學治臆說	一	五角
孔子年譜輯注	一	一元
洛學編	三	一元
人壽金鑑	六	三元
蔴科活人全書	四	二元
四書味根錄	三	二元
事類賦	四	一元

322

廣事類賦	八	四元
續廣事類賦	三	六元
事賦補遺	四	二元
唐人賦鈔	六	二元
館課詩賦合鈔	六	一元
四書經註集證	一六	二元
留青新集	二〇	六元
賦學雞跖集	四	一元
律賦新機	四	一元
賦學指南	四	一元

323

水竹居賦	二	一元
歷代賦彙	一六	十六元
詩韻合璧	五	二元
四大家棋譜	三	二元
桃花扇	一	一元
犢山文稿	四	一元
永懷堂制義	二	一元
小學集註	二	一元
周禮節釋	四	一元
易解經傳証	五	三元

金正希稿	六	二元
春在堂全集	三二	十二元
禮記省度	四	一元
益智圖	二	一元
陸放翁集	四八	三十四元
事類統編	一三	三元
試帖玉芙蓉	八	二元
續雞跖賦	五	一元
大梅山館集	一六	八元
館律分韻		一元

經訓堂叢書	一六	八元
謝程山全書	二〇	十六元
歐洲文明進化論	一	五角
日本文典譯釋	三	一元
萬國近世大事表	一	一元
滂喜齋叢書	三八	十六元
正誼堂全書	五六	二十六元
禮記	一〇	二元
文選六種	六	三元
四書古註彙解	一六	三元

326

鑄文騈言	二	一元
四書典類淵海	一二	二元
策府統宗	二〇	二元
使俄草	六	二元
四書五經典類集成	二四	五元
漢魏六朝百三名家集	四九	三十元
四六法海	八	六元
見聞隨筆	六	三元
史記菁華錄	五	二元
孫夏峰集	五六	二十元

繹史	六八	二十四元
武英殿叢書	一二八	四十八元
寧都三魏集	五〇	十六元
通鑑輯覽	六〇	十二元
玉海	一〇〇	四十元
總計	六九二七	一一五七·五〇元

江西省立体育师范专科学校关于报送抗战损失查报表致省教育厅的呈（一九四五年八月二十日）

013

700

發文 總字第0215號 34年8月20日

編

江西省立體育師範專科學校稿

文別	送達機關	事由	附件
呈	教育廳	呈送抗戰損失查報表乞核鑒由	如文

校長

秘書 主任 組長 組員

中華民國卅四年

七月廿日收文

八月 日 時交辦

八月十九日九時擬稿

八月廿日 時核稿

八月 日 時核行

八月 日 時繕寫

八月 日 時校對

八月 日 時蓋印

八月 日 時封發

收文 字第 號

發文 字第 號

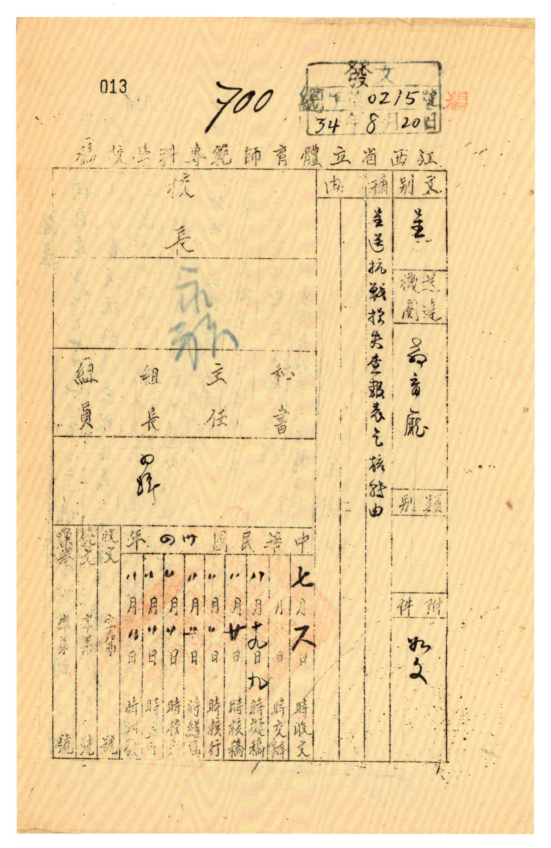

歸檔 字第 號

014

案奉

鈞廳本年六月廿日教字第四二二號訓令略於文到二週內迅將查填抗戰損失報告表二份呈候彙核彙轉以為將後交涉及戰後清算損失之重要根據等因附發查報原則及表式三種奉此遵以依照原則及所附表式詳細填具完竣理合備文檢附該表報二份呈送

鑒核彙轉是為公便謹呈

江西省政府教育廳廳長程

附呈損失報告表三種每種計二份

全銜 余○○

附（一）财产直接损失报告表（一九四五年八月十八日）

江——高科学校財產直接損失報告表　　（表式1）

（机関名称）

017　　資料時期26年7月7日至33年12月31日

填送日期34年8月18日

損失分類	價值（單位：國幣元）			
共計	$1408,600元			
建築物	廿六年八月 $28,600	卅一年七月 $27,000	卅三年十二月 $1000000	（1035,600）
器具	廿六年八月 $2,000	卅一年七月 $10,000	卅三年十二月 $160,000	（262,000）
現款				
图書	廿六年八月 2500		卅三年十二月 $50000	（52,500）
儀器				
文卷				
醫藥用品	廿六年八月 500	卅一年七月 2,000	卅三年十二月 10,000	（12,500）
其他	廿六年八月 1,000	卅一年七月 5,000	卅三年十二月 $20000	（26,000）

報告機関

説明 1.各机関对上級机関報告該机関損失及上級机関彙報該机関及所屬机関損失時均用此表，依照報告机関填寫，例如各省市政府彙報該省市政府及所屬机関損失，應填寫某省政府或某市政府及所屬机関等字

2.即表列損失資料之起訖月日，例如二十年九月十八日至二十六年七月七日或二十六年七月七日至三十一年十二月三十一日

3.文卷損失之價值難以估計，只須填寫數量及其重要性之說明

4.報告式彙報机関應加蓋机関印信

5.此處所謂損失包括毁損没收或征用者，填其損失種類如不在表列者歸入其他一類

6.本表各類價值如不能根據登記之正確數字填入時，可用估計數字填入

015

省立**儉**中 財產間接損失報告表

机関名称

資料時期：自26年7月7日至33年12月31日

填送日期：34年8月18日

損失分類	金額（單位＝國幣元）
共計	$525,100元
遷移費	廿六年八月 3,000　廿七年一月 9,000　廿七年七月 10,000　廿八年二月 15,000　卅一年七月 50,000　卅三年十二月 200,000　（287,000）
防空設備費	500　600　1,000　10,000　50,000　（62,100）
疏散費	廿六年八月 2,000　廿七年一月 2,000　廿七年七月 4,000　廿八年二月 6,000　卅一年七月 15,000　卅二年七月 20,000　卅三年12月 100,000　（149,000）
救濟費	卅年 2,000　卅一年 5,000　卅二年 10,000　卅三年 10,000　（27,000）
撫䘏費	

報告机関

說明：1.各机関对上級机関報告該机関財產間接損失及上級机関彙報所屬各机関財產間接損失時均用此表但彙報時应填寫各机関及所屬机関等字樣。

2.即表列資料之起訖年月日例如二十年九月十八日至二十六年七月七日二十六年七月七日至三十一年十二月三十一日

3.為本机関或本机関及所屬机関支出者

4.報告者或彙報机関应加蓋机関印信

附（二）财产间接损失报告表（一九四五年八月十八日）

附（三）公务员役私人财产损失报告表（一九四五年八月十八日）

016

省立信丰 公務員役私人財產損失報告表 （表式3）
（机関名称）

事件時期自26年7月7日至33年12月31日

填送日期 34年8月18日

損失分類		
共計	$1105,000—	
房屋	卅三年十二月 450,000— 卅八年八月 70,000—	520,000—
器具	卅八年八月 5,000— 卅三年十二月 100,000	(105,000—)
現款		
服着物	卅八年八月 10,000— 卅八年二月 20,000— 卅三年十二月 400,000—	(430,000—
古物書籍	卅八年二月 50,000	(50,000—)
其他		

報告者

説明：1.公務員役向上級機関報告該機関損失或上級機関彙報該機関及所屬機関損失時均用此表但彙報時應填明某機関及所屬機関字樣

2.如表列損失資料之起訖日期例如二十年九月十八日至二十六年七月七日二十六年七月七日至三十一年十二月三十一日

3.報告者應簽名蓋章如係彙報機関應加蓋機関印信

4.此處所謂損失係指毀損被奪或佔用等項其損失種類如有本表未列者概歸入其他

5.本表各類價值如不能根據登記之正確數字填入時用估計數字填入

江西省立九江女子师范学校关于奉令填报学校及员工抗战损失报告表致省教育厅的呈（一九四五年十二月九日）

265

事由	奉令填具報本校與員工抗戰損失報告各表呈請察核彙轉備案由
決定辦法	
擬辦	
附件	附表一束

中華民國三十四年十二月十五日收到

江西省立九江女子師範學校

師字第二八三號

民國三十四年十二月九日發

案奉

鈞廳第0002號訓令附頒抗戰損失追查辦法追查須知及各種表式飭于文到半月內詳填具報等因奉此自應遵辦除即遵照辦法翻印表式分別詳填具報外理合備文呈請

年 月 日收文贛字第1232號

286

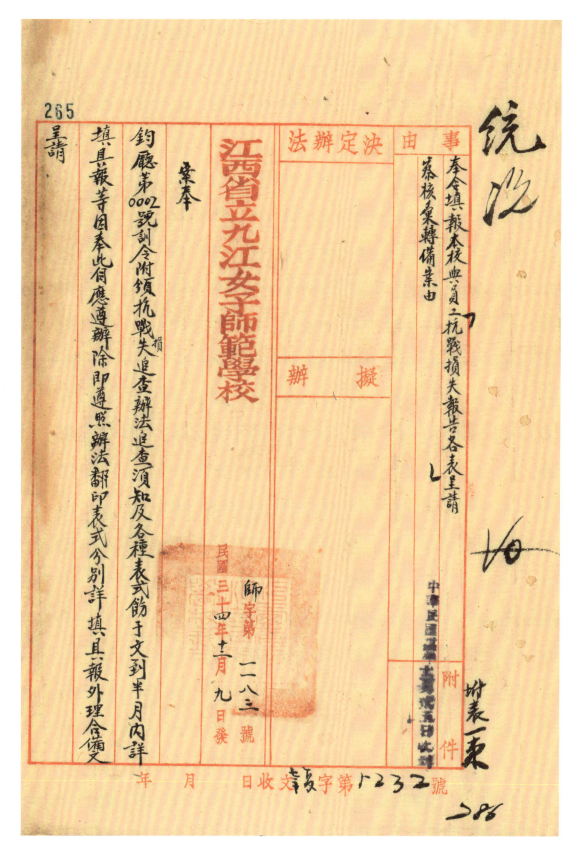

266

钧厅察核汇转备案

谨呈

江西省政府教育厅厅长程

附呈本校财产损失报告单 三份

本校财产直接损失汇报表 三份

本校财产间接损失汇报表 三份

本校员工财产损失报告单（廿七人）每人各三份

本校员工财产直接损失汇报表三份

江西省立九江女子师范学校校长熊恬

附（一）江西省立九江女子师范学校财产损失报告单及财产直接损失汇报表、财产间接损失汇报表

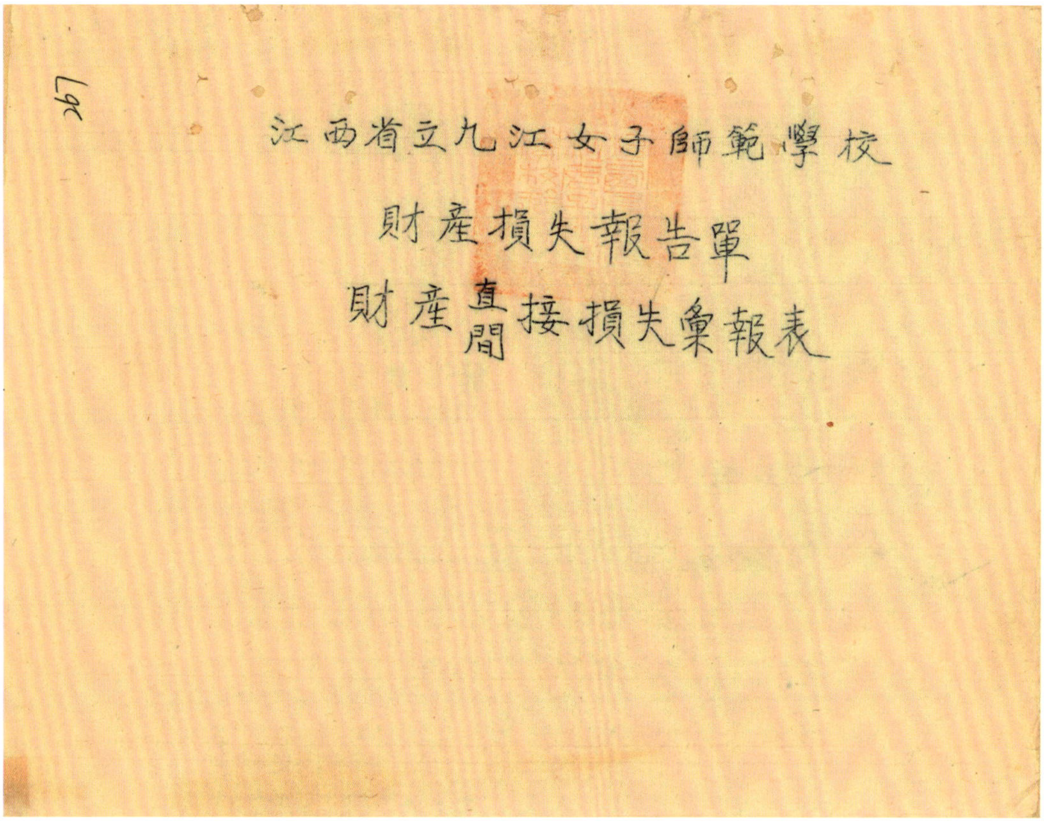
江西省立九江女子師範學校

財產損失報告單

財產直間接損失彙報表

財產損失報告單

填送時期三十四年　月　日

(1)發生日期	(2)事件	(3)地點	(4)損失項目	購置年月	單位	數量	查報時價值(國幣元)	(5)證件
26年12月	敵人擊擾長江	九江	校舍	26年前		四幢	14.944.000元	
〃 〃	〃 〃	〃	圖書	〃		8739本	6.485.175元	
〃 〃	〃 〃	〃	儀器	〃		2614件	.249.950元	
〃 〃	〃 〃	〃	校具	〃		3421件	6.083.325元	
〃 〃	〃 〃	〃	風琴	〃		6架	.256.500元	
合計							28.018.950元	

江西省立九江女子師範學校　　受損失者　本校

名稱　　印信　　名稱或姓名　蓋章

說明：1.即事件發生之日期如某年某月某日或某年某月某日至某年某月某日
2.即發生損失之事件如日機之轟炸日軍之進攻等
3.即事件發生之地點如某市某縣某鄉某鎮某村等
4.即一切動產(如衣服財帛什物舟車証卷等)及不動產(如房屋田園礦產等)所有損失逐項填明
5.如有証件應將名稱與件數填入『證件』欄內。
6.受損失者如係机関学校團体或事業填其名稱如係机関学校團体或事業之員工填其姓名。

270

……財產直接損失彙報表（表式5）

學校名稱 江西省立九江女子師範學校

年份：(1) 民國廿六年

事件：(2) 敵人寇擾長江

地點：(3) 九江

填送日期三十四年十二月　　日

分類	查報時之價值（國幣元）
共計	28,018,950元
建築物	14,946,000元
器具	6,083,325元
現款	——
圖書	6,485,175元
儀器	0,247,950元
醫藥用品	——
其他	0,256,500元

附財產損失報告單 3 張

教育廳長或縣長(4)（簽蓋）　　報告者校長~~或鄉鎮長~~（簽蓋）熊恬

調查專員（簽蓋）

說明：1.即損失發生之年份。

2.即發生損失之事件，如日機轟炸日軍進攻等。

3.即事件發生之地點，包括某市某縣某鄉鎮某村等。

4.省立學校及私立中學由教育廳長簽蓋，調查專員簽蓋從缺，縣立學校及私立小學由縣長簽蓋。

268

财產簡接損失報告表（表式17）

（機關學校名稱）江西省立九江女子師範學校

損失發生之年份：民國廿六至卅四年

填送日期三十四年十二月　　日

分類	數額（單位：國幣元）
共計	216203元
遷移費	214503元　九江至吉安、吉安至寧都，又一部寧都至南豐，此次損在外
防空設備費	1700元　九江廿六年之事
疏散費	
救濟費(1)	
撫卹費(1)	

報告者2）校長熊恬

說明：1.爲本機關支出者。

2.由應報告機關長官署名並加蓋機關印信縣級機關學校並加由調查專員簽蓋。

269

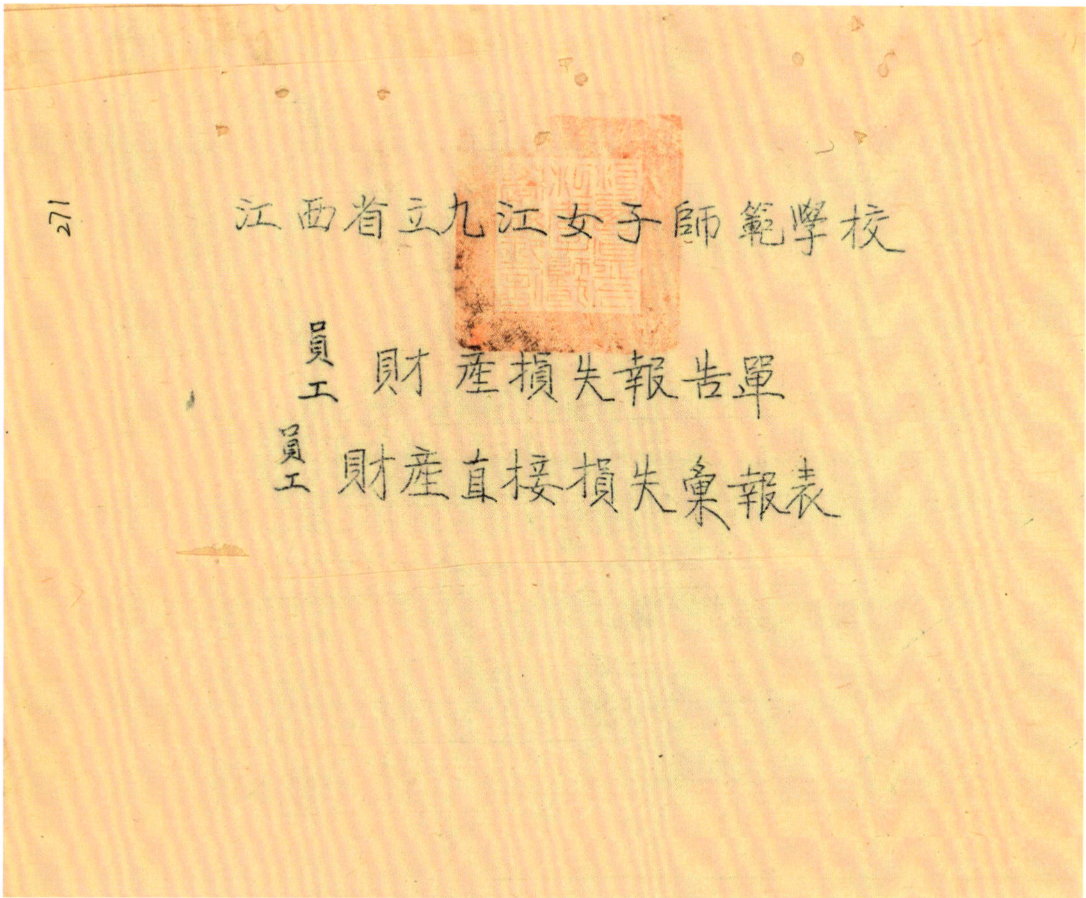
21

江西省立九江女子師範學校

員工財產損失報告單

員工財產直接損失彙報表

附（二）江西省立九江女子师范学校员工财产损失报告单及员工财产直接损失汇报表

15

財產損失報告單

填送時期三十四年12月 日

(1) 年月日	(2) 事件	(3) 地点	(4) 損失項目	購置年月	單位	數量	價報時價值(國幣元)	(5) 證件
26年11月	随校迁移	[illegible]	川資				239,400元	
27年6月	敵佔九江	牯嶺	房屋	26年前	乙棟		4,959,000元	
〃	〃	〃	衣服	〃	三箱		1,578,330元	
〃	〃	〃	家具	〃			2,223,000元	
〃	〃	九江	書籍	26年前			2,394,000元	
28年春	敵侵南昌	南昌	衣着	〃			684,000元	
〃	〃	〃	房屋	〃			3,787,475元	
〃	〃		家具	〃			1,183,320元	
28年5月	吉安迁寧都		旅費				177,120元	
34年12月	寧都返九江		〃 〃				12,000元	
合計							17,237,645元	

江西省立九江女子師範學校　　受損失者 熊 恬

名稱　　印信　　名稱或姓名　蓋章

說明：1. 即事件發生之日期如某年某月某日或某年某月某日至某年某月某日

2. 即發生損失之事件如日机之轟炸日軍之進攻等

3. 即事件發生之地点如某市某縣某鄉某鎮某村等

4. 即一切動產(如衣服財帛什物舟車証卷等)及不動產(如房屋田園鑛產等)所有損失逐項填明

5. 如有証件應將名稱與件數填入『證件』欄內。

6. 受損失者如係机関学校團体或事業填其名稱如係机関学校团体或事業之員工填其姓名。

273

财产损失报告单

填送时期三十四年十二月五日

(1)损失年月日	(2)事件	(3)地点	(4)损失项目	购置年月	单位	数量	查报时价值（国币元）	(5)证件
26年10月12	沪变后	无锡	图书	20年8月至26年8月		2654本	1,299,600元	
〃	〃	〃	衣服	〃		521件	790,875元	
〃	〃	〃	瓷器	〃		285件	213,750元	
〃	〃	〃	家具	〃		84件	2,419,650元	
27年	九江之变	九江	图书	25年10月至27年3月		1123本	824,220元	
〃	〃	〃	衣服	〃		361件	290,700元	
〃	〃	〃	家具	〃		221件	277,875元	
27年至33年			逃难旅费				444,600元	
合计							6,561,270元	

274

江西省立九江女子师范学校　　受损失者　杨时勉

名称　　印信　　名称或姓名　盖章

说明：1.即事件发生之日期如某年某月某日或某年某月某日至某年某月某日

2.即发生损失之事件如日机之轰炸日军之进攻等

3.即事件发生之地点如某市某县某乡某镇某村等

4.即一切动产（如衣服财帛什物舟车证卷等）及不动产（如房屋田园矿产等）所有损失逐项填明

5.如有证件应将名称与件数填入『证件』栏内。

6.受损失者如系机关学校团体或事业填其名称如系机关学校团体或事业之员工填其姓名。

財產損失報告單

填送時期三十四年十二月 日

(1) 損失年月日	(2) 事件	(3) 地点	(4) 損失項目	購置年月	單位	數量	查報時價值(國幣元)	(5) 證件
民國廿七年十二月	鎮江淪陷	鎮江鄉间	房屋	廿二年三月	間	10間	#2,216,000	自手建築
			家具	逐年置	件	約50件	#640,000	
			衣服	逐年置	件	約30件	#40,000	
			耕牛	廿五年	頭	2頭	#88,000	
			稻穀	自廿七年至卅四年	石	400石	#264,000	
			書籍	逐年置	冊	約360冊	#95,000	
民國廿八年	南昌淪陷	南昌党家巷	房屋	廿三年	间	28间	#2,964,000	契约 房捐收条
			現款南昌勝家公司存摺	廿三年起	元	3750元	#1,840,000	存摺於逃難中遗失
			金器金鐲戒子頸鍊	廿二年	两	3两	#240,000	
			房租	自廿八年至卅四年			#1,000,000	有數張房捐收条
合計							#9,387,000	

江西省立九江女子師範學校　　受損失者　劉仁蘭

名稱　　印信　　名稱或姓名　蓋章

說明：1.即事件發生之日期如某年某月某日或某年某月某日至某年某月某日

2.即發生損失之事件如日机之轟炸日軍之進攻等

3.即事件發生之地點如某市某縣某鄉某鎮某村等

4.即一切動產(如衣服財帛什物舟車証卷等)及不動產(如房屋田園鑛產等)所有損失逐項填明

5.如有証件應將名稱與件數填入『證件』欄内。

6.受損失者如係机関学校團体或事業填其名稱如係机関学校团体或事業之員工填其姓名。

財產損失報告單

填送時期三十四年 12 月 日

(1) 損失年月日	(2) 事件	(3) 地點	(4) 損失項目	購置年月	單位	數量	查報時價值（國幣元）	(5) 證件
26年		南京	現款	25年		003,500元	2,992,500元	
〃			金鐲戒指	〃	四兩八錢	金鐲一對 戒指二个	1,026,000元	
〃			書籍	25年以前		680册	1,368,000元	
〃	〃		傢俱	〃		87件	1,111,500元	
〃			衣物	〃		15箱	2,052,000元	
							8,550,000元	

江西省立九江女子師範學校　　受損失者　符拔羣

名稱　　印信　　名稱或姓名　蓋章

說明：1.即事件發生之日期如某年某月某日或某年某月某日至某年某月某日

2.即發生損失之事件如日机之轟炸日軍之進攻等

3.即事件發生之地点　如某市某縣某鄉某鎮某村等

4.即一切動產（如衣服財帛什物舟車証券等）及不動產（如房屋田園礦產等）所有損失逐項填明

5.如有証件應將名稱与件數填入『證件』欄内。

6.受損失者如係机関学校團体或事業填其名稱如係机関学校團体或事業之員工填其姓名。

276

財產損失報告單

填送時期三十四年12月　日

(1) 損失年月日	(2) 事件	(3) 地点	(4) 損失項目	購置年月	單位	數量	查報時價值（國幣元）	(5) 證件
26年11月	敵人進攻	上海	衣服	26年前		一箱	342,000元	
〃	〃	〃	书籍	〃		一箱	342,000元	
31年6月	〃	宜黄	衣服	〃		三箱	1,026,000元	
〃	〃	〃	被蓋	〃		四床	102,600元	
〃	〃	〃	器具	〃		15件	51,300元	
〃	〃	〃	稻谷	〃		30担	30,000元	
26年11月到34年12月	逃難往葉归	〃	来回旅費	〃			76,000元	
合計							2,009,900元	

江西省立九江女子師範學校　　受損失者　熊學廉

名稱　　印信　　名稱或姓名　蓋章

說明：1.即事件發生之日期如某年某月某日或某年某月某日至某年某月某日

2.即發生損失之事件如日机之轟炸日軍之進攻等

3.即事件發生之地点如某市某縣某鄉某鎮某村等

4.即一切動產（如衣服財帛什物舟車証卷等）及不動產（如房屋田園鑛產等）所有損失逐項填明

5.如有証件應將名稱與件數填入『證件』欄内。

6.受損失者如係机関学校團体或事業填其名稱如係机関学校團体或事業之員工填其姓名。

277

278

財產損失報告單

填送時期三十四年 12月 日

(1) 損失年月日	(2) 事件	(3) 地點	(4) 損失項目	購置年月	單位	數量	查報時價值(國幣元)	(5) 證件
26年12月	敵人威脅	南昌	衣物	26年前		兩箱	684,000元	
〃 〃	〃 〃	〃	書籍	〃 〃			2,394,000元	
27年十月至34年	〃 〃	南昌 吉安 寧都 九江	往返川資				58,000元	
合計							3,136,000元	

江西省立九江女子師範學校　　受損失者 熊 愷

名稱　　印信　　名稱或姓名　蓋章

說明：1、即事件發生之日期如某年某月某日或某年某月某日至某年某月某日
2、即發生損失之事件如日機之轟炸日軍之進攻等
3、即事件發生之地點如某市某縣某鄉某鎮某村等
4、即一切動產(如衣服財帛什物舟車証卷等)及不動產(如房屋田園鑛產等)所有損失逐項填明
5、如有証件應將名稱與件數填入『證件』欄內。
6、受損失者如係机关学校團体或事業填其名稱如係机关学校团体或事業之員工填其姓名。

財產損失報告單

填送時期　三十四年十二月　日

(1) 損失年月日	(2) 事件	(3) 地點	(4) 損失項目	購置年月	單位	數量	查報時價值（國幣元）	(5) 證件
卅三年五月一日	日軍侵入縣城	萍鄉	房屋	廿七年前	棟	4棟	3500000	
〃 〃	〃 〃	〃	器具	〃 〃	件		400000	
〃 〃	〃 〃	〃	現款		元	首飾與合現款	500000	
〃 〃	〃 〃	〃	服着物		箱	八箱	4500000	
〃 〃	〃 〃	〃	書籍		冊	450	40000	
合計							8940000	

江西省立九江女子師範學校　　受損失者　賀耀宗（印）

名稱　　印信　　名稱或姓名　　蓋章

說明：1、即事件發生之日期，如某年某月某日或某年某月某日至某年某月某日
2、即發生損失之事件，如日機之轟炸、日軍之進攻等
3、即事件發生之地點，如某市某縣某鄉某鎮某村等
4、即一切動產（如衣服、財帛、什物、舟車、證券等）及不動產（如房屋、田園、礦產等）所有損失，逐項填明
5、如有證件，應將名稱與件數填入「證件」欄內。
6、受損失者如係機關學校團體或事業，填其名稱；如係機關學校團體或事業之員工，填其姓名。

279

財產損失報告單

填送時期三十四年十二月五日

損失年月日 (1)	事件 (2)	地点 (3)	損失項目 (4)	購置年月	單位	數量	查報時價值（國幣元）	證件 (5)
廿八年三月	南昌淪陷	南昌三眼井	房屋	廿六年前	1棟	值價叁仟元	2,565,000元	
〃	〃	〃	書箱	〃	10隻	宋版書精裝本與共壹百餘種	1,258,000元	
〃	〃	〃	全堂傢具	〃	49件	值價弍仟元	1,710,000元	
〃	〃	〃	皮箱	〃	6隻	夾皮棉衣服共壹百廿件	1,805,600元	
〃	〃	〃	錫器磁器	〃	86件	值價弍仟元	1,710,000元	
自廿八年至卅四年	〃	〃	荒廢田地	〃	580石	應收稻谷	580,000元	
卅四年二月	贛縣被焚	贛縣	皮箱 皮袍三件棉被	廿九年製	2隻	值價四仟元	780,000元	
自廿七年四月至卅四年十二月	東奔西逃	往七復次	三人車船費			共壹萬伍仟柒百捌拾	1,278,000元	
〃	各地房租					共伍仟六百元	782,800元	
合計							12,469,400元	

江西省立九江女子師範學校　　受損失者沈嫺若

名稱　　印信　　名稱或姓名　蓋章

說明：1、即事件發生之日期如某年某月某日或某年某月某日至某年某月某日

2、即發生損失之事件如日机之轟炸日軍之進攻等

3、即事件發生之地点如某市某縣某鄉某鎮某村等

4、即一切動產（如衣服財帛什物舟車証卷等）及不動產（如房屋田園鑛產等）所有損失逐項填明

5、如有証件應將名稱與件數填入『證件』欄內。

6、受損失者如係机関学校團体或事業填其名稱如係机関学校团体或事業之員工填其姓名。

280

財產損失報告單

填送時期三十四年12月　日

(1)損失年月日	(2)事件	(3)地點	(4)損失項目	購置年月	單位	數量	查報時價值(國幣元)	(5)證件
32年6月	敵擾贛東	鉛山	房屋	26年前		两巾棟	2,565,000元	
〃	〃	〃	器具	〃		全堂	1,000,000元	
〃	〃	〃	衣服	〃		の箱	855,000元	
〃	〃	〃	书籍	〃		の箱	855,000元	
合計							5,275,000元	

281

江西省立九江女子師範學校　受損失者　周智

名稱　印信　名稱或姓名　蓋章

說明：1、即事件發生之日期如某年某月某日或某年某月某日至某年某月某日
2、即發生損失之事件如日机之轟炸日軍之進攻等
3、即事件發生之地点　如某市某縣某鄉某鎮某村等
4、即一切動產（如衣服財帛什物舟車証卷等）及不動產（如房屋田園鑛產等）所有損失逐項填明
5、如有証件應將名稱与件數填入『證件』欄內。
6、受損失者如係机关学校團体或事業填其名稱如係机关学校团体或事業之员工填其姓名。

財產損失報告單

填送時期三十四年十二月四日

(1) 損失年月日	(2) 事件	(3) 地点	(4) 損失項目	購置年月	單位	數量	查報時價值（國幣元）	(5) 證件
27至34年	日人侵佔	九江	房租損坏	18年建		一棟洋房	抗戰前每年[illegible]	2,394,000元
22年	贛東了變	河口	書籍	抗战前		二箱	抗战前[illegible]	213,750元
11	同上	11	衣服	11		一箱	[illegible]	102,600元
							2,710,350元	

282

江西省立九江女子師範學校　　受損失者徐行仁

名稱　　印信　　名稱或姓名　　盖章

說明：1.即事件發生之日期如某年某月某日或某年某月某日至某年某月某日
2.即發生損失之事件如日机之轟炸日軍之進攻等
3.即事件發生之地点如某市某縣某鄉某鎮某村等
4.即一切動產（如衣服財帛什物舟車証卷等）及不動產（如房屋田園礦產等）所有損失逐項填明
5.如有証件應將名稱與件數填入『證件』欄内。
6.受損失者如係机関学校團体或事業填其名稱如係机関学校團体或事業之員工填其姓名。

財產損失報告單

填送時期三十四年十一月五日

(1) 損失年月日	(2) 事件	(3) 地点	(4) 損失項目	購置年月	單位	數量	查報時價值（國幣元）	(5) 證件
26年10月廿	沪变後	江陰	圖書	21年至26年		398本	209.475元	
〃	〃	〃	衣服	〃		83件	1.051.650元	
〃	〃	〃	逃難旅費					
27年7月20	九江事變	九江	衣服	26年至27年		421件	.495.900元	
〃	〃	〃	圖書	〃		183本	.128.250元	
〃	〃	〃	傢具	〃		161件	.409.175元	
		〃	逃難旅費				.400.000元	
							2.694.450元	

江西省立九江女子師範學校　受損失者　方佩蘭

名稱　印信　名稱或姓名　蓋章

說明：1. 即事件發生之日期 如某年某月某日或某年某月某日至某年某月某日
2. 即發生損失之事件 如日机之轟炸 日軍之進攻等
3. 即事件發生之地点 如某市某縣某鄉某鎮某村等
4. 即一切動產（如衣服財帛什物舟車証卷等）及不動產（如房屋田園鑛產等）所有損失逐項填明
5. 如有証件應將名稱與件數填入『證件』欄內。
6. 受損失者如係机関学校團体或事業填其名稱 如係机関学校团体或事業之員工填其姓名。

283

財產損失報告單

填送時期三十四年　　月　　日

(1) 損失年月日	(2) 事件	(3) 地點	(4) 損失項目	購置年月	單位	數量	查報時價值 (國幣元)	(5) 證件
民國廿七年八月	九江淪陷	九江城內	衣箱	廿六年前	隻	3	1.026.000	
〃	〃	〃	現款	〃	元	1000	855000	逃難遺失
民國廿八年1月	南昌淪陷	東站	金器戒子	廿四年	錢	3錢	25650	〃
民國廿六年至卅四年	往返七次		旅費	廿六年至卅四	元	5000	4275000	
合計							$6181650	

江西省立九江女子師範學校　　受損失者汪仙儔

名稱　　印信　　名稱或姓名　蓋章

284

說明：1.即事件發生之日期如某年某月某日或某年某月某日至某年某月某日

2.即發生損失之事件如日机之轟炸日軍之進攻等

3.即事件發生之地点如某市某縣某鄉某鎮某村等

4.即一切動產(如衣服財帛什物舟車証卷等)及不動產(如房屋田園鑛產等)所有損失逐項填明

5.如有証件應將名稱与件數填入『證件』欄內。

6.受損失者如係机関学校團体或事業填其名稱如係机関学校团体或事業之員工填其姓名。

財產損失報告單

填送時期三十四年十二月　日

(1) 年月日	(2) 事件	(3) 地点	(4) 損失項目	購置年月	單位	數量	查報時價值（國幣元）	(5) 證件
廿六年十二月	日軍逼長江	九江	書籍	廿六年前		七箱	342.000元	
〃 〃	隨校遷移	九江至吉安	川資	〃 〃		弍百卅元	196.650元	
廿八年四月	日軍逼贛河	高安至吉安	家眷六人逃難川資			九百元	442.800元	
廿八年五月至七月	日机炸吉安	吉安至寧都	〃 〃			七千弍百元	590.400元	
廿八年六月	〃〃炸贛州	贛縣	皮包			七個內住郭三百廿元	157.440元	
廿八年四月	内子逃難受逼難產住宅	泰和	租架手術住院川資			八百元	393.600元	
廿八年八月	日軍窜擾	高安	書籍字畫	廿六年前		四箱七簍	1.400.000元	
〃 〃	〃 〃	〃	耕牛	〃 〃		三頭	239.400元	
〃 〃	〃 〃	〃	家具衣物農具	〃 〃			1.710.000元	
廿八年三月至卅四年十二月	〃 〃	〃	田地荒廢			每年平均歉收谷七十石	588.000元	
廿八年三月至七月	遷移坐船	吉安至寧都	淹壞皮箱衣被	廿六年前		七箱弍捲	450.000元	
卅二年又至七月	送眷回家中途折回	[illegible]	十六天往返川資				49.000元	
卅四年十二月	全家榮归及回人到九江	寧都至高安及九江	川資				95.000元	
廿八年七月至卅四年十二月	高價賃屋	仝上	房租				20.000元	
合計							6.674.290元	

江西省立九江女子師範學校　　受損失者　趙芳華

名稱　　印信　　名稱或姓名　蓋章

說明：1. 即事件發生之日期，如某年某月某日或某年某月某日至某年某月某日

2. 即發生損失之事件，如日机之轟炸、日軍之進攻等

3. 即事件發生之地点，如某市某縣某鄉某鎮某村等

4. 即一切動產（如衣服、財帛、什物、舟車、証券等）及不動產（如房屋、田園、礦產等）所有損失，逐項填明

5. 如有証件，應將名稱與件數填入「證件」欄內。

6. 受損失者如係机関、学校、團体或事業，填其名稱；如係机関、学校、团体或事業之員工，填其姓名。

285

財產損失報告單

填送時期 三十四年　月　日

(1) 損失年月日	(2) 事件	(3) 地点	(4) 損失項目	購置年月	單位	數量	查報時價值（國幣元）	(5) 證件
廿八年	日軍進攻	南昌	房屋	十五年		壹棟	1365000元	
〃 〃	〃 〃	〃	器具	二十六年			140,000元	
〃 〃	〃 〃	〃	衣服	〃 〃			150,000元	
〃 〃	〃 〃	〃	書籍	〃 〃			130,000元	
〃 〃	〃 〃	〃	現款	二十八年			140,000元	
合計							1925000元	

江西省立九江女子師範學校　　受損失者段九青（印）

名稱　　印信　　名稱或姓名　蓋章

說明：1. 即事件發生之日期如某年某月某日或某年某月某日至某年某月某日
2. 即發生損失之事件如日机之轟炸日軍之進攻等
3. 即事件發生之地点如某市某縣某鄉某鎮某村等
4. 即一切動產（如衣服財帛什物舟車証卷等）及不動產（如房屋田園鑛產等）所有損失逐項填明
5. 如有証件應將名稱與件數填入『證件』欄内。
6. 受損失者如係机関学校團体或事業填其名稱如係机関学校團体或事業之員工填其姓名。

286

財產損失報告單

填送時期三十四年十二月　日

(1)失年月日	(2)事件	(3)地点	(4)損失項目	購置年月	單位	數量	塡報時價值(國幣元)	(5)證件
二十八年三月	敵人佔領破毁	生米街	全部土庫房屋	二十六年前	5棟	7000元	6,015,000元	
〃	〃	〃	全部器具	〃	750件	3536元	2,082,168元	
〃	〃	〃	全部服着物	〃	260件	1588元	1,357,740元	
〃	〃	〃	全部圖書	〃	500種	3470元	2,966,850元	
〃	〃	〃	耕牛	〃	水牛[illegible]頭 黄牛[illegible]頭	470元	401,850元	
〃	〃	〃	放款	〃		600元	573,000元	
〃	〃	〃	全部食物	二十八年	[illegible]	619元	304,548元	
〃	〃	〃	豬鷄鴨	〃	豬7頭 [illegible]	263元	108,904元	
〃	〃	〃	松樹林	〃	兩大山	600元	295,200元	
〃	〃	〃	現款	〃		350元	172,200元	
〃	〃	〃	逃難旅費及醫藥等費	〃		800元	393,600元	
二十八年三月至卅四年九月	〃	〃	全部農產物減收		[illegible]		2,911,000元	
三十四年十二月	由寧都回歸	〃	旅費				30,000元	
二十八年三月	敵人佔領破毁	〃	工人		1位			
合計							17,632,060元	

江西省立九江女子師範學校　　受損失者曾大中（印）

名稱　　　印信　　　名稱或姓名　蓋章

說明：1.即事件發生之日期如某年某月某日或某年某月某日至某年某月某日

2.即發生損失之事件如日机之轟炸日軍之進攻等

3.即事件發生之地点如某市某縣某鄉某鎮某村等

4.即一切動產(如衣服財帛什物舟車証卷等)及不動產(如房屋田園鑛產等)所有損失逐項填明

5.如有証件應將名稱与件數填入『證件』欄內。

6.受損失者如係机関学校團体或事業填其名稱如係机関学校團体或事業之員工填其姓名。

287

財產損失報告單

填送時期三十四年12月　日

(1) 損失年月日	(2) 事件	(3) 地点	(4) 損失項目	購置年月	單位	數量	查報時價值（國幣元）	(5) 證件
27年	敵佔	九江	房屋	26年前	4棟		7,695,000元	
26年	九江[illegible]吉安寧都	九江[illegible]寧都	旅費				239,400元	
27年6月	九江失[illegible]	[illegible]	衣服	26年前	約12箱		2,074,230元	
〃 〃	〃	九江	家具	〃	5桶		820,800元	
〃 〃	〃	〃	瓷器	〃	5桶		769,500元	
26年起	逃難[illegible]	〃	医藥安葬		内人		344,000元	
34年12月	寧都到九江		旅費				50,000元	
27年起至		九江	房田租				2,052,000元	
合計							14,044,930元	

江西省立九江女子師範學校　　受損失者　蔡伯華

稱　　　印信　　　名稱或姓名　蓋章

說明：1、即事件發生之日期如某年某月某日或某年某月某日至某年某月某日

2、即發生損失之事件如日机之轟炸日軍之進攻等

3、即事件發生之地点如某市某縣某鄉某鎮某村等

4、即一切動產（如衣服財帛什物舟車証卷等）及不動產（如房屋田園礦產等）所有損失逐項填明

5、如有証件应将名稱与件數填入『證件』欄内。

6、受損失者如係机関学校團体或事業填其名稱如係机関学校团体或事業之員工填其姓名。

288

財產損失報告單

填送時期三十四年12月　日

(1) 失年月日	(2) 事件	(3) 地点	(4) 損失項目	購置年月	單位	數量	查報時價值（國幣元）	(5) 證件
28年3月	敌陷南昌	南昌	房屋	26年前		二棟	2,565,000元	
〃	〃	〃	器具			全堂	3,936,000元	
〃	〃	〃	衣服				732,000元	
〃	〃	〃	書籍				483,000元	
26年12月至34年12月止	九江至寧都 寧至南昌		迁移逃難			七人	320,000元	
合計							8,036,000元	

江西省立九江女子師範學校　受損失者 沈廣業

名稱　印信　名稱或姓名　蓋章

289

説明：1、即事件發生之日期如某年某月某日或某年某月某日至某年某月某日
2、即發生損失之事件如日机之轟炸日軍之進攻等
3、即事件發生之地点 如某市某縣某鄉某鎮某村等
4、即一切動產（如衣服財帛什物舟車証卷等）及不動產（如房屋田園鑛產等）所有損失逐項填明
5、如有証件应将名稱与件數填入『證件』欄内。
6、受損失者如係机関学校團体或事業填其名稱如係机関学校團体或事業之員工填其姓名。

財產損失報告單

填送時期三十四年十二月　日

(1) 失年月日	(2) 事件	(3) 地点	(4) 損失項目	購置年月	單位	數量	查報時價值（國幣元）	(5) 證件
27年	敵人進攻	九江	房屋	26年前		一棟	1.710.000元	
〃	〃	〃	器具				248.000元	
〃	〃	〃	現款				095.000元	
〃	〃	〃	衣服				294.800元	
〃	〃	〃	書籍				200.000元	
合計							2.547.800元	

[illegible]西省立九江女子師範學校　　受損失者 蕭敦湯

名稱　　印信　　名稱或姓名　蓋章

290

說明：1.即事件發生之日期如某年某月某日或某年某月某日至某年某月某日

2.即發生損失之事件如日机之轟炸日軍之進攻等

3.即事件發生之地点 如某市某縣某鄉某鎮某村等

4.即一切動產（如衣服財帛什物舟車証卷等）及不動產（如房屋田園鑛產等）所有損失逐項填明

5.如有証件應將名稱與件數填入『證件』欄内。

6.受損失者如係机関学校團体或事業填其名稱如係机関学校團体或事業之員工填其姓名。

財產損失報告單

填送時期三十四年 12 月 日

(1) 損失年月日	(2) 事件	(3) 地点	(4) 損失項目	購置年月	單位	數量	查報時價值(國幣元)	(5) 證件
27年3月	敵人進攻	南昌	房屋			一棟	1,710,000元	
〃	〃	〃	器具				340,000元	
〃	〃	〃	現款				120,000元	
〃	〃	〃	衣服				400,000元	
〃	〃	〃	書籍				280,000元	
〃	〃							
合計							2,850,000元	

名稱 江西省立九江女子師範学校 印信

受損失者 吴士禎 名稱或姓名 蓋章 吴士禎印

291

說明：1.即事件發生之日期如某年某月某日或某年某月某日至某年某月某日

2.即發生損失之事件如日机之轟炸日軍之進攻等

3.即事件發生之地点如某市某縣某鄉某鎮某村等

4.即一切動產(如衣服財帛什物舟車証卷等)及不動產(如房屋田園鑛產等)所有損失逐項填明

5.如有証件应將名稱及件數填入『證件』欄內。

6.受損失者如係机関学校團体或事業填其名稱如係机関学校团体或事業之員工填其姓名。

財產損失報告單

填送時期三十四年 12 月　日

(1)日期	(2)事件	(3)地点	(4)損失項目	購置年月	單位	數量	查報時價值(國幣元)	(5)證件
27年	敌人進攻	九江	房屋	26年前		二棟	2,565,000元	
〃	〃〃	〃	器具	〃			452,000元	
〃	〃〃	〃	衣服	〃			450,000元	
〃	〃〃	〃	書籍	〃			160,000元	
〃	〃〃	〃	現款				735,300元	
合計							4,362,300元	

江西省立九江女子師範學校　　受損失者　朱克文

名稱　　印信　　名稱或姓名　盖章　（朱克文印）

說明：1.即事件發生之日期如某年某月某日或某年某月某日至某年某月某日

2.即發生損失之事件如日机之轰炸日軍之進攻等

3.即事件發生之地点如某市某縣某鄉某鎮某村等

4.即一切動產（如衣服財帛什物舟車証卷等）及不動產（如房屋田園鑛產等）所有損失逐項填明

5.如有証件應將名稱與件數填入『證件』欄内。

6.受損失者如係机关学校團体或事業填其名稱如係机关学校团体或事業之員工填其姓名。

292

財產損失報告單

填送時期三十四年12月　日

(1)損失年月日	(2)事件	(3)地點	(4)損失項目	購置年月	單位	數量	查報時價值(國幣元)	(5)證件
27年3月	敌人進攻	南昌	房屋				1,282,500元	
〃			器具				260,000元	
〃			衣服				230,000元	
〃			書籍				100,000元	
合計							1,872,500元	

江西省立九江女子師範學校　受損失者周于德

名稱　印信　名稱或姓名　蓋章

293

說明：1.即事件發生之日期如某年某月某日或某年某月某日至某年某月某日

2.即發生損失之事件如日机之轟炸日軍之進攻等

3.即事件發生之地点　如某市某縣某鄉某鎮某村等

4.即一切動產（如衣服財帛什物舟車証卷等）及不動產（如房屋田園鑛產等）所有損失逐项填明

5.如有証件应将名稱与件數填入『證件』欄内。

6.受損失者如係机関学校團体或事業填其名稱如係机関学校团体或事業之員工填其姓名。

財產損失報告單

填送時期五十四年十二月　　日

(1) 失年月日	(2) 事件	(3) 地点	(4) 損失項目	購置年月	單位	數量	查報時價值(國幣元)	(5) 證件
27年	敌人進攻	瑞昌	房屋			二棟	2,565,000元	
〃	〃	〃	器具				280,000元	
〃	〃	〃	衣服				260,000元	
〃	〃	〃	書籍				340,000元	
〃								
合計							3,445,000元	

江西省立九江女子師範學校　　受損失者　宋教民

名稱　　印信　　名稱或姓名　蓋章

294

說明：1.即事件發生之日期如某年某月某日或某年某月某日至某年某月某日
2.即發生損失之事件如日机之轟炸日軍之進攻等
3.即事件發生之地点 如某市某縣某鄉某鎮某村等
4.即一切動產(如衣服財帛什物舟車証卷等)及不動產(如房屋田園鑛產等)所有損失逐項填明
5.如有証件應將名稱和件數填入『證件』欄内。
6.受損失者如係机関学校團体或事業填其名稱如係机関学校團体或事業之員工填其姓名。

財產損失報告單

填送時期三十四年 12 月 日

(1) 損失年月日	(2) 事件	(3) 地点	(4) 損失項目	購置年月	單位	數量	查報時價值（國幣元）	(5) 證件
26年12月	敌机轰江	九江	衣服被蓋	26年前			196,650元	
〃 〃	〃 〃	〃	金戒指	〃		二枚	140,000元	
合計							336,650元	

江西省立九江女子師範學校　　受損失者 朱嫣

名稱　　印信　　名稱或姓名　蓋章

說明：1. 即事件發生之日期如某年某月某日或某年某月某日至某年某月某日
2. 即發生損失之事件如日机之轟炸日軍之進攻等
3. 即事件發生之地点如某市某縣某鄉某鎮某村等
4. 即一切動產（如衣服財帛什物舟車証卷等）及不動產（如房屋田園鑛產等）所有損失逐項填明
5. 如有証件應將名稱與件數填入『證件』欄内。
6. 受損失者如係机関学校團体或事業填其名稱如係机関学校團体或事業之員工填其姓名。

295

財產損失報告單

填送時期三十四年12月　日

(1)損失年月日	(2)事件	(3)地点	(4)損失項目	購置年月	單位	數量	查報時價值(國幣元)	(5)證件
26年12月	敵軍侵江	九江	衣服	廿六年前			171,000元	1
〃	〃	〃	被蓋	〃			25,650元	
合計							196,650元	

江西省立九江女子師範學校　　受損失者李水生

名稱　　印信　　名稱或姓名　蓋章

296

說明：1.即事件發生之日期如某年某月某日或某年某月某日至某年某月某日
2.即發生損失之事件如日机之轟炸日軍之進攻等
3.即事件發生之地点如某市某縣某鄉某鎮某村等
4.即一切動產(如衣服財帛什物舟車証卷等)及不動產(如房屋田園鑛產等)所有損失逐項填明
5.如有証件應將名稱與件數填入『證件』欄内。
6.受損失者如係机関学校團体或事業填其名稱如係机関学校团体或事業之員工填其姓名。

財產損失報告單

填送時期三十四年 12 月 日

(1) 日期	(2) 事件	(3) 地点	(4) 損失項目	購置年月	單位	數量	查報時價值（國幣元）	(5) 證件
28年3月	敌寇南昌	南昌	衣物				1,256,500元	
合計							1,256,500元	

江西省立九江女子師範學校　受損失者 何媽

名稱　印信　名稱或姓名 蓋章

說明：1.即事件發生之日期如某年某月某日或某年某月某日至某年某月某日
2.即發生損失之事件如日机之轟炸日軍之進攻等
3.即事件發生之地点 如某市某縣某鄉某鎮某村等
4.即一切動產（如衣服財帛什物舟車証卷等）及不動產（如房屋田園鑛產等）所有損失逐項填明
5.如有証件应將名稱与件數填入『證件』欄内。
6.受損失者如係机関学校團体或事業填其名稱如係机関学校团体或事業之員工填其姓名。

297

財產損失報告單

填送時期三十四年12月　日

(1) 損失年月日	(2) 事件	(3) 地點	(4) 損失項目	購置年月	單位	數量	查報時價值（國幣元）	(5) 證件
27年3月	敵人進攻	進賢	房屋				427,500元	
27年至34年	〃	〃	田地收入			谷六石五斗	76,800元	
〃	〃	〃	衣服				23,9[illegible]0元	
合計							528,240元	

江西省立九江女子師範學校　　受損失者　譚老鴿

名稱　　　　印信　　　　名稱或姓名　蓋章　譚老鴿

說明：1.即事件發生之日期如某年某月某日或某年某月某日至某年某月某日
2.即發生損失之事件如日机之轟炸日軍之進攻等
3.即事件發生之地點　如某市某縣某鄉某鎮某村等
4.即一切動產（如衣服財帛什物舟車証卷等）及不動產（如房屋田園礦產等）所有損失逐項填明
5.如有証件應將名稱与件數填入「證件」欄內。
6.受損失者如係机関学校團体或事業填其名稱如係机関学校團体或事業之員工填其姓名。

298

2

財產損失報告單

填送時期三十四年 八月

(1) 年月日	(2) 事件	(3) 地点	(4) 損失項目	購置年月	單位	數量	查報時價值(國幣元)	(5) 證件
26年8月至34年9月止	敌人佔領	[illegible]南	房屋			一棟	855,000元	
〃	〃	〃	器具			全堂	42,750元	
〃	〃	〃	衣被				42,750元	
〃	〃	〃	稻子			32担	32,000元	
			棉花			2400斤	1,200,000元	
			油麻豆			16担	64,000元	
合計							2,236,500元	

江西省立九江女子師範學校　　受損失者 校長葉海新

名稱　　印信　　名稱或姓名　蓋章

說明：1、即事件發生之日期如某年某月某日或某年某月某日至某年某月某日
2、即發生損失之事件如日机之轟炸日軍之進攻等
3、即事件發生之地点 如某市某縣某鄉某鎮某村等
4、即一切動產(如衣服財帛什物舟車証卷等)及不動產(如房屋田園礦產等)所有損失逐項填明
5、如有証件應將名稱與件數填入『證件』欄內。
6、受損失者如係机関学校團体或事業填其名稱如係机関學校团体或事業之員工填其姓名。

299

江西省立九江女子師範學校員工財產直接損失彙報表（表式16）

（機關學校或公營事業名稱）

填送日期三十四年 12 月 日

分類	查報時之價值（國幣元）
共計	152,097,085元
房屋	51,311,475元
器具	22,507,038元
衣物	26,732,515元
現款	18,678,260元
圖書	17,823,145元
其他	15,044,652元

附財產損失報告單 27 張

主管長官（簽蓋）　　填表人（簽蓋）葉伯華印

說　明：1.本表根據本機關各個員工財產損失報告單編製。

2.主管長官及製表人應將報告單嚴加審核，如填報不實，應連帶負責。縣級機關學校或公營事業並加由調查專員簽蓋。

272

江西省立赣县女子师范学校财产直接损失报告单及汇报表（一九四五年十二月十六日）

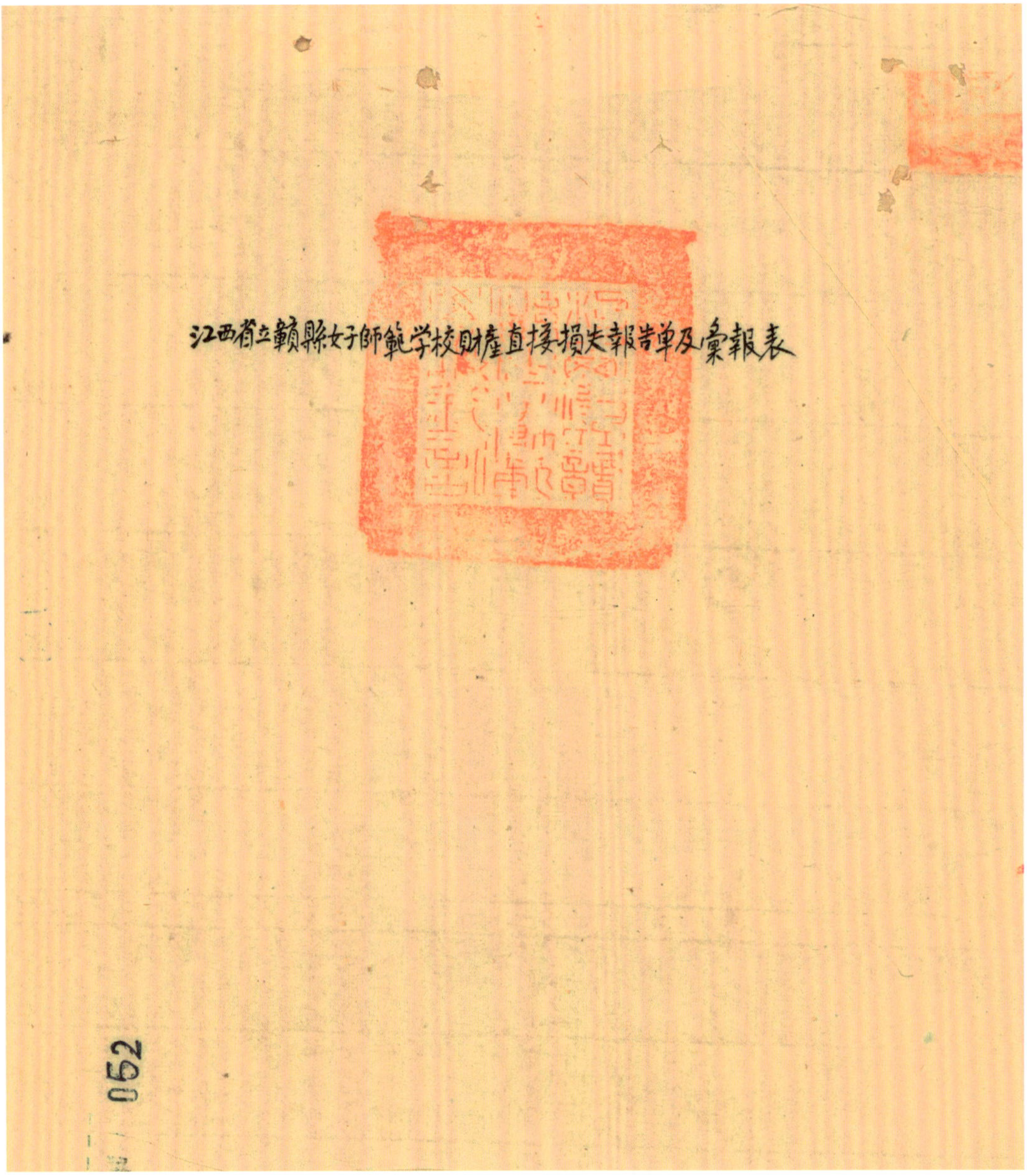
江西省立贛縣女子師範学校財產直接損失報告单及彙報表

052

財產損失報告單 （表式3）

填送日期三十四年十二月十六日

第一頁

(1) 損失年月日	(2) 事件	(3) 地点	(4) 損失項目	購置年月	單位	數量	查報時價值（國幣元）	(5) 証件
卅四年二月八日	日軍進攻	贛城	建築物磚牆	廿六年以前	方丈	15	258500	
〃	〃	〃	蓋瓦	〃	皮	50000	75000	
〃	〃	〃	玻璃	〃	塊	520	156000	
〃	〃	〃	大小房门	〃	樘	42	50200	
〃	〃	〃	板壁	〃	方丈	25	87500	
〃	〃	〃	地板	〃	方丈	17	74500	
〃	〃	〃	樓板	〃	方丈	9	40500	

直轄机関学校团体或事業　　受損失者江西省立贛縣女子師範学校

054

名稱江西省立贛縣女子師範学校印信　（名称或姓名）　（印信或蓋章）

說明：1、即事件發生之日期如某年某月某日或某年某月某日至某年某月某日

2、即發生損失之事件如日机之轟炸日軍之進攻等

3、即事件發生之地点如某市某縣某鄉某鎮某村等

4、即一切動產（如衣服什物財帛舟車証卷等）及不動產（如房屋田園礦產等）所有損失逐項填明

5、如有証件應將名称與件数填入「証件」欄内

6、受損失者如係机関学校团体或事業填其名称如係机関学校团体或事業之員工填其姓名

財產損失報告單

(表式3)

填送日期三十四年十二月十六日

第二頁

(1) 損失年月日	(2) 事件	(3) 地点	(4) 損失項目	購置年月	單位	數量	查報時價值(國幣元)	(5) 証件
卅四年六月廿日	日軍進攻	南康凤岗	单講桌	廿六年八月	只	22	8800	
"	"	"	双講櫈	"	只	74	18500	
"	"	"	单講櫈	"	只	40	6000	
"	"	"	公園椅	"	只	3	2700	
"	"	"	鋼琴櫈	"	只	1	400	
"	"	"	二箱書柜	"	只	15	13500	
"	"	"	三箱書柜	"	只	3	3000	

直轄机関学校团体或事業

受損失者江西省立贛縣女子師範学校

名稱江西省立贛縣女子師範学校印信（名称或姓名）（印信或盖章）

說明：1. 即事件發生之日期如某年某月某日或某年某月某日至某年某月某日

2. 即發生損失之事件如日机之轟炸日軍之進攻等

3. 即事件發生之地点如某市某縣某鄉某鎮某村等

4. 即一切動產（如衣服什物財帛舟車証卷等）及不動產（如房屋田園鑛產等）所有損失逐項填明

5. 如有証件應將名称與件数填入『証件』欄内

6. 受損失者如係机関学校団体或事業填其名称如係机関学校団体或事業之員工填其姓名

財產損失報告單 (表式3)

填送日期三十四年十二月十六日

第三頁

(1)損失年月日	(2)事件	(3)地點	(4)損失項目	購置年月	單位	數量	查報時價值(國幣元)	(5)證件
卅四年六月[illegible]	日軍進攻	南康[illegible]	九箱書桌	廿六年以前	只	2	4000	
"	"	"	看書桌	"	只	6	4200	
"	"	"	自修椅	"	只	17	11900	
"	"	"	看書椅	"	只	24	14400	
"	"	"	枱球桌	"	只	1	5000	
"	"	"	圓枱	"	只	1	3500	
"	"	"	明漆方桌	"	只	2	4000	

直轄機關學校團體或事業　　受損失者江西省立贛縣女子師範學校

名稱江西省立贛縣女子師範學校印信 (名稱或姓名)　(印信或蓋章)

說明：1. 即事件發生之日期如某年某月某日或某年某月某日至某年某月某日

2. 即發生損失之事件如日機之轟炸日軍之進攻等

3. 即事件發生之地點如某市某縣某鄉某鎮某村等

4. 即一切動產(如衣服什物財幣舟車証卷等)及不動產(如房屋田園礦產等)所有損失逐項填明

5. 如有證件應將名稱與件數填入「證件」欄內

6. 受損失者如係機關學校團体或事業填其名称如係机關學校團体或事業之員工填其姓名

財產損失報告單

（表式3）

填送日期三十四年十二月十六日

第四頁

(1) 損失年月日	(2) 事件	(3) 地点	(4) 損失項目	購置 年月	單位	數量	查報時價值 (國幣元)	(5) 証件
卅四年六月廿日	日軍進攻	南康凤岗	白方飯桌	卅六年以前	只	5	6000	
〃	〃	〃	白板櫈	〃	只	107	21400	
〃	〃	〃	黑茶椅	〃	只	14	8400	
〃	〃	〃	黑茶几	〃	只	4	2800	
〃	〃	〃	明漆茶椅	〃	只	8	6400	
〃	〃	〃	骨牌櫈	〃	只	10	8000	
〃	〃	〃	藤睡椅	〃	只	10	25000	

直轄机関学校团体或事業　　受損失者江西省立贛縣女子師範学校

057

名稱江西省立贛縣女子師範学校印信（名称或姓名）（印信或蓋章）

說明：1. 即事件發生之日期如某年某月某日或某年某月某日至某年某月某日

2. 即發生損失之事件如日机之轟炸日軍之進攻等

3. 即事件發生之地点如某市某縣某鄉某鎮某村等

4. 即一切動產（如衣服什物財帛舟車証卷等）及不動產（如房屋田園鑛產等）所有損失逐項填明

5. 如有証件應將名称與件数填入『証件』欄內

6. 受損失者如係机関学校团体或事業填其名称如係机関学校团体或事業之員工填其姓名

財產損失報告單 （表式3）

填送日期三十四年 十二 月 十六 日

第五頁

(1) 損失年月日	(2) 事件	(3) 地點	(4) 損失項目	購置年月	單位	數量	查報時價值（國幣元）	(5) 証件
卅四年六月卅日	日軍進攻	南康沈閣	西式茶椅	卅六年以前	只	10	12000	
”	”	”	籐坐椅	”	只	29	58000	
”	”	”	西式茶几	”	只	5	3000	
”	”	”	梳粧枱	”	只	1	3000	
”	”	”	小圓櫈	”	只	68	54400	
”	”	”	竹櫈	”	只	98	19600	
”	”	”	西餐桌	”	只	2	10000	

直轄机關学校团体或事業　　受損失者江西省立贛縣女子師範学校

058

名稱江西省立贛縣女子師範学校印信 （名稱或姓名） （印信或蓋章）

說明：1. 即事件發生之日期如某年某月某日或某年某月某日至某年某月某日

2. 即發生損失之事件如日机之轟炸日軍之進攻等

3. 即事件發生之地点如某市某縣某鄉某鎮某村等

4. 即一切動產（如衣服什物財帛舟車証卷等）及不動產（如房屋田園礦產等）所有損失逐項填明

5. 如有証件應將名称與件数填入"証件"欄內

6. 受損失者如係机関学校团体或事業填其名称如係机関学校团体或事業之員工填其姓名

財産損失報告單 （表式3）

填送日期三十四年 十二 月 十六 日

第六頁

(1) 損失年月日	(2) 事件	(3) 地点	(4) 損失項目	購置年月	單位	數量	查報時價值（國幣元）	(5) 証件
卅四年六月卅日	日軍進攻	南康鳳岡	木櫥	廿六年以前	只	14	42000	
〃	〃	〃	風琴	〃	架	1	45000	
〃	〃	〃	計時坐鐘	〃	座	2	16000	
〃	〃	〃	籍架	〃	只	12	4800	
〃	〃	〃	書架	〃	只	2	1800	
〃	〃	〃	衣架	〃	只	2	2400	
〃	〃	〃	黑板架	〃	只	12	4800	

直轄机関学校团体或事業　　受損失者江西省立贛縣女子師範学校

名稱江西省立贛縣女子師範学校　印信　（名稱或姓名）　（印信或盖章）

059

說明：1. 即事件發生之日期如某年某月某日或某年某月某日至某年某月某日

2. 即發生損失之事件如日机之轟炸日軍之進攻等

3. 即事件發生之地点如某市某縣某鄉某鎮某村等

4. 即一切動產（如衣服什物財帛舟車證券等）及不動產（如房屋田園礦產等）所有損失逐項填明

5. 如有証件應將名稱與件數填入『証件』欄內

6. 受損失者如係机関学校团体或事業填其名称如係机関学校团体或事業之員工填其姓名

財產損失報告單 （表式3）

填送日期三十四年 十二 月 十六 日

第七頁

(1) 損失年月日	(2) 事件	(3) 地點	(4) 損失項目	購置年月	單位	數量	查報時價值（國幣元）	(5) 証件
卅四年六月卅日	日軍進攻	南康內田	大里板	廿八年十月	塊	6	15000	
"	"	"	小里板	"	塊	2	1800	
"	"	"	單洗臉架	"	只	10	4000	
"	"	"	九人洗臉架	"	只	5	7000	
"	"	"	十八人洗臉架	"	只	7	12600	
"	"	"	玻璃架	"	只	26	13000	
"	"	"	籐繃床	"	張	13	52000	

直轄機關學校團體或事業 受損失者江西省立贛縣女子師範學校

060

名稱江西省立贛縣女子師範學校印信 （名稱或姓名） （印信或蓋章）

說明：1. 即事件發生之日期如某年某月某日或某年某月某日至某年某月某日

2. 即發生損失之事件如日機之轟炸日軍之進攻等

3. 即事件發生之地點如某市某縣某鄉某鎮某村等

4. 即一切動產（如衣服什物財帛舟車証券等）及不動產（如房屋田園礦產等）所有損失逐項填明

5. 如有証件應將名稱與件數填入『証件』欄內

6. 受損失者如係機關學校團體或事業填其名稱如係機關學校團體或事業之員工填其姓名

財產損失報告單（表式3）

填送日期三十四年十二月十六日

第八頁

(1) 損失年月日	(2) 事件	(3) 地點	(4) 損失項目	購置年月	單位	數量	查報時價值（國幣元）	(5) 証件
卅四年二月卅日	日軍進攻	南康風岡	床架	卅六年以前	只	13	19500	
〃	〃	〃	穩足床	〃	張	6	12000	
〃	〃	〃	大鼓	〃	面	1	8000	
〃	〃	〃	小鼓	〃	面	2	10000	
〃	〃	〃	銅鈸	〃	面	2	800	
〃	〃	〃	標鎗	〃	桿	3	2400	
〃	〃	〃	木槍	〃	枝	25	7000	

直轄机關学校团体或事業　　受損失者江西省立贛縣女子師範学校

061

名稱江西省立贛縣女子師範学校印信　（名称或姓名）　（印信或蓋章）

說明：1. 即事件發生之日期如某年某月某日或某年某月某日至某年某月某日

2. 即發生損失之事件如日机之轟炸日軍之進攻等

3. 即事件發生之地点如某市某縣某鄉某鎮某村等

4. 即一切動產（如衣服什物財帛舟車証券等）及不動產（如房屋田園鑛產等）所有損失逐項填明

5. 如有証件應將名称與件数填入『証件』欄内

6. 受損失者如係机關学校团体或事業填其名称如係机關学校团体或事業之員工填其姓名

財產損失報告單（表式3）

填送日期三十四年十二月十六日

第九頁

(1) 損失年月日	(2) 事件	(3) 地點	(4) 損失項目	購置年月	單位	數量	查報時價值（國幣元）	(5) 証件
卅9年六月卅日	日軍進攻	南康鳳岡	童軍棍	卅年以前	根	90	5400	
〃	〃	〃	屋式帳蓬	〃	床	2	80000	
〃	〃	〃	看護衣	〃	件	1	4500	
〃	〃	〃	救護繩	〃	条	60	6000	
〃	〃	〃	錫茶壺	〃	把	4	4800	
〃	〃	〃	茶杯	〃	只	21	840	
〃	〃	〃	錫沖壺	〃	把	1	1600	

直轄机関学校团体或事業　　受損失者江西省立贛縣女子師範

062

名稱江西省立贛縣女子師範印信　（名称或姓名）　（印信或蓋章）

說明：1、即事件發生之日期如某年某月某日或某年某月某日至某年某月某日

2、即發生損失之事件如日机之轟炸日軍之進攻等

3、即事件發生之地点如某市某縣某鄉某鎮某村等

4、即一切動產（如衣服什物財帛舟車証券等）及不動產（如房屋田園鑛產等）所有損失逐項填明

5、如有証件應將名称與件数填入『証件』欄内

6、受損失者如係机関学校团体或事業填其名称如係机関学校团体或事業之員工填其姓名

财产损失报告单 （表式3）

填送日期三十四年 十二 月 十六 日

第十六

(1) 损失年月日	(2) 事件	(3) 地点	(4) 损失项目	购置年月	单位	数量	查报时价值（国币元）	(5) 证件
卅9年六月卅日	日军进攻	南康风冈	磁茶壶	廿七年以前	把	9	3600	
〃	〃	〃	磁痰盂	〃	只	25	10000	
〃	〃	〃	磁盆	〃	只	9	6300	
〃	〃	〃	火盆	〃	只	9	5400	
〃	〃	〃	铁锅	〃	只	19	26600	
〃	〃	〃	木甑	〃	只	4	5600	
〃	〃	〃	木水桶	〃	担	5	3000	

直辖机关学校团体或事业　　受损失者江西省立赣县女子师范

063

名称江西省立赣县女子师范　印信　（名称或姓名）　（印信或盖章）

说明：1、即事件发生之日期如某年某月某日或某年某月某日至某年某月某日

2、即发生损失之事件如日机之轰炸日军之进攻等

3、即事件发生之地点如某市某县某乡某镇某村等

4、即一切动产（如衣服什物财帛舟车证卷等）及不动产（如房屋田园矿产等）所有损失逐项填明

5、如有证件应将名称与件数填入『证件』栏内

6、受损失者如系机关学校团体或事业填其名称如系机关学校团体或事业之员工填其姓名

財產損失報告單

（表式3）

填送日期三十四年十二月十六日

第十一頁

(1) 損失年月日	(2) 事件	(3) 地点	(4) 損失項目	購置年月	單位	數量	查報時價值（國幣元）	(5) 証件
卅9年六月卅日	日軍進攻	南康潭國	衛生盤	廿七年前	只	10	3500	
〃	〃	〃	大菜碗	〃	只	68	5440	
〃	〃	〃	小飯碗	〃	只	83	4150	
〃	〃	〃	碟子	〃	只	10	600	
〃	〃	〃	調羹	〃	只	20	400	

直轄机関学校团体或事業

受損失者江西省立贛縣女子師範

064

名稱江西省立贛縣女子師範印信（名称或姓名）（印信或蓋章）

說明：1. 即事件發生之日期如某年某月某日或某年某月某日至某年某月某日

2. 即發生損失之事件如日机之轟炸日軍之進攻等

3. 即事件發生之地点如某市某縣某鄉某鎮某村等

4. 即一切動產（如衣服什物財帛舟車証卷等）及不動產（如房屋田園鑛產等）所有損失逐項填明

5. 如有証件應將名称與件數填入『証件』欄内

6. 受損失者如係机関学校团体或事業填其名称如係机関学校团体或事業之員工填其姓名

財產損失報告單 （表式3）

填送日期三十四年 十二 月 十六 日

第十二頁

(1) 損失年月日	(2) 事件	(3) 地点	(4) 損失項目	購置年月	單位	數量	查報時價值（國幣元）	(5) 証件
卅四年六月卅日	日軍進攻	南康鳳岡	办公桌	廿六年前	張	9	27000	
〃	〃	〃	馬鞍桌	廿六年前	張	12	28800	
〃	〃	〃	双議桌	〃	張	42	29400	
〃	〃	〃	留声機	〃	座	2	80000	
〃	〃	〃	唱片	〃	塊	58	116000	
〃	〃	〃	收音機	〃	座	2	81000	

直轄机関学校团体或事業　受損失者 江西省立贛縣女子師範

065

名稱 江西省立贛縣女子師範印信（名称或姓名）（印信或蓋章）

説明：1、即事件發生之日期如某年某月某日或某年某月某日至某年某月某日

2、即發生損失之事件如日机之轟炸日軍之進攻等

3、即事件發生之地点如某市某縣某鄉某鎮某村等

4、即一切動產（如衣服什物財幣舟車証卷等）及不動產（如房屋田園鑛產等）所有損失逐項填明

5、如有証件應將名称與件数填入「証件」欄内

6、受損失者如係机関学校团体或事業填其名称如係机関学校团体或事業之員工填其姓名

財產損失報告單　(表式3)

填送日期三十四年　十二　月　十六　日

第十三頁

損失年月日 (1)	事件 (2)	地點 (3)	損失項目 (4)	購置年月	單位	數量	查報時價值（國幣元）	証件 (7)
卅四年六月廿八日	日軍進攻	南康鳳岡	圖書普通類	廿五年前	册	1853	648950	
〃	〃	〃	圖書哲理類	〃	〃	51	15540	
〃	〃	〃	圖書教育類	〃	〃	145	43520	
〃	〃	〃	圖書社會類	〃	〃	48	18350	
〃	〃	〃	圖書藝術類	〃	〃	181	36580	
〃	〃	〃	圖書自然類	〃	〃	101	50500	
〃	〃	〃	圖書應用類	〃	〃	50	8500	

直轄机関学校団体或事業　　受損失者江西省立贛縣女子師範学校

066

名稱江西省立贛縣女子師範印信　(名称或姓名)　(印信或蓋章)

說明：1、即事件發生之日期如某年某月某日或某年某月某日至某年某月某日

2、即發生損失之事件如日机之轟炸日軍之進攻等

3、即事件發生之地点如某市某縣某鄉某鎮某村等

4、即一切動產(如衣服什物財帛舟車証卷等)及不動產(如房屋田園鑛產等)所有損失逐項填明

5、如有証件應将名称與件数填入『証件』欄内

6、受損失者如係机関学校団体或事業填其名称如係机関学校団体或事業之員工填其姓名

財産損失報告單 （表式3）

填送日期三十四年 十二 月 十六 日

第十四頁

(1) 損失年月日	(2) 事件	(3) 地点	(4) 損失項目	購置年月	單位	數量	查報時價值（國幣元）	(5) 証件
卅四年六月廿八日	日軍進攻	南康鳳岡	圖書語言類	廿五年前	冊	121	71400	
〃	〃	〃	圖書文字類	〃	〃	278	55650	
〃	〃	〃	圖書史地類	〃	〃	303	54540	
〃	〃	〃	圖書輿地圖	〃	幅	25	7500	
〃	〃	〃	圖書歷史圖	〃	〃	18	5400	
〃	〃	〃	圖書标本掛圖	〃	〃	54	10800	
〃								

直轄机関学校团体或事業 受損失者江西省立贛縣女子師範学校

067

名稱江西省立贛縣女子師範学校印信 （名称或姓名） （印信或蓋章）

說明：1、即事件發生之日期如某年某月某日或某年某月某日至某年某月某日

2、即發生損失之事件如日机之轟炸日軍之進攻等

3、即事件發生之地点如某市某縣某鄉某鎮某村等

4、即一切動產（如衣服什物財幣舟車証券等）及不動產（如房屋田園礦產等）所有損失逐項填明

5、如有証件應將名称與件数填入『証件』欄内

6、受損失者如係机関学校团体或事業填其名称如係机関学校团体或事業之員工填其姓名

財產損失報告單 (表式3)

填送日期三十四年 十二 月 十六 日

第十五頁

(1) 損失年月日	(2) 事件	(3) 地點	(4) 損失項目	購置年月	單位	數量	查報時價值（國幣元）	(5) 證件
卅四年六月廿九日	日軍進攻	南康鳳岡	化學儀器	廿六年前	件	156	383000	
〃	〃	〃	化學藥品	廿六年前	瓶	46	194000	
〃	〃	〃	物理儀器	〃	件	112	231000	
〃	〃	〃	生物標本	〃	件	128	122000	

直轄機關學校團體或事業 受損失者江西省立贛縣女子師範學校

名稱江西省立贛縣女子師範學校印信 （名稱或姓名） （印信或蓋章）

說明：1. 即事件發生之日期如某年某月某日或某年某月某日至某年某月某日

2、即發生損失之事件如日機之轟炸日軍之進攻等

3、即事件發生之地點如某市某縣某鄉某鎮某村等

4 即一切動產（如衣服什物財帛舟車證券等）及不動產（如房屋田園礦產等）所有損失逐項填明

5、如有證件應將名稱與件數填入『證件』欄內

6、受損失者如係機關學校團體或事業填其名稱如係機關學校團體或事業之員工填其姓名

080

財產損失報告單（表式3）

填送日期三十四年 十二 月 十六 日

第十六頁

(1) 損失年月日	(2) 事件	(3) 地点	(4) 損失項目	購置年月	單位	數量	查報時價值（國幣元）	(5) 証件
卅四年六月卅日	日軍侵攻	南康之浮洲	（藥品）規寧丸	廿七年十月	瓶	2瓶	20000	
〃	〃	〃	紅汞	卅二年三月	磅	半磅	6400	
〃	〃	〃	紗布	卅三年三月	磅	4磅	6000	
〃	〃	〃	凡士林	卅三年七月	磅	5磅	5000	
〃	〃	〃	碘仿	卅年四月	磅	二磅	4000	
〃	〃	〃	藥棉	廿八年五月	磅	8磅	3200	
〃	〃	〃	雜藥	廿七年5月	瓶	24瓶	24000	

069

直轄机関学校团体或事業

受損失者江西省立贛縣女子師範學校

名稱江西省立贛縣女子師範学校印信 （名称或姓名） （印信或蓋章）

說明：1. 即事件發生之日期如某年某月某日或某年某月某日至某年某月某日

2. 即發生損失之事件如日机之轟炸日軍之進攻等

3. 即事件發生之地点如某市某縣某鄉某鎮某村等

4. 即一切動產（如衣服什物財帛舟車証卷等）及不動產（如房屋田園礦產等）所有損失逐項填明

5. 如有証件應將名称與件数填入「証件」欄内

6. 受損失者如係机関学校团体或事業填其名称如係机関学校团体或事業之員工填其姓名

79

財産損失報告單

(表式3)

填送日期三十四年　十二月　十六　日

第十七頁

(1) 損失年月日	(2) 事　件	(3) 地点	(4) 損失項目	購置年月	單位	數量	查報時價值（國幣元）	(5) 証　件
卅四年六月卅日	日軍進攻	南康鳳岡	稻穀	卅三年九月	市石	65	162500	
〃	〃	〃	被褥	卅二年[illegible]	幅	6	180000	
〃	〃	〃	茶油	〃	斤	150	45000	
〃	〃	〃	食鹽	〃	斤	200	24000	

直轄机関学校団体或事業　　受損失者江西省立贛縣女子師範学校

070

名稱江西省立贛縣女子師範学校印信　（名称或姓名）　（印信或蓋章）

說明：1. 即事件發生之日期如某年某月某日或某年某月某日至某年某月某日

2. 即發生損失之事件如日机之轟炸日軍之進攻等

3. 即事件發生之地点如某市某縣某鄉某鎮某村等

4. 即一切動産（如衣服什物財帛舟車証券等）及不動産（如房屋田園礦産等）所有損失逐項填明

5. 如有証件應將名称與件數填入「証件」欄内

6. 受損失者如係机関学校団体或事業填其名称如係机関学校団体或事業之員工填其姓名

19

江西省立赣县女子师范学校财产直接损失汇报表（表式5）

學校名稱

年份：(1) 民國三十四年

事件：(2) 日軍進攻

地點：(3) 江西南康縣鳳岡鄉

塡送日期三十四年十二月十六日

分類	查報時之價值（國幣元）
共計	3314753
建築物	742200
器具	1159730
現款	無
圖書	102723
儀器	830000
醫藥用品	68600
其他	411500

附財產損失報告單 十七 張

教育廳長或縣長(4)（簽蓋）

報告者校長~~或鄉鎮長~~（簽蓋）譚達

調查專員（簽蓋）

說 明：1.卽損失發生之年份。

2.卽發生損失之事件，如日機轟炸日軍進攻等。

3.卽事件發生之地點，包括某市某縣某鄉鎮某村等。

4.省立學校及私立中學由教育廳長簽蓋，調查專員簽蓋從缺，縣立學校及私立小學由縣長簽蓋。

053

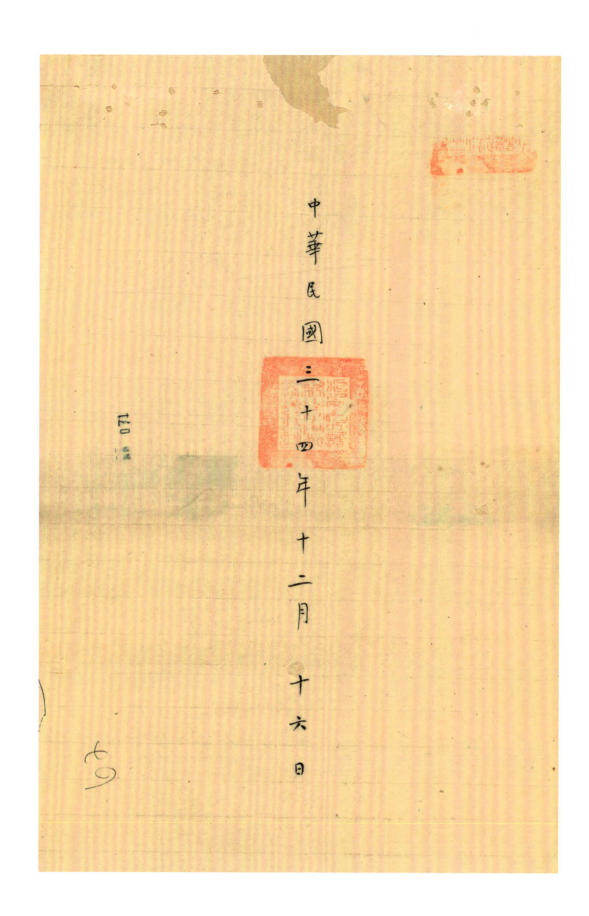

中華民國三十四年十二月十六日

江西省立赣县女子师范学校员工财产直接损失汇报表及财产损失报告单（一九四五年十二月十六日）

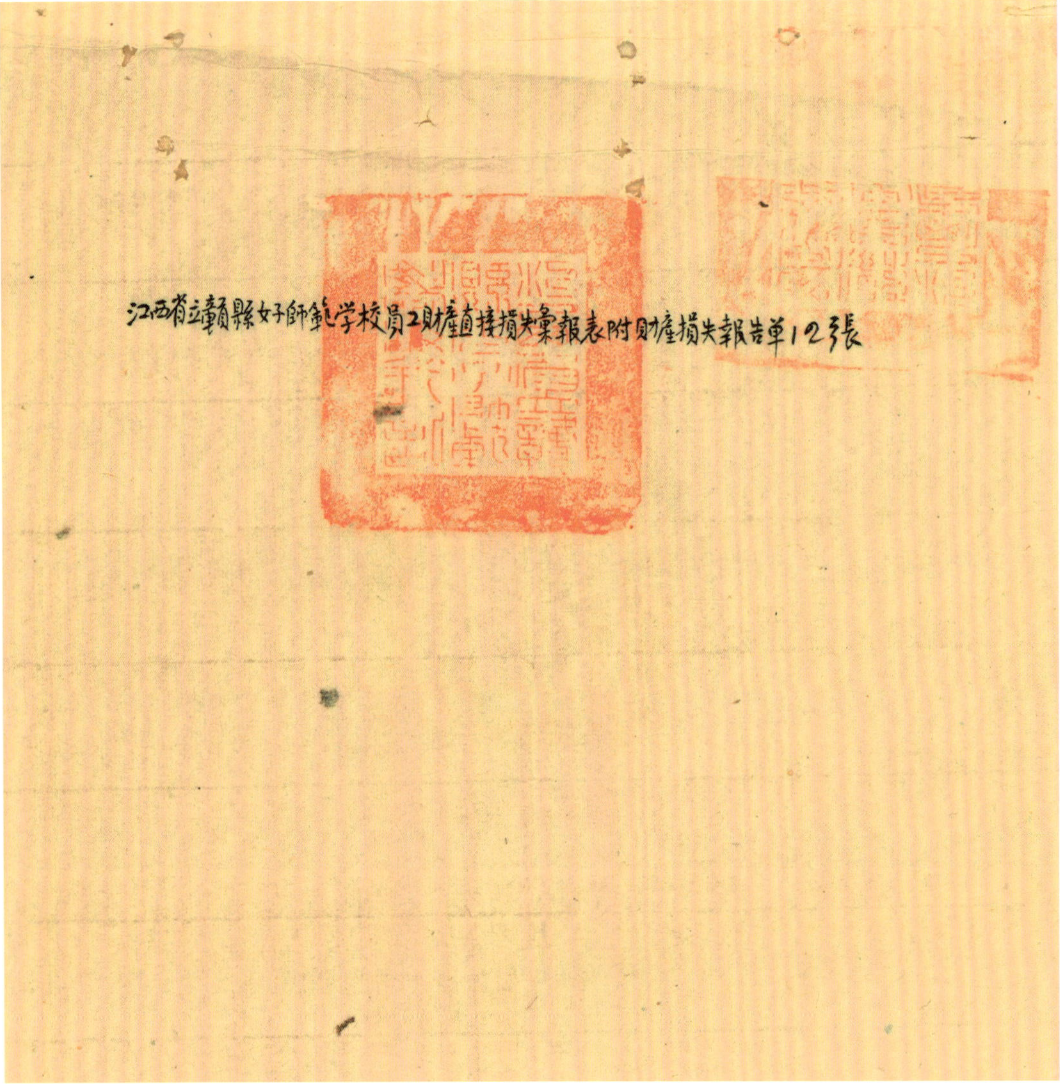
江西省立贛縣女子師範学校員工財産直接損失彙報表附財産損失報告单123張

江西省立贛縣女子師範學校員工財產直接損失彙報表（表式15）

（機關學校或公營事業名稱）

填送日期三十四年十二月十六日

分類	查報時之價值（國幣元）
共計	9069020
房屋	627810
器具	1409800
衣物	2794340
現款	1330000
圖書	1320270
其他	1586800

050

附財產損失報告單 12 張

主管長官（簽蓋）校長譚達　　填表人（簽蓋）朱發榜

說明：1.本表根據本機關各個員工財產損失報告單編製。

2.主管長官及製表人應將報告單嚴加審核，如填報不實，應連帶負責。縣機關學校或公營事業並加由調查專員簽蓋。

填送日期三十四年 12 月 15 日

第一頁

(1) 損失年月日	(2) 事件	(3) 地点	(4) 損失項目	購置年月	單位	數量	查報時價值（國幣元）	(5) 証件
廿九年三月廿三	日軍進攻	雩	衣物	廿六年前	件	67	143000	
〃	〃	〃	傢具	〃	〃	45	254000	
〃	〃	〃	圖書	〃	册	152	136000	
〃	〃	〃	租谷	廿七年收	石	480	1440000	
〃	〃	〃	租屋	〃	年	7	10000	
卅四年一月十日	〃	贛縣	衣物	廿六年前	件	58	125000	
〃	〃	〃	傢具	〃	〃	32	83400	

直轄机関学校团体或事業江西省立贛縣女子師範学校受損失者 尹克謙（尹克謙印）

名稱江西省立贛女師 印信（名称或姓名）（印信或盖章）

049

說明：1. 即事件發生之日期如某年某月某日或某年某月某日至某年某月某日

2. 即發生損失之事件如日机之轟炸日軍之進攻等

3. 即事件發生之地点如某市某縣某鄉某鎮某村等

4. 即一切動產（如衣服什物財帛舟車証券等）及不動產（如房屋田園礦產等）所有損失逐項填明

5. 如有証件應將名称與件数填入『証件』欄内

6. 受損失者如係机関学校团体或事業填其名称如係机関学校团体或事業之員工填其姓名

財產損失報告單 （表式3）

填送日期三十四年 12 月 15 日

第二頁

損失年月日(1)	事件(2)	地點(3)	損失項目(4)	購置年月	單位	數量	查報時價值（國幣元）	証件(5)
卅四年一月廿日	日軍焚毁	永新	書籍	廿六年前	册	56	76500	
卅四年六月廿九	〃	南康	衣物	〃	件	36	84500	
〃	〃	〃	圖書	〃	册	63	93800	
〃	〃	〃	器具	〃	件	48	57800	
〃	〃	〃	稻谷	〃	石	12	36000	

直轄機關學校團体或事業 江西省立贛縣女子師範學校 受損失者 尹克謙

名稱 江西省立贛女子師範 印信 （名稱或姓名） （印信或蓋章）

說明：1. 即事件發生之日期如某年某月某日或某年某月某日至某年某月某日

2. 即發生損失之事件如日機之轟炸日軍之進攻等

3. 即事件發生之地點如某市某縣某鄉某鎮某村等

4. 即一切動產（如衣服什物財幣舟車証券等）及不動產（如房屋田園礦產等）所有損失逐項填明

5. 如有証件應將名稱與件數填入『証件』欄內

6. 受損失者如係機關學校團体或事業填其名稱如係機關學校團体或事業之員工填其姓名

048

财產損失報告單 (表式3)

填送日期三十四年十二月十五日

(1) 損失年月日	(2) 事件	(3) 地点	(4) 損失項目	購置年月	單位	數量	查報時價值(國幣元)	(5) 証件
卅四年二月	日兵進攻	大庾	棉被 毛巾被	廿六年購	床	六	78000.00	
〃	〃	〃	衣服	〃	套	八	55000.00	
〃	〃	〃	什物	〃	件	十	20000.00	
卅四年六	日軍潰退	贛縣	衣着被毯	廿六年至三十二年	件	一百〇八	317000.00	
〃	〃	〃	飾物什件	〃	件	九	50000.00	
〃	〃	〃	辭典書籍	〃	本	約六百	100000.00	
〃	〃	〃	財帛	〃			130000.00	

直轄机関学校団体或事業江西贛縣女子師範受損失者曾紀宋

名稱　　印信　　曾紀宋（名称或姓名）　　（印信或蓋章）

說明：1、即事件發生之日期如某年某月某日或某年某月某日至某年某月某日

2、即發生損失之事件如日机之轟炸日軍之進攻等

3、即事件發生之地点如某市某縣某鄉某鎮某村等

4、即一切動產（如衣服什物財帛舟車証卷等）及不動產（如房屋田園礦產等）所有損失逐項填明

5、如有証件應將名称與件数填入『証件』欄内

6、受損失者如係机関学校団体或事業填其名称如係机関学校団体或事業之員工填其姓名

047

財產損失報告單 (表式3)

填送日期三十四年 12 月 15 日

(1) 損失年月日	(2) 事件	(3) 地點	(4) 損失項目	購置年月	單位	數量	查報時價值（國幣元）	(5) 證件
34年6月29日	日軍進攻	南康圓岡	衣服	17年	件	125	454000元	
仝上	仝上	仝上	金首飾	17年	兩	19	1330000元	
仝上	仝上	仝上	書籍	14年	冊	300	126000元	
仝上	仝上	仝上	器具	28年	件	52	210000元	

直轄機關學校團體或事業江西省立贛縣女子師範學校受損失者 陳純芳

名稱 江西省立贛縣女子師範學校印信 (名稱或姓名) (印信或蓋章)

說明：1. 即事件發生之日期如某年某月某日或某年某月某日至某年某月某日
2、即發生損失之事件如日機之轟炸日軍之進攻等
3、即事件發生之地點如某市某縣某鄉某鎮某村等
4. 即一切動產(如衣服什物財幣舟車証券等)及不動產(如房屋田園礦產等)所有損失逐項填明
5、如有證件應擇名稱與件數填入「證件」欄內
6、受損失者如係機關學校團體或事業填其名稱如係機關學校團體或事業之員工填其姓名

048

財產損失報告單

（表式3）

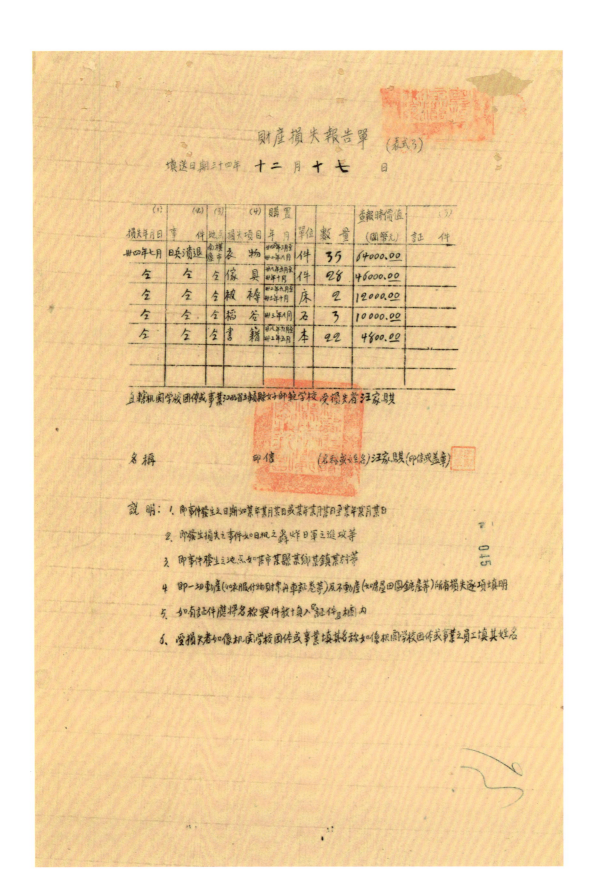

填送日期三十四年十二月十七日

(1) 損失年月日	(2) 事件	(3) 地點	(4) 損失項目	購置年月	單位	數量	查報時價值（國幣元）	(5) 証件
卅四年七月	日兵潰退	南康横市	衣物	卅四年三月至卅二年八月	件	35	64000.00	
仝	仝	仝	傢具	廿八年五月至卅年十月	件	28	46000.00	
仝	仝	仝	被褥	卅二年九月至卅三年十月	床	2	12000.00	
仝	仝	仝	稻谷	卅三年八月	石	3	10000.00	
仝	仝	仝	書籍	廿八年九月至卅三年五月	本	22	4800.00	

直轄机關学校团体或事業江西省立贛縣女子師範学校　受損失者汪家騏

名稱　　印信　　（名称或姓名）汪家騏（印信或蓋章）

說明：1、即事件發生之日期如某年某月某日或某年某月某日至某年某月某日

2、即發生損失之事件如日机之轟炸日軍之進攻等

3、即事件發生之地点如某市某縣某鄉某鎮某村等

4、即一切動產（如衣服什物財帛舟車証卷等）及不動產（如房屋田園鑛產等）所有損失逐項填明

5、如有証件應將名称與件数填入『証件』欄内

6、受損失者如係机關学校团体或事業填其名称如係机關学校团体或事業之員工填其姓名

045

財產損失報告單　（表式3）

填送日期三十四年　12月　25日

(1) 損失年月日	(2) 事件	(3) 地点	(4) 損失項目	購置年月	單位	數量	查報時價值（國幣元）	(5) 證件
26年9月12日	敵軍攻	上海	傢具	23年7月		全部	100,000.	本人原在上海大夏大學服務抗戰後始來着七人回贛沿途逃難損失極大
	〃	〃	衣服	25年7月		兩箱	150,000.	
	〃	〃	行李	〃		五件	100,000.	
	〃	〃	書籍	20—25年		兩箱	50,000.	
31年11月16日	敵机炸	贛縣	行李	29年十月		三件	180,000.	
				共計		＄	580,000.	

直轄机関学校团体或事業　江西省立贛縣女子師範学校　受損失者　曾昌棨

名稱　　印信　（名称或姓名）　（印信或蓋章）

說明：1、即事件發生之日期如某年某月某日或某年某月某日至某年某月某日

2、即發生損失之事件如日机之轟炸日軍之進攻等

3、即事件發生之地点如某市某縣某鄉某鎮某村等

4、即一切動產（如衣服什物財幣舟車証卷等）及不動產（如房屋田園礦產等）所有損失逐項填明

5、如有証件應將名称與件數填入『証件』欄內

6、受損失者如係机関学校团体或事業填其名称如係机関学校团体或事業之員工填其姓名

044

3

財産損失報告單

（表式3）

填送日期三十四年　十二月　十五　日

(1) 損失年月日	(2) 事件	(3) 地点	(4) 損失項目	購置年月	單位	數量	查報時價值（國幣元）	(5) 証件
民國廿六年十二月七日	日軍進攻	安遠	建築物	民國廿年前	向	36	627810	
〃	〃	〃	稻穀	非購置	石	560	16800	
〃	〃	〃	衣服	廿三年	件	160	800	
民國廿八年四月十日	日機轟炸	贛縣	書籍	廿八年	本	54	540	
〃	〃	〃	衣服	廿七年	件	36	1440	
民國卅年八月十四日	日機轟炸	贛縣	衣服	廿八年	件	28	2600	
〃	〃	〃	書籍	廿八年	本	26	780	

直轄机関学校团体或事業　江西省立贛縣女子師範学校　受損失者　凌武□

名稱　　印信　　（名称或姓名）　　（印信或蓋章）

說明：1、即事件發生之日期如某年某月某日或某年某月某日至某年某月某日

2、即發生損失之事件如日机之轟炸日軍之進攻等

3、即事件發生之地点如某市某縣某鄉某鎮某村等

4、即一切動產（如衣服什物財帛舟車証卷等）及不動產（如房屋田園鑛產等）所有損失逐項填明

5、如有証件應將名称與件数填入『証件』欄内

6、受損失者如係机関学校团体或事業填其名称如係机関学校团体或事業之員工填其姓名

043

財産損失報告單（表式3）

填送日期三十四年 十二 月 十五 日

(1) 損失年月日	(2) 事件	(3) 地点	(4) 損失項目	購置年月	單位	數量	查報時價值（國幣元）	(5) 証件
二十六年八月	日机轟炸	上海	書籍	二十五六年	册	125	375000	
二十六年八月	日机轟炸	上海	衣服什物	二十五六年	件	35	195000	
三十四年六月	日軍進攻	贛縣	衣服	三十二年	件	6	50000	
三十四年六月	日軍進攻	贛縣	被褥	三十年	件	4	110000	
三十四年六月	日軍進攻	贛縣	書籍	三十四年	册	12	72000	

直轄机関学校团体或事業江西省立贛縣女子師範 受損失者李材葆

名稱 印信 （名稱或姓名）李材葆（印信或蓋章）

說明：1、即事件發生之日期，如某年某月某日或某年某月某日至某年某月某日

2、即發生損失之事件，如日机之轟炸、日軍之進攻等

3、即事件發生之地点，如某市某縣某鄉某鎮某村等

4、即一切動産（如衣服什物財帛舟車証卷等）及不動産（如房屋田園礦産等）所有損失逐項填明

5、如有証件應將名称與件数填入『証件』欄内

6、受損失者如係机関学校团体或事業填其名称，如係机関学校团体或事業之員工填其姓名

042

財産損失報告單

（表式3）

填送日期三十四年十二月十七日

(1) 損失年月日	(2) 事件	(3) 地点	(4) 損失項目	購置年月	單位	數量	查報時價值（國幣元）	(5) 証件
卅四年六月卅六日	日軍進攻	南康唐江	食鹽	卅四年六月	斤	500	65000	
〃	〃	〃	嗶叽制服	[illegible]	套	1	30000	
〃	〃	〃	嗶嘰呢制服	[illegible]	套	1	50000	
〃	〃	〃	東北皮鞋	卅三年六月	双	2	10000	
〃	〃	〃	皮箱	卅一年八月	只	2	10000	
〃	〃	〃	被褥	卅二年一月	床	1	40000	
〃	〃	〃	圖書	卅四年[illegible]	册	35	45000	

直轄机関学校团体或事業江西省立女子師範学校（鈐印） 受損失者 朱恭榜（印）

名稱　　　　印信　　　　（名稱或姓名）　　　　（印信或蓋章）

說明：1. 即事件發生之日期，如某年某月某日或某年某月某日至某年某月某日

2. 即發生損失之事件，如日机之轟炸、日軍之進攻等

3. 即事件發生之地点，如某市某縣某鄉某鎮某村等

4. 即一切動產（如衣服、什物、財帛、舟車、証卷等）及不動產（如房屋、田園、礦產等）所有損失，逐項填明

5. 如有証件，應將名称與件数填入「証件」欄内

6. 受損失者如係机関、学校、团体或事業，填其名称；如係机関、学校、团体或事業之員工，填其姓名

041

財產損失報告單

（表式3）

填送日期三十四年 12 月 15 日

(1) 損失年月日	(2) 事件	(3) 地点	(4) 損失項目	購置年月	單位	數量	查報時價值（國幣元）	(5) 証件
34年6月29日	日軍進攻	[illegible]	衣服	22年	件	16	100000	
仝上	仝上	仝上	書籍	24年	册	275	52250	
仝上	仝上	仝上	傢具	29年	件	32	9600	

直轄機關學校團体或事業 江西省立贛縣女子師範學校 受損失者 陳生香

名稱　　印信　（名稱或姓名）　（印信或蓋章）

040

說明：1. 即事件發生之日期如某年某月某日或某年某月某日至某年某月某日

2、即發生損失之事件如日机之轟炸日軍之進攻等

3、即事件發生之地点如某市某縣某鄉某鎮某村等

4 即一切動產（如衣服什物財帛舟車証券等）及不動產（如房屋田園礦產等）所有損失逐項填明

5、如有証件應將名称與件數填入「証件」欄内

6、受損失者如係机関學校团体或事業填其名称如係机関學校团体或事業之員工填其姓名

財産損失報告單

（表式3）

填送日期三十四年 十二 月 十七 日

(1) 損失年月日	(2) 事件	(3) 地点	(4) 損失項目	購置年月	單位	數量	查報時價值（國幣元）	(5) 証件
卅四年一月	日軍進攻	江西永新	衣服	廿六年以前	件	85	212500.00	
仝	仝	仝	器具	仝	件	28	88000.00	
仝	仝	仝	布疋	卅一年十月	尺	550	165000.00	
仝	仝	仝	圖書	廿六年以前	冊	95	60000.00	
卅四年二月	日軍進攻	南康鳳岡	穀谷	卅三年九月	石	10	28000.00	
仝	仝	仝	被褥	廿九年八月	件	6	36000.00	
仝	仝	仝	什物	卅二年八月	件	25	75000.00	

直轄机関学校团体或事業江西省立贛縣女子師範學校 受損失者歐陽梅友

名稱 印信 歐陽梅友（名稱或姓名） （印信或蓋章）

說明：1、即事件發生之日期，如某年某月某日或某年某月某日至某年某月某日

2、即發生損失之事件，如日机之轟炸、日軍之進攻等

3、即事件發生之地点，如某市某縣某鄉某鎮某村等

4、即一切動產（如衣服、什物、財帛、舟車、証券等）及不動產（如房屋、田園、礦產等）所有損失逐項填明

5、如有証件，應將名称與件数填入「証件」欄內

6、受損失者如係机関、学校、团体或事業，填其名称；如係机関、学校、团体或事業之員工，填其姓名

039

財產損失報告單

（表式3）

填送日期三十四年 十二 月 十七 日

(1) 損失年月日	(2) 事件	(3) 地点	(4) 損失項目	購置年月	單位	數量	查報時價值（國幣元）	(5) 証件
卅四年一月	日軍進攻	永新蓮西	衣服	廿六年以前	件	20	100000.00	
仝	仝	仝	書籍	廿六年以前	箱	4	120000.00	
仝	仝	仝	器具	廿六年以前	件	60	90000.00	
仝	仝	仝	稻谷	卅二年九月	石	20	50000.00	
卅四年二月	日軍進攻	南康鳳岡	被褥	廿六年以前	件	3	18000.00	
仝	仝	仝	書籍	廿六年以前	部	15	15000.00	

直轄机関学校团体或事業江西省立贛縣女子師範學校 受損失者吳炳烈

名稱 印信 吳炳烈（名称或姓名） （印信或蓋章）

說明：1、即事件發生之日期如某年某月某日或某年某月某日至某年某月某日

2、即發生損失之事件如日机之轟炸日軍之進攻等

3、即事件發生之地点如某市某縣某鄉某鎮某村等

4、即一切動產（如衣服什物財帛舟車証卷等）及不動產（如房屋田園鑛產等）所有損失逐項填明

5、如有証件應將名称與件数填入『証件』欄内

6、受損失者如係机関学校团体或事業填其名称如係机関学校团体或事業之員工填其姓名

038

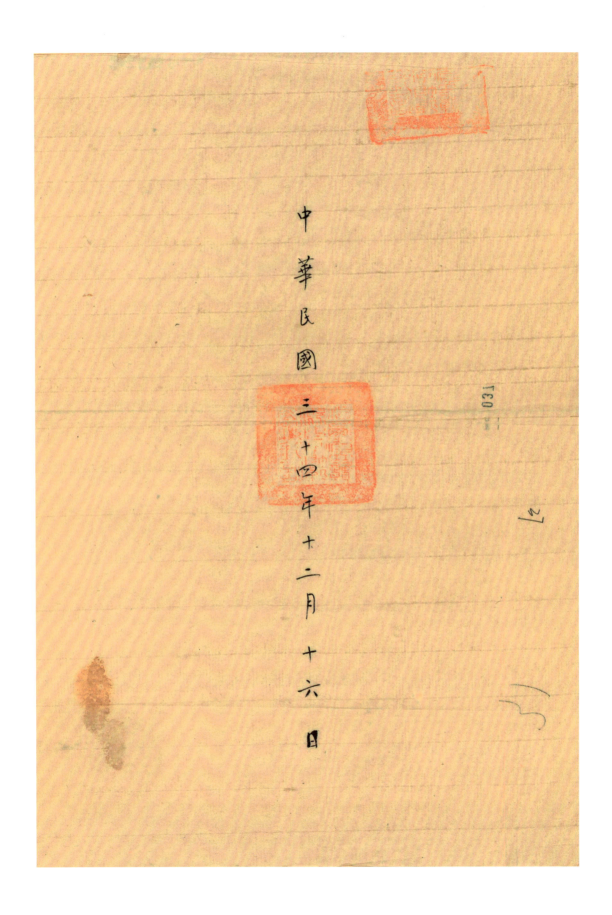

中華民國三十四年十二月十六日

江西省立南昌第二中学校关于填送抗战损失表致省教育厅的呈（一九四五年十二月二十八日）

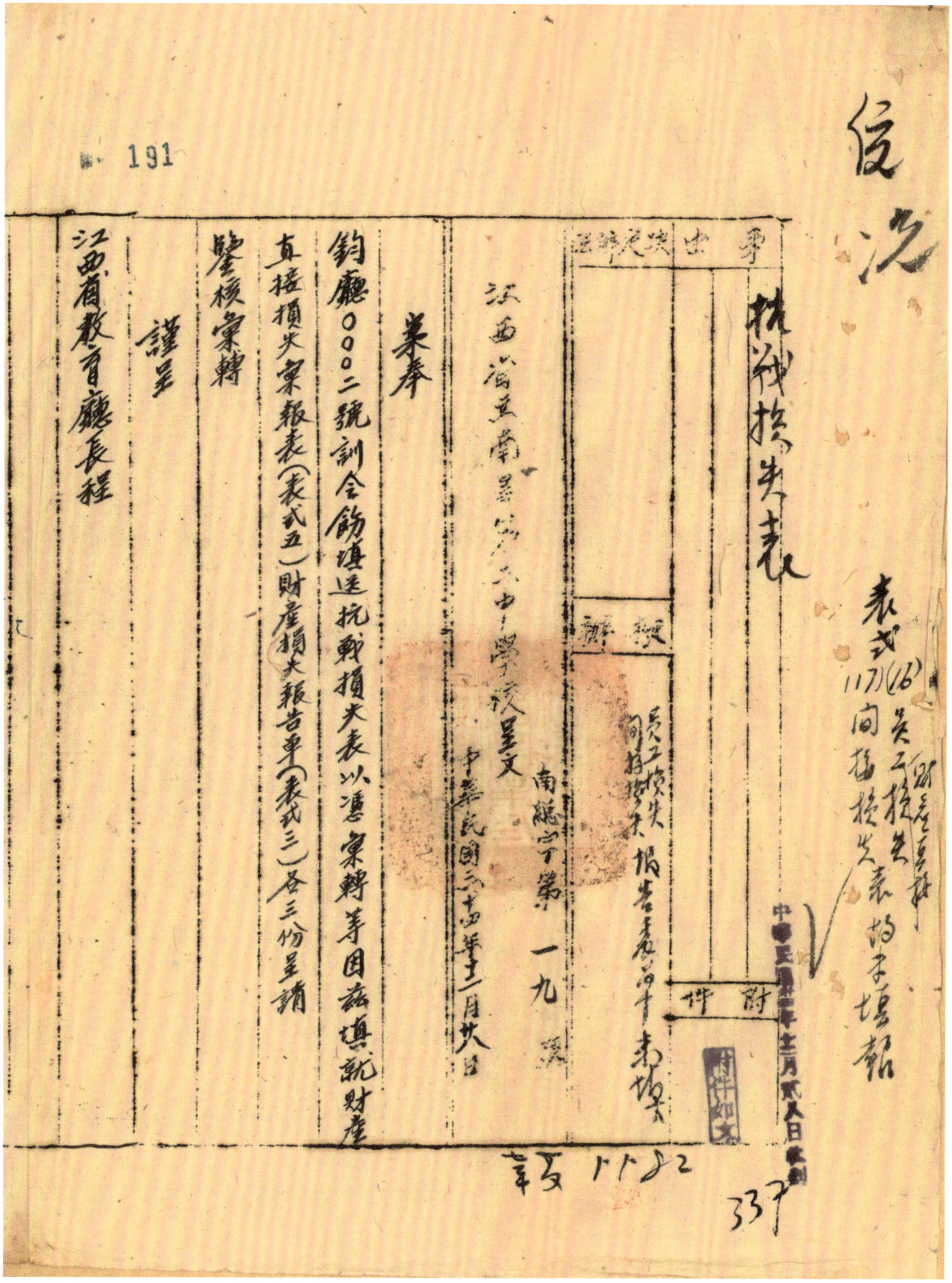

事由：抗戰損失表

江西省立南昌第二中學校呈文

南總字第一九號

中華民國卅四年十二月廿八日

案奉

鈞廳〇〇〇二號訓令飭填送抗戰損失表以憑彙轉等因，茲填就財產直接損失彙報表（表式五）財產損失報告單（表式三）各三份呈請

鑒核彙轉

謹呈

江西省教育廳長程

附表单各三份

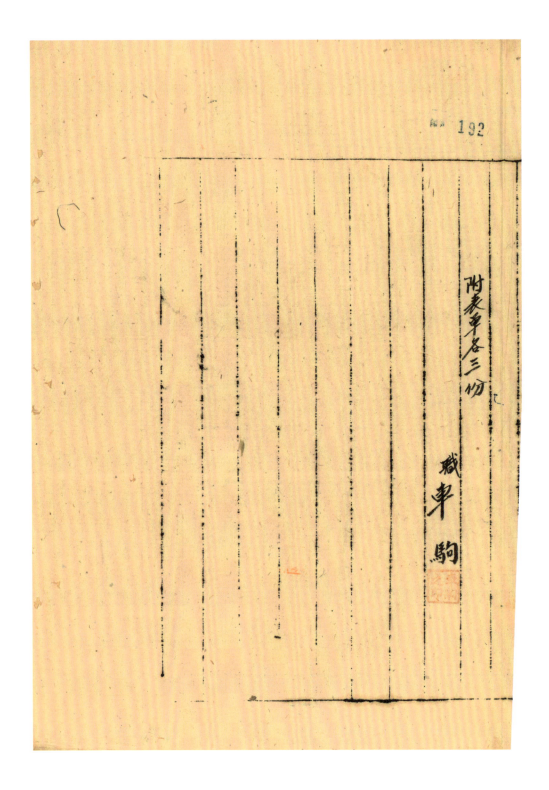

职 車駒

附：江西省立南昌第二中学校财产直接损失汇报表及财产损失报告单（一九四五年十二月二日）

財產直接損失彙報表（表式5）

學校名稱　江西省立南昌第二中學校

年份：(1)　民國三十八年

事件：(2)　日軍進攻

地點：(3)　南昌城内繫馬樁街

填送日期三十四年十二月二日

分類	查報時之價值（國幣元）
共計	3468.0000
建築物	2980.0000
器具	403.0000
現款	
圖書	} 85.0000
儀器	
醫藥用品	
其他	

附財產損失報告單一張

教育廳長或縣長(4)（簽蓋）　　報告者校長或鄉鎮長（簽蓋）校長車駒

調查專員（簽蓋）

說明：1.即損失發生之年份。

2.即發生損失之事件，如日機轟炸日軍進攻等。

3.即事件發生之地點，包括某市某縣某鄉鎮某村等。

4.省立學校及私立中學由教育廳長簽蓋，調查專員簽蓋從缺，縣立學校及私立小學由縣長簽蓋。

193

財產損失報告單（表式三）

填送日期三十四年十二月二日

損失年月日	事件	地點	損失項目	購置年月	單位	數量	查報時價值（國幣元）	證件
民國二十八年	日軍進攻	江西省南昌市	西式兩層教室	民二十八年以前	2	18間	800,00	
仝	仝	仝	西式兩層學生寢室	仝	1	24間	780,0000	
仝	仝	仝	平房學生寢室	仝	3	88間	330,0000	
仝	仝	仝	勞作理化生物實驗室	仝	4		182,0000	
仝	仝	仝	教職員宿舍（平房）	仝		35間	900,0000	
仝	仝	仝	大禮堂	仝	1		30,0000	
仝	仝	仝	圖書館	仝	1		28,0000	
仝	仝	仝	辦公廳	仝	1	8間	17,0000	
仝	仝	仝	膳廳	仝	1		10,0000	
仝	仝	仝	盥洗沐浴儲藏室	仝	3	15間	23,0000	
仝	仝	仝	會議廳	仝	1		10,0000	
仝	仝	仝	講桌凳	仝		1100套	5.5000	
仝	仝	仝	鋪板凳	仝		800套	2,4000	
仝	仝	仝	飯桌凳	仝		150套	7.5000	
仝	仝	仝	會議廳大禮堂桌凳	仝		300套	2,1000	
仝	仝	仝	理化櫥書櫥	仝		128項	12,8000	
仝	仝	仝	操場及軍事設備	仝		123種	10,0000	
仝	仝	仝	圖書儀器藥品	仝		372件	85,0000	

受損失機關　江西省立南昌第二中學校

194

江西省立大庾中学财产损失报告单（建筑物类）（一九四五年十二月）

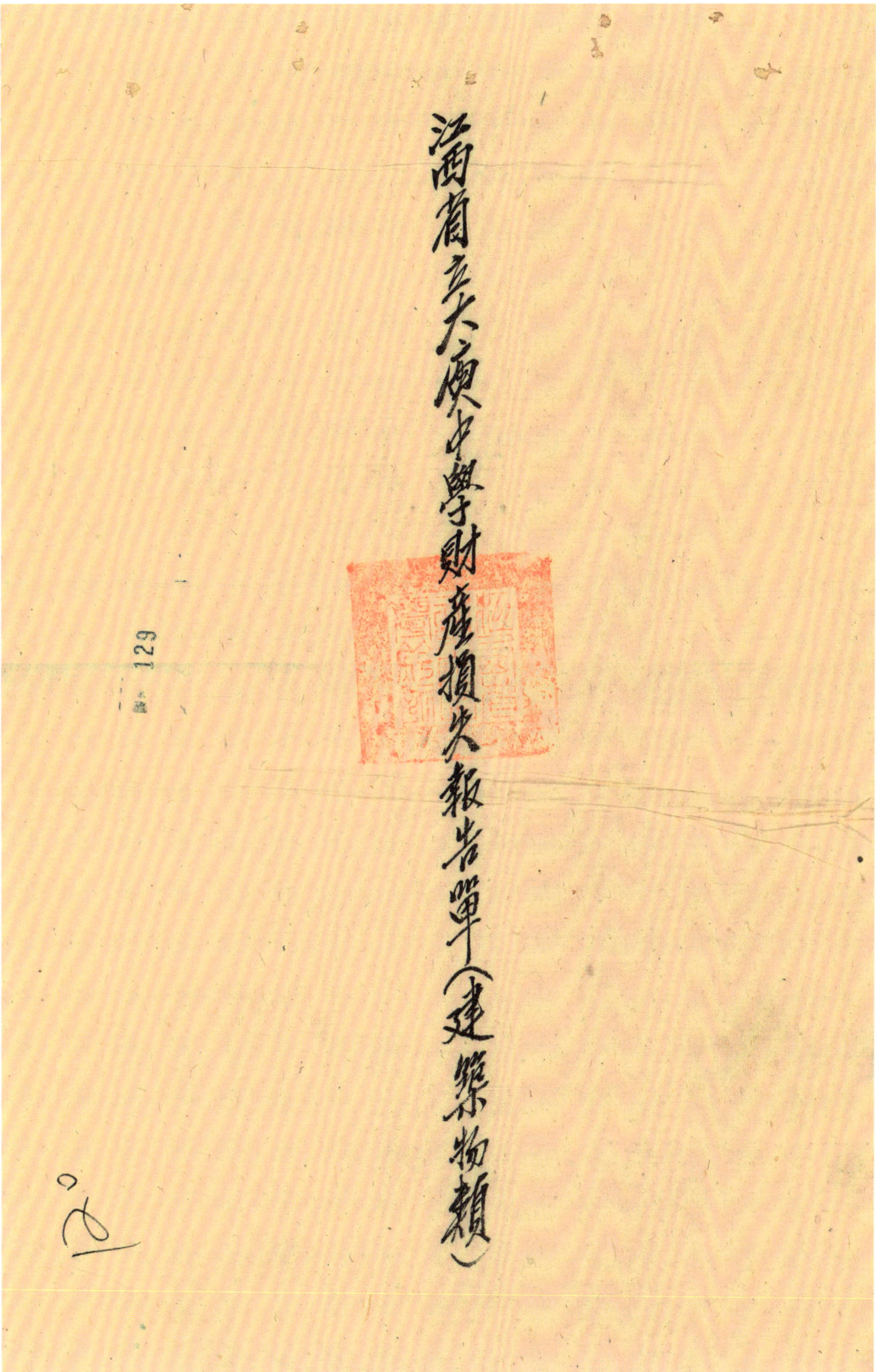
江西省立大庾中學財產損失報告單（建築物類）

129

財產損失報告單

填送日期：三十四年十二月1日

(1) 損失年月日	(2) 事件	地点	(4) 損失項目	購置年月	單位	數量	查報時價值（國幣元）		(5) 證件
三十四年二月	日寇侵陷	大庚	教室		間	山	320000	00	
〃	〃	〃	門		槅	20	120000	00	
〃	〃	〃	窗		個	56	56000	00	
〃	〃	〃	玻璃		片	2000	800000	00	
〃	〃	〃	樓板		方丈	111.6	740000	00	
合計							2036000	00	

直轄機關學校团体或事業　　　　受損失者　省立大庚中學

名稱　　　　印信　　　　（名稱或姓名）　　（印信或蓋章）

130

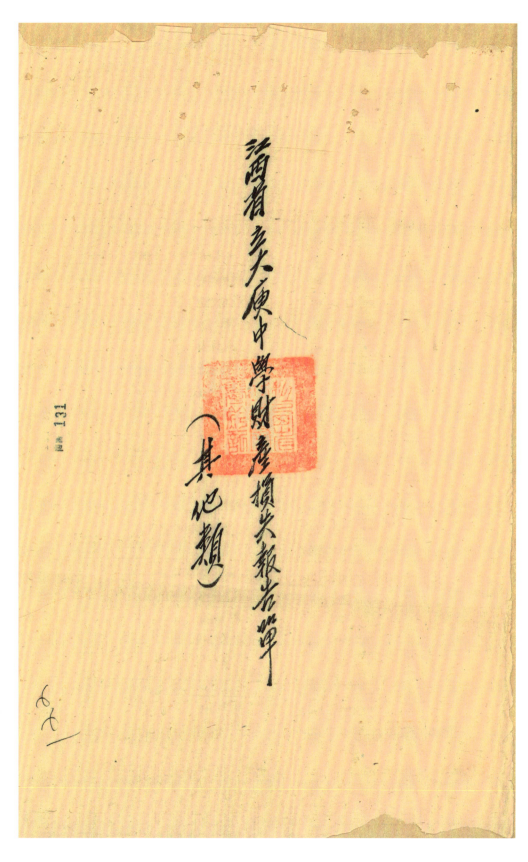

江西省立大庚中学财产损失报告单（其他类）（一九四五年十二月）

江西省立大庚中學財產損失報告單

（其他類）

财産損失報告單

填送日期：三十四年十二月　　日　　NO: 1

(1) 損失年月日	(2) 事件	(3) 地點	(4) 損失項目	購置年月	單位	數量	查報時價值（國幣元）		(5) 證件
卅四年二月	日寇侵佔	左侍	鉻酸錳			25g	300	00	
〃	〃	〃	酒石酸銻鉀			25g	300	00	
〃	〃	〃	硫化鈣			50g	1100	00	
〃	〃	〃	氯化銨			100g	500	00	
〃	〃	〃	燐酸鉄			100g	500	00	
〃	〃	〃	氯化金			100g	1000	00	
〃	〃	〃	貝加馬油			25g	300	00	
〃	〃	〃	蓖麻油			25g	300	00	
〃	〃	〃	[illegible]油			100g	5000	00	
〃	〃	〃	費林氏試液			25g	500	00	
〃	〃	〃	迷迭香油			25g	5000	00	
〃	〃	〃	薰衣草油			25g	5000	00	
〃	〃	〃	玫瑰精			25g	5000	00	
〃	〃	〃	白蘭花			25g	5000	00	
〃	〃	〃	檸檬油			25g	5000	00	
〃	〃	〃	紫薇花精			25g	3000	00	
〃	〃	〃	百合花精			25g	5000	00	
〃	〃	〃	貝加馬第738号			25g	5000	00	
〃	〃	〃	素心蘭			25g	5000	00	
〃	〃	〃	求来尼			25g	5000	00	
〃	〃	〃	桂花精			25g	5000	00	

直轄機關學校团体或事業　　　　受損失者 省立大庾中學

名稱　　　　印信　　　　（名称或姓名）　　（印信或蓋章）

132

(13

財產損失報告單

填送日期：三十四年十二月　　日　　NO:2

(1) 損失年月日	(2) 事件	(3) 地點	(4) 損失項目	購置年月	單位	數量	查報時價值（國幣元）		(5) 證件
卅四年二月	日寇侵陷	大庾	拉文達第117號			25g	1500	00	
〃	〃	〃	芝蘭茉莉精			25g	5000	00	
〃	〃	〃	酒精			100g	2000	00	
〃	〃	〃	醇精			25g	1000	00	
〃	〃	〃	偏蘇里			50g	500	00	
〃	〃	〃	鍍銀液			500g	5000	00	
〃	〃	〃	硫酸[illegible]液			25g	1500	00	
〃	〃	〃	碘精酸			25g	1500	00	
〃	〃	〃	枸櫞酸			25g	500	00	
〃	〃	〃	靛油色素（紫藍）			25g	2500	00	
〃	〃	〃	鉀礬			100g	300	00	
〃	〃	〃							

直轄機關學校團体或事業　　受損失者 省立大庾中學

名稱　　印信　　（名称或姓名）　（印信或蓋章）

江西省立大庚中学财产损失报告单（医药用品类）（一九四五年十二月）

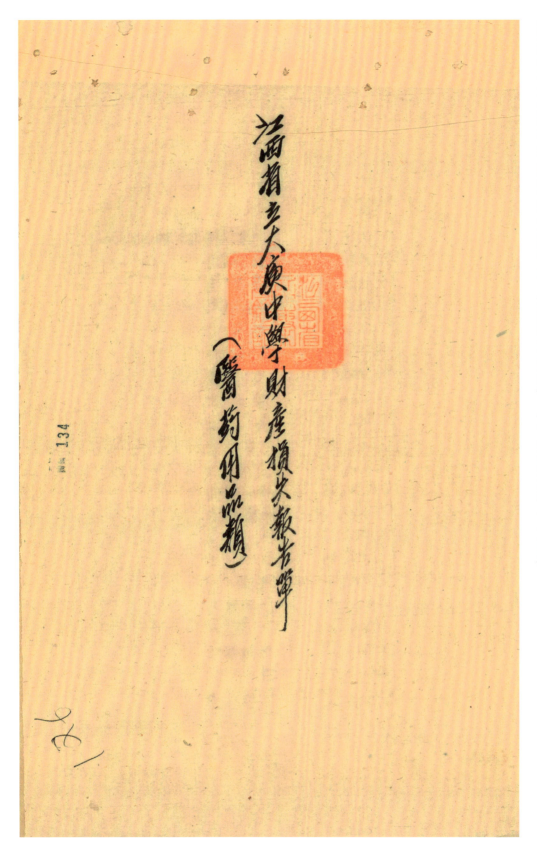

江西省立大庚中學財產損失報告單

（醫藥用品類）

134

財產損失報告單

填送日期：三十四年十二月　日　　NO:〔1〕

損失年月日(1)	事件(2)	地點(3)	損失項目(4)	購置年月	單位	數量	查報時價值（國幣元）		證件(5)
34年2月	敵機轟炸	灰坡	樟腦注射水			2合	3000	00	
〃	〃	〃	鹽酸哥卡因			1	1500	00	
〃	〃	〃	副腎素			2	1600	00	
〃	〃	〃	鹽酸規那			2	7000	00	
〃	〃	〃	毛地黃			1	1500	00	
〃	〃	〃	咖啡安息香酸			2	3000	00	
〃	〃	〃	麥美汀			2	4000	00	
〃	〃	〃	酒石酸			2	6500	00	
〃	〃	〃	氯化鈣			4	8000	00	
〃	〃	〃	維他命B			20支	18000	00	
〃	〃	〃	固那定			10	6000	00	
〃	〃	〃	副腎液25CC			2瓶	2000	00	
〃	〃	〃	硝酸銀棒			2	1000	00	
〃	〃	〃	蛋白銀			2	2000	00	
〃	〃	〃	甘汞			8兩	8000	00	
〃	〃	〃	安息酸			1P	7000	00	
〃	〃	〃	阿斯比林			68兩	1500	00	
〃	〃	〃	三溴片			1000片	5000	00	
〃	〃	〃	加斯加拉			1000片	20000	00	
〃	〃	〃	硫磺			2P	4000	00	
〃	〃	〃	蘇打明片			150片	1500	00	

直轄機關學校團体或事業　　　　受損失者

名稱　　　　印信　　　　（名称或姓名）　　（印信或蓋章）

〔1〕

財產損失報告單

填送日期：三十四年十二月　　日　　NO:〔2〕

(1)損失年月日	(2)事件	(3)地點	(4)損失項目	購置年月	單位	數量	查報時價值（國幣元）		(5)證件
34年2月	日寇[illegible]	樟樹	[illegible]氏粉			25[illegible]	1000	00	
〃	〃	〃	鞣　酸			225	3000	00	
〃	〃	〃	過硫酸鈉			900	4500	00	
〃	〃	〃	乳酸鈣			675	8000	00	
〃	〃	〃	漂白粉			450	1000	00	
〃	〃	〃	硫酸鈉			450	2000	00	
〃	〃	〃	硇　砂			100	800	00	
〃	〃	〃	沙[illegible]酸鉍			25	500	00	
〃	〃	〃	溴　鉀			75	750	00	
〃	〃	〃	硫　黄			675	1500	00	
〃	〃	〃	大黃末			25	1000	00	
〃	〃	〃	硼　酸			2.5[illegible]	2500	00	
〃	〃	〃	[illegible]片			55[illegible]	5100	00	
〃	〃	〃	龍胆末			225[illegible]	1000	00	
〃	〃	〃	無味規寧			10	8000	00	
〃	〃	〃	单那賓			15	500	00	
〃	〃	〃	沙羅手			25	500	00	
〃	〃	〃	烏羅特羅品			50	5000	00	
〃	〃	〃	酵母片			500	2000	00	
〃	〃	〃	次硝酸鉍			200	2000	00	
〃	〃	〃	葡萄糖			3[illegible]	1500	00	

直轄機關學校团体或事業　　　　受損失者[illegible]

名稱　　　　印信　　　　（名称或姓名）　　（印信或蓋章）

137

財產損失報告單

填送日期：三十四年十二月　　日　　NO:〔3〕

(1)損失年月日	(2)事件	(3)地點	(4)損失項目	購置年月	單位	數量	查報時價值（国幣元）	(5)證件
34年2月	日寇侵略	左權	肥羅那兒			42斤	1000 00	
〃	〃	〃	比麻油			450瓦	4500 00	
〃	〃	〃	過孟酸鉀			75	1000 00	
〃	〃	〃	山道年			3	2400 00	
〃	〃	〃	醋酸鉛			25	1255 00	
〃	〃	〃	樟腦末			4磅	400 00	
〃	〃	〃	卜荷油			30磅	60 00	
〃	〃	〃	紅汞			40	2000 00	
〃	〃	〃	碘片			25	500 00	
〃	〃	〃	松節油			50	300 00	
〃	〃	〃	複方樟腦油			15	1600 00	
〃	〃	〃	骨炭			450克	5000 00	
〃	〃	〃	規寧0.2			4000片	120000 00	
〃	〃	〃	藍印規寧丸			1箱	30000 00	
〃	〃	〃	魚石脂			15	5000 00	
〃	〃	〃	安替比林			400	1500 00	
〃	〃	〃	养化鋅			450	2000 00	
〃	〃	〃	凡士林			900	4000 00	
〃	〃	〃	紅色補丸			20磅	2020 00	
〃	〃	〃	非那替汀			12磅	3200 00	
〃	〃	〃	皮拉米洞			27	8000 00	

直轄機關學校团体或事業　　　　受損失者 [illegible]

名稱　　　　印信　　　　（名称或姓名）　　（印信或盖章）

(5)

財産損失報告單

填送日期：三十四年十二月　　日　　NO:〔4〕

(1) 損失年月日	(2) 事件	(3) 地點	(4) 損失項目	購置年月	單位	數量	查報時價值（國幣元）	(5) 證件
34年2月	日寇侵略	本校	黄降汞			100瓦	2000 00	
〃	〃	〃	白降汞			100	2000 00	
〃	〃	〃	重曹			4P	8000 00	
〃	〃	〃	石炭酸			1P	1200 00	
〃	〃	〃	顛茄丁			0.5P	800 00	
〃	〃	〃	衣心格丁			〃	800 00	
〃	〃	〃	海葱丁			10目	1000 00	
〃	〃	〃	毛地黄丁			10目	1000 00	
〃	〃	〃	安息香酸水			0.5P	500 00	
〃	〃	〃	顛酸精			4目	600 00	
〃	〃	〃	稀鹽酸			3目	500 00	
〃	〃	〃	八卦丹			1盒	9000 00	
〃	〃	〃	萬金油			6合	3600 00	
〃	〃	〃	清凉水			10瓶	10000 00	
〃	〃	〃	含口藥			1筒	500 00	
〃	〃	〃	藥棉			4P	8000 00	
〃	〃	〃	紗布			3.5P	10500 00	
〃	〃	〃	白凡士林			0.5P	1500 00	
〃	〃	〃	牙鉗			1具	5000 00	
〃	〃	〃	小消毒器			1具	1000 00	
〃	〃	〃	膿盤			1個	3000 00	

直轄機關學校团体或事業　　　　受損失者

名稱　　印信　　（名称或姓名）　（印信或蓋章）

財產損失報告單

填送日期：三十四年十二月　　日　　NO：⑤

(1) 損失年月日	(2) 事件	(3) 地點	(4) 損失項目	購置年月	單位	數量	查報時價值(國幣元)	(5) 證件
34年2月	日寇[illegible]	[illegible]	軟膏刀			1把	5000.00	
〃	〃	〃	止血鉗			1〃	500.00	
〃	〃	〃	[illegible]剪			1〃	500.00	
〃	〃	〃	直剪			1〃	1500.00	
〃	〃	〃	鑷子			2〃	300.00	
〃	〃	〃	探針			1支	100.00	
〃	〃	〃	有溝探針			1〃	150.00	
〃	〃	〃	滴管			2〃	30.00	
〃	〃	〃	2CC.注射器			1具	1000.00	
〃	〃	〃	藥匙			1把	500.00	
〃	〃	〃	大乳鉢			1只	1500.00	
〃	〃	〃	小乳鉢			1〃	300.00	
〃	〃	〃	10C.C注射器			1具	1000.00	
〃	〃	〃	20CC量杯			1只	300.00	
〃	〃	〃	100CC量杯			1只	500.00	
〃	〃	〃	200CC. 〃〃			1〃	500.00	
〃	〃	〃	洗眼壺			2〃	1500.00	
〃	〃	〃	高压注射器			1具	1500.00	
〃	〃	〃	玻棒			1支	100.00	
〃	〃	〃	出診箱			1只	5000.00	
〃	〃	〃	點眼架			1具	5000.00	

直轄機關學校團体或事業　　　　受損失者 省立[illegible]中學

名稱　　　　印信　　　　(名稱或姓名)　　(印信或蓋章)

江西省立大庚中学财产损失报告单（仪器类）（一九四五年十二月）

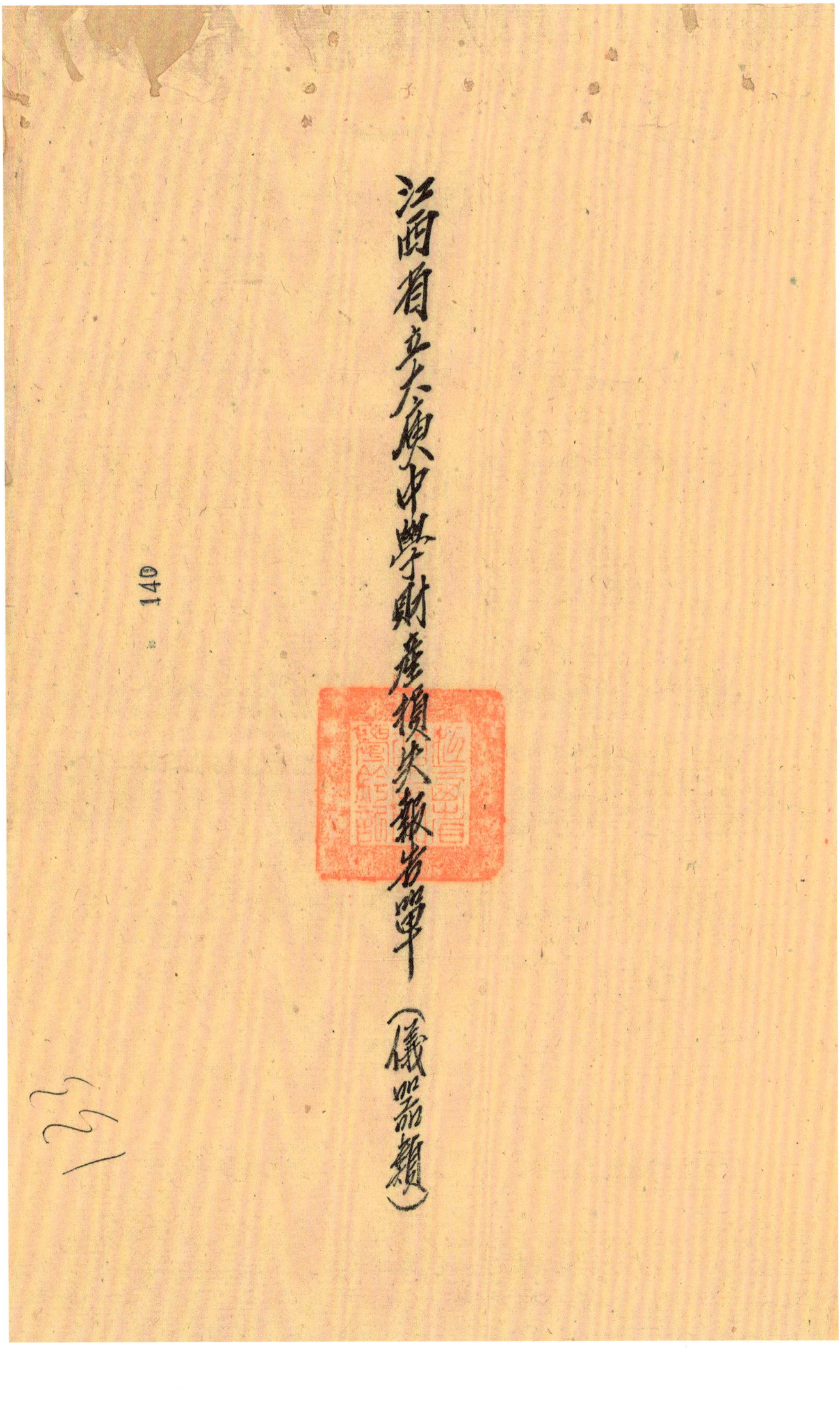
江西省立大庾中學財產損失報告單（儀器類）

140

財產損失報告單

填送日期：三十四年十二月　　日

61.

損失年月日 (1)	事件 (2)	地點	損失項目 (4)	購置年月	單位	數量	查報時價值（國幣元）		證件 (5)
34年2月	日寇侵陷	左拔	測角器			1	500	00	
〃	〃	〃	測圓器			1	1000	00	
〃	〃	〃	測圓器(測圓規)			1	1000	00	
〃	〃	〃	測圓奇零尺			1	1000	00	
〃	〃	〃	波美表			2	3000	00	
〃	〃	〃	波美比重表			2	3000	00	
〃	〃	〃	鋸			1	1000	00	
〃	〃	〃	驗恒性器(靜)			1	400	00	
〃	〃	〃	天體模型			1	100	00	
〃	〃	〃	水質螺旋壓榨器			1	500	00	
〃	〃	〃	椎體			1	100	00	
〃	〃	〃	多角重心板			1	100	00	
〃	〃	〃	推進器			1	400	00	
〃	〃	〃	單槓桿			1	400	00	
〃	〃	〃	複槓桿			1	600	00	
〃	〃	〃	液体上壓器			1	600	00	
〃	〃	〃	連筒管			2	800	00	
〃	〃	〃	氣壓連筒管			1	1000	00	
〃	〃	〃	水準器			1	2000	00	
〃	〃	〃	齒輪			1	500	00	
〃	〃	〃	浮沉子			1	500	00	

直轄機關學校团体或事業　　　　受損失者　省立大庾中學

名稱　　　印信　　　（名稱或姓名）　　（印信或蓋章）

141

128

財產損失報告單

填送日期：三十四年十二月　　日

62

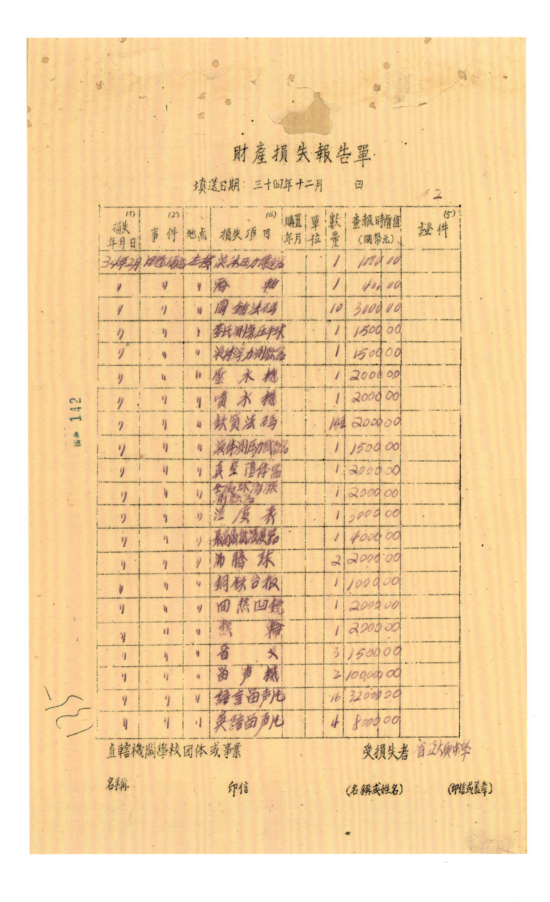

(1)損失年月日	(2)事件	地点	(4)損失項目	購置年月	單位	數量	查報時價值（國幣元）	(5)證件
34年2月	日寇侵略	大庾	液体压力传达器			1	1000 00	
〃	〃	〃	滑轮			1	400 00	
〃	〃	〃	圆锥法码			10	3000 00	
〃	〃	〃	麦氏测气压半球			1	1500 00	
〃	〃	〃	液体浮力测验器			1	1500 00	
〃	〃	〃	壓水機			1	2000 00	
〃	〃	〃	喷水機			1	2000 00	
〃	〃	〃	鈇質法码			1組	2000 00	
〃	〃	〃	液体测压力试验器			1	1500 00	
〃	〃	〃	真空[illegible]器			1	2000 00	
〃	〃	〃	金属球涨缩测验器			1	2000 00	
〃	〃	〃	温度表			1	3000 00	
〃	〃	〃	最高最低温度器			1	4000 00	
〃	〃	〃	沸騰球			2	2000 00	
〃	〃	〃	铜铁合板			1	1000 00	
〃	〃	〃	回热凹镜			1	2000 00	
〃	〃	〃	热轮			1	2000 00	
〃	〃	〃	音叉			3	1500 00	
〃	〃	〃	留声機			2	100,000 00	
〃	〃	〃	語言留声片			16	32000 00	
〃	〃	〃	英語留声片			4	8000 00	

直轄機關學校团体或事業　　　　受損失者　省立大庾中學

名稱　　　印信　　　（名稱或姓名）　　　（印信或蓋章）

財產損失報告單

填送日期：三十四年十二月　　日　　NO: 3.

143

損失年月日 (1)	事件 (2)	地點 (3)	損失項目 (4)	購置年月	單位	數量	查報時價值（國幣元）		證件 (5)
34年2月	日寇侵略	屯溪	顯微鏡			1	20,000	00	
〃	〃	〃	照相機			1	100,000	00	
〃	〃	〃	測光表			1	5000	00	
〃	〃	〃	望遠鏡			1	20000	00	
〃	〃	〃	平面鏡			1	1000	00	
〃	〃	〃	實驗鏡			1	1000	00	
〃	〃	〃	魏比鏡			1	1000	00	
〃	〃	〃	電流轉換器			1	1000	00	
〃	〃	〃	尖形放電器			1	1000	00	
〃	〃	〃	指南針			1	500	00	
〃	〃	〃	熱電試驗器			1	1000	00	
〃	〃	〃	測電流器			1	1000	00	
〃	〃	〃	伏達表			1	5000	00	
〃	〃	〃	熱電燈(磁性)			1	2000	00	
〃	〃	〃	電解器			2	4000	00	
〃	〃	〃	電渡器			1	2000	00	
〃	〃	〃	蓄電池			2	2000	00	
〃	〃	〃	電鐘			1	5000	00	
〃	〃	〃	費氏電橋			1	5000	00	
〃	〃	〃	感應電圈			1.	4000	00	
〃	〃	〃	放電池			1	2000	00	

直轄機關學校团体或事業　　　　受損失者省歙縣中學

名稱　　　　印信　　　　（名称或姓名）　　（印信或蓋章）

財產損失報告單

填送日期：三十四年十二月　　日　　NO：4

(1) 損失年月日	(2) 事件	(3) 地點	(4) 損失項目	購置年月	單位	數量	查報時價值（國幣元）	(5) 證件
34年2月	日寇竄擾	在校	軟鉄棒			1	200 00	
〃	〃	〃	洋鐵水塔			1	500 00	
〃	〃	〃	重量砝碼及[illegible]			1	2000 00	
〃	〃	〃	螺旋測徑器			1	2000 00	
〃	〃	〃	游標測徑器			1	3000 00	
〃	〃	〃	金屬塊			1	500 00	
〃	〃	〃	空實銅柱			1	1000 00	
〃	〃	〃	槓桿			1	1000 00	
〃	〃	〃	擺球			1	500 00	
〃	〃	〃	沸點測定器			1	1500 00	
〃	〃	〃	線脹係數儀器			1	1500 00	
〃	〃	〃	玻璃瓶			1	200 00	
〃	〃	〃	帶吸水器之鐵管			1	1500 00	
〃	〃	〃	水槽			1	400 00	
〃	〃	〃	毛細管			1	400 00	
〃	〃	〃	玻璃磚			1	2000 00	
〃	〃	〃	長圓筒				1000 00	
〃	〃	〃	銅圈				1000 00	
〃	〃	〃	水台				1000 00	
〃	〃	〃	本生光度計				1000 00	
〃	〃	〃	玻璃				2000 00	

直轄機關學校团体或事業　　受損失者省立大庾中學

名稱　　印信　　（名称或姓名）　　（印信或盖章）

145

財產損失報告單

填送日期：三十四年十二月　　日　　NO: 5

(1) 損失年月日	(2) 事件	(3) 地點	(4) 損失項目	購置年月	單位	數量	查報時價值（國幣元）		(5) 證件
34年2月	風暴	本校	磁針			1	500	00	
〃	〃	〃	條形磁鐵			1	1000	00	
〃	〃	〃	銅解電量計			1	1000	00	
〃	〃	〃	螺旋導線環				1000	00	
〃	〃	〃	槌頭電鈴				1000	00	
〃	〃	〃	反向電鈴				1000	00	
〃	〃	〃	壓鋼電鈴				1000	00	

直轄機關學校團体或事業　　　　受損失者 [illegible]

名稱　　　　印信　　　　（名称或姓名）　　（印信或蓋章）

財產損失報告單

填送日期：三十四年十二月　　日

附1.

(1)損失年月日	(2)事件	地点	(3)損失項目	購置年月	單位	數量	查報時價值（國幣元）		(5)證件
34年2月	日寇侵擾	左按	酒精噴燈			2	3000	00	
〃	〃	〃	吹管			2	1000	00	
〃	〃	〃	酒精燈			8	1600	00	
〃	〃	〃	鉄硯鉢			1	2000	00	
〃	〃	〃	藍玻片			1	2000	00	
〃	〃	〃	鋁質蒸溜器			1	4000	00	
〃	〃	〃	彈簧			4	1600	00	
〃	〃	〃	銅絲網			2	1000	00	
〃	〃	〃	石蕊試紙			32盒	9000	00	
〃	〃	〃	橡皮指套			9	1800	00	
〃	〃	〃	燒匙			6	1200	00	
〃	〃	〃	木塞起子			1	400	00	
〃	〃	〃	三角鐵			2	1000	00	
〃	〃	〃	砂盤			7	2100	00	
〃	〃	〃	老天秤			3	9000	00	
〃	〃	〃	雙皿天秤			1	10000	00	
〃	〃	〃	蒸發皿（磁）						
〃	〃	〃	〃〃〃有柄			11	3300	00	
〃	〃	〃	〃〃〃無柄			52	2100	00	
〃	〃	〃	磁質水銀槽			1	2000	00	
〃	〃	〃	磁坩堝			24	1200	00	

直轄機關學校团体或事業　　　　受損失者　省立大庾中學

名稱　　　印信　　　（名稱或姓名）　　（印信或蓋章）

財產損失報告單

填送日期：三十四年十二月　　日　No 2.

(1) 損失年月日	(2) 事件	地點	(3) 損失項目	購置年月	單位	數量	查報時價值（國幣元）		(5) 證件
34年2月	日機轟炸	本校	玻璃乳鉢			1	3000	00	
〃	〃	〃	鎳質坩堝			1	1000	00	
〃	〃	〃	銀質坩堝			1	3000	00	
〃	〃	〃	鉛質坩堝			2	2000	00	
〃	〃	〃	石墨坩堝			2	2000	00	
〃	〃	〃	黏土坩堝			4	2000	00	
〃	〃	〃	鉛質沙盤			1	500	00	
〃	〃	〃	黏土沙盤			1	500	00	
〃	〃	〃	瓷燒瓶			2	1000	00	
〃	〃	〃	氫氧吹管			1	1000	00	
〃	〃	〃	加熱鐵管			1	1000	00	
〃	〃	〃	離心分液器			1	2000	00	
〃	〃	〃	水槽			1	200	00	
〃	〃	〃	淨瓷盆			20	4000	00	
〃	〃	〃	重湯鍋			7	1400	00	
〃	〃	〃	500CC闊口瓶			39	7800	00	
〃	〃	〃	125CC闊口瓶			10	2000	00	
〃	〃	〃	吸虹管			1	400	00	
〃	〃	〃	量管25CC			6	1200	00	
〃	〃	〃	量管10CC			1	300	00	
〃	〃	〃	氣体發生器			3	3000	00	

直轄機關學校団体或事業　　受損失者省立大庾中學

名稱　　印信　　（名稱或姓名）　　（印信或蓋章）

147

財產損失報告單

填送日期：三十四年十二月　　日　　　原3

№ 148

(1)損失年月日	(2)事件	地点	(3)損失項目	購置年月	單位	數量	查報時價值（國幣元）		(5)證件
34年2月	日機轟炸	本校	具活塞滴管			6	1200	00	
〃	〃	〃	具活塞漏斗			1	500	00	
〃	〃	〃	兩口瓶			5	1000	00	
〃	〃	〃	三口瓶			5	1000	00	
〃	〃	〃	丁字管			4	800	00	
〃	〃	〃	Y字管			7	1400	00	
〃	〃	〃	一球乾燥管			4	800	00	
〃	〃	〃	濾過管			2	800	00	
〃	〃	〃	比重器			1	500	00	
〃	〃	〃	直形漏斗			4	1600	00	
〃	〃	〃	一球漏斗			5	1000	10	
〃	〃	〃	二球漏斗			6	1200	00	
〃	〃	〃	二球乾燥管			4	800	00	
〃	〃	〃	色素管100CC			2	1600	00	
〃	〃	〃	滴瓶			4	1600	00	
〃	〃	〃	球形滴瓶			3	1200	00	
〃	〃	〃	洗滌器			2	2000	00	
〃	〃	〃	氣体洗滌器			1	1000	00	
〃	〃	〃	溶液瓶(50CC)			2	1200	00	
〃	〃	〃	溶液瓶(100CC)			2	1200	00	
〃	〃	〃	刻度燒杯			8	3200	00	

(5)

直轄機關學校団体或事業　　　　受損失者省立大庾中學

名稱　　　印信　　　（名稱或姓名）　　（印信或蓋章）

財產損失報告單

填送日期：三十四年十二月　　日　　　16:4

(1) 損失年月日	(2) 事件	地点	(4) 損失項目	購置年月	單位	數量	查報時價值（國幣元）		(5) 證件
34年2月	日寇侵佔	本校	玻璃漏斗(大)			5	2000	00	
〃	〃	〃	玻璃漏斗(中)			5	2000	00	
〃	〃	〃	量杯100CC			110	33000	00	
〃	〃	〃	量杯50CC			111	22200	00	
〃	〃	〃	量杯10CC			112	11200	00	
〃	〃	〃	量筒100CC			7	2800	00	
〃	〃	〃	量筒500CC			2	4000	00	
〃	〃	〃	量筒(具蓋)500CC			1	2000	00	
〃	〃	〃	量筒(具蓋)100CC			2	4000	00	
〃	〃	〃	蒸餾瓶			16	4800	00	
〃	〃	〃	定氮瓶			3	1500	00	
〃	〃	〃	球形分液漏斗			1	500	00	
〃	〃	〃	茶缸			3	1200	00	
〃	〃	〃	玻盤			1	1500	00	
〃	〃	〃	[illegible]大圓口瓶			8	4000	00	
〃	〃	〃	大狹口瓶			3	1500	00	
〃	〃	〃	大濶口瓶			4	2000	00	
〃	〃	〃	蒸餾水瓶			3	1500	00	
〃	〃	〃	三鐵圈酒精燈架			1	600	00	
〃	〃	〃	銅熱濾漏斗			1	1000	00	
〃	〃	〃	試管架			17	3400	00	

直轄機關學校团体或事業　　　　受損失者 [illegible]

名稱　　　印信　　　（名稱或姓名）　　（印信或蓋章）

149

財產損失報告單

填送日期：三十四年十二月　　日　　NO：5

損失年月日(1)	事件(2)	地點(3)	損失項目(4)	購置年月	單位	數量	查報時價值（國幣元）		證件(5)
34年3月	日寇竄西	左拔	蠟燭托盤			5	2500	00	
〃	〃	〃	洋鐵蒸餾器			4	2000	00	
〃	〃	〃	法瑯瓷缸			2	2000	00	
〃	〃	〃	洋瓷水桶			2	6000	00	
〃	〃	〃	橡皮塞			24	2400	00	
〃	〃	〃	蒸餾器			1套	20000	00	
〃	〃	〃	雪花膏瓶(玻)			170	1500	00	
〃	〃	〃	雪花瓷瓶			80	4000	00	
〃	〃	〃	小墨水瓶			160	8000	00	
〃	〃	〃	大墨水瓶			237	11850	00	

150

直轄機關學校团体或事業　　　　受損失者省立大庾中學

名稱　　　　印信　　　　（名称或姓名）　　（印信或蓋章）

江西省立大庚中学财产损失报告单（图书类）（一九四五年十二月）

江西省立大庚中學財產損失報告單（圖書類）

151

財產損失報告單

填送日期：三十四年十二月　　日

NO: I

損失年月日(1)	事件(2)	地點	損失項目(4)	購置年月	單位	數量	查報時價值（國幣元）		證件(5)
三十四年二月	日寇侵擾	左儀	記帳學泛論			1	1000	00	
〃	〃	〃	簡易合作學			1	1000	00	
〃	〃	〃	政府會計述要			1	1500	00	
〃	〃	〃	最新查帳學			1	1000	00	
〃	〃	〃	怎樣開店			1	1000	00	
〃	〃	〃	商業管理			1	1000	00	
〃	〃	〃	廣告學			1	500	00	
〃	〃	〃	工業常識			1	700	00	
〃	〃	〃	世界工業概況			1	1500	00	
〃	〃	〃	上海之工業			1	1000	00	
〃	〃	〃	上海之機械工業			1	1000	00	
〃	〃	〃	武漢之工業			1	1000	00	
〃	〃	〃	工業經濟概論			1	1000	00	
〃	〃	〃	工廠管理法			1	800	00	
〃	〃	〃	工廠檢查概論			1	1500	00	
〃	〃	〃	新度量衡概要			1	600	00	
〃	〃	〃	中外度量衡表			1	600	00	
〃	〃	〃	現代家政			1	600	00	
〃	〃	〃	家庭管理			1	600	00	
〃	〃	〃	初級教科書			1	500	00	
〃	〃	〃	交通經濟概論			1	1800	00	

152

直轄機關學校团体或事業　　　　受損失者

名稱　　　印信　　　（名稱或姓名）　　（印信或蓋章）

財產損失報告單

填送日期：三十四年十二月　　日

NO:2

(1) 損失年月日	(2) 事件	地點	(4) 損失項目	購置年月	單位	數量	查報時價值（國幣元）	(5) 證件
卅四年二月	日寇侵佔	[illegible]	[illegible]			1	1000.00	
〃	〃	〃	航空常識問答			1	800.00	
〃	〃	〃	[illegible]			1	800.00	
〃	〃	〃	日用農業工業			1	800.00	
〃	〃	〃	商業通論			1	800.00	
〃	〃	〃	商事要項			1	1000.00	
〃	〃	〃	會計學概要			1	1000.00	
〃	〃	〃	會計學			1	3000.00	
〃	〃	〃	會計數學用表			2	1400.00	
〃	〃	〃	[illegible]成本會計			1	1000.00	
〃	〃	〃	商業心理學			1	1000.00	
〃	〃	〃	國際商業政策			1	800.00	
〃	〃	〃	商業英文叢書			4	2000.00	
〃	〃	〃	實驗養蜂學			1	800.00	
〃	〃	〃	養雞新法			1	500.00	
〃	〃	〃	養[illegible]法			1	600.00	
〃	〃	〃	最新養蠶法			1	700.00	
〃	〃	〃	應用化學概論			1	1500.00	
〃	〃	〃	今世中國實業通論			2	2000.00	
〃	〃	〃	實驗工業化學			1	1500.00	
〃	〃	〃	工業化學分析法			1	1500.00	

直轄機關學校团体或事業　　　　受損失者　省立大庾中學

名稱　　　印信　　　（名稱或姓名）　　（印信或蓋章）

財產損失報告單

填送日期：三十四年十二月　日

NO: 3

損失年月日 (1)	事件 (2)	地点	損失項目 (4)	購置年月	單位	數量	查報時價值(國幣元)		證件 (5)
三十四年二月	日寇侵佔	左鄉	化學工業寶鑑			2	3000	00	
〃	〃	〃	化學工業指導			1	1000	00	
〃	〃	〃	工業製造成功方法			1	900	00	
〃	〃	〃	化工原料學			1	700	00	
〃	〃	〃	舶來品製造大全			1	2000	00	
〃	〃	〃	工業藥品大全			1	1300	00	
〃	〃	〃	工業製造新書			1	900	00	
〃	〃	〃	工業製造法			1	900	00	
〃	〃	〃	火藥概論			2	1600	00	
〃	〃	〃	毒氣製備實驗法			1	800	00	
〃	〃	〃	食品大觀			1	600	00	
〃	〃	〃	油漆製造概論			1	500	00	
〃	〃	〃	洗濯化學			1	700	00	
〃	〃	〃	礦業法規			1	580	00	
〃	〃	〃	汽車構造與修理			1	680	00	
〃	〃	〃	亞硫酸紙料製造法			1	700	00	
〃	〃	〃	平面幾何學			8	4000	00	
〃	〃	〃	近代中國實業誌			1	2000	00	
〃	〃	〃	成本會計習題解答			1	1000	00	
〃	〃	〃	成本会計應用手冊			1	500	00	
〃	〃	〃	植物圖解			1	1000	00	

直轄機關學校团体或事業　　　　受損失者　省立大庾中學

名稱　　印信　　（名稱或姓名）　　（印信或蓋章）

財產損失報告單

填送日期：三十四年十二月　　日

NO: 4

(1) 損失年月日	(2) 事件	地点	(3) 損失項目	購置年月	單位	數量	查報時價值（國幣元）	(5) 證件
三十四年二月	日寇侵略	左佛	高等有機化學			1	1200 00	
〃	〃	〃	航空論			1	890 00	
〃	〃	〃	四十五大作物論			1	480 00	
〃	〃	〃	實用田園術			1	600 00	
〃	〃	〃	森林保護法			1	600 00	
〃	〃	〃	養馬學			1	500 00	
〃	〃	〃	養牛學			1	500 00	
〃	〃	〃	養羊學			1	500 00	
〃	〃	〃	養豬學			1	500 00	
〃	〃	〃	養雞學			1	500 00	
〃	〃	〃	少年電机工程師			1	700 00	
〃	〃	〃	實用電的常識			1	400 00	
〃	〃	〃	電路裝置規則			1	700 00	
〃	〃	〃	電氣遊戲			1	390 00	
〃	〃	〃	發電机發動机構造法			2	1000 00	
〃	〃	〃	有声電影			1	400 00	
〃	〃	〃	收音机說明書			1	400 00	
〃	〃	〃	無線電學			1	600 00	
〃	〃	〃	實用測量法			1	800 00	
〃	〃	〃	工程實習指導書			1	800 00	
〃	〃	〃	測量實習指導書			1	800 00	

直轄機關學校团体或事業　　　　受損失者省立大庾中學

名稱　　　印信　　　（名稱或姓名）　　（印信或蓋章）

№ 156

財產損失報告單

填送日期：三十四年十二月　　日

NO: 5

(1) 損失年月日	(2) 事件	地点	(4) 損失項目	購置年月	單位	數量	查報時價值（國幣元）		(5) 證件
三十四年二月	日寇侵陷	左佛	实用平板仪测量			1	700	00	
〃	〃	〃	汽車駕使人須知			1	700	00	
〃	〃	〃	汽車修理法			1	1000	00	
〃	〃	〃	实用飛行術			1	1000	00	
〃	〃	〃	飛机			2	400	00	
〃	〃	〃	翱翔			1	600	00	
〃	〃	〃	冶金學			1	700	00	
〃	〃	〃	近世道路工程學			2	2000	00	
〃	〃	〃	食物成分表			1	400	00	
〃	〃	〃	素食衛生論			1	300	00	
〃	〃	〃	婦女的健康美			1	400	00	
〃	〃	〃	西药指南			1	800	00	
〃	〃	〃	家庭药物學			1	600	00	
〃	〃	〃	通俗治療疾病法			1	500	00	
〃	〃	〃	合理的民間單方			1	600	00	
〃	〃	〃	各種注射療法			1	800	00	
〃	〃	〃	簡明診斷學			1	480	00	
〃	〃	〃	最新治療注射法			1	680	00	
〃	〃	〃	自然療法全編			1	480	00	
〃	〃	〃	近世内科全書			2	6000	00	
〃	〃	〃	内科治療法集成			1	1000	00	

直轄機關學校团体或事業　　　　受損失者　省立大庾中學

名稱　　　印信　　　（名稱或姓名）　　（印信或蓋章）

財產損失報告單

填送日期：三十四年十二月　　日

NO: 6

(1) 損失年月日	(2) 事件	地点	(4) 損失項目	購置年月	單位	數量	查報時價值（國幣元）	(5) 證件
三十四年二月	日寇侵陷	左佛	外科學綱要			2	1900 00	
〃	〃	〃	蚊虫防治法			1	290 00	
〃	〃	〃	獸医學大全			1	1500 00	
〃	〃	〃	家庭工程法大全			4	12000 00	
〃	〃	〃	機械學大意			1	900 00	
〃	〃	〃	汽油發動机製造綱要			1	1000 00	
〃	〃	〃	車床木工			1	800 00	
〃	〃	〃	世界知識年鑑			1	3000 00	
〃	〃	〃	學藝叢書			4	4000 00	
〃	〃	〃	二十四史傳目了解			1	2000 00	
〃	〃	〃	西洋史要			1	1500 00	
〃	〃	〃	歷代名人生卒年表			1	1200 00	
〃	〃	〃	哲學概論			2	4000 00	
〃	〃	〃	中華百科叢書			78	78000 00	
〃	〃	〃	應用科叢書			9	18000 00	
〃	〃	〃	基本医學集成			9	13500 00	
〃	〃	〃	大衆医學			3	3000 00	
〃	〃	〃	医學小叢書			11	2200 00	
〃	〃	〃	科學與工業			2	2000 00	
〃	〃	〃	医政漫談			1	800 00	
〃	〃	〃	生理學			1	500 00	

直轄機關學校团体或事業　　　　受損失者省立大庾中學

名稱　　　印信　　　（名稱或姓名）　　　（印信或蓋章）

財產損失報告單

填送日期：三十四年十二月　　日

NO: 7

損失年月日 (1)	事件 (2)	地点	損失項目 (4)	購置年月	單位	數量	查報時價值（國幣元）		證件 (5)
卅四年二月	日寇侵略	大庾	健康學			1	500	00	
〃	〃	〃	性教育指南			1	800	00	
〃	〃	〃	學生衛生實鑑			1	1000	00	
〃	〃	〃	旅行衛生			1	600	00	
〃	〃	〃	說文綜合的研究			1	700	00	
〃	〃	〃	中国文法語文通解			1	800	00	
〃	〃	〃	中国国文法			1	800	00	
〃	〃	〃	中国声韻學			1	1500	00	
〃	〃	〃	修辞學			1	1500	00	
〃	〃	〃	高級英文典			1	2000	00	
〃	〃	〃	怎樣做句			1	800	00	
〃	〃	〃	世界地理			1	800	00	
〃	〃	〃	亞洲各国史地大綱			1	1000	00	
〃	〃	〃	地理研究法			1	800	00	
〃	〃	〃	外国地理新編			1	800	00	
〃	〃	〃	生活地理			1	500	00	
〃	〃	〃	花間集			1	600	00	
〃	〃	〃	華英四書			2	800	00	
〃	〃	〃	總裁的教育思想			1	600	00	
〃	〃	〃	政治的道理			1	400	00	
〃	〃	〃	行為的道理			1	400	00	

直轄機關學校团体或事業　　　　受損失者 省立大庾中學

名稱　　　　印信　　　　（名稱或姓名）　　　　（印信或蓋章）

158

財產損失報告單

填送日期：三十四年十二月　　日

NO: 8

損失年月日 (1)	事件 (2)	地点	損失項目 (4)	購置年月	單位	數量	查報時價值（國幣元）	證件 (5)
卅四年二月	日寇侵佔	左佛	國力之源			1	600.00	
〃	〃	〃	中報年鑑			1	1000.00	
〃	〃	〃	語音學論叢			1	500.00	
〃	〃	〃	比較語言學概要			1	700.00	
〃	〃	〃	簡明國語文法			1	500.00	
〃	〃	〃	注音符號小史			1	300.00	
〃	〃	〃	國語信號			1	380.00	
〃	〃	〃	新國音讀本			1	290.00	
〃	〃	〃	新國音讀本			1	290.00	
〃	〃	〃	國音示範			1	380.00	
〃	〃	〃	注音漢字			1	300.00	
〃	〃	〃	國音指導法			1	400.00	
〃	〃	〃	國音初階			1	290.00	
〃	〃	〃	國音新詮			1	400.00	
〃	〃	〃	國音新教本			1	400.00	
〃	〃	〃	注音符號傳習法			1	280.00	
〃	〃	〃	中國音學演講			1	400.00	
〃	〃	〃	國語交際會話			1	500.00	
〃	〃	〃	國語普通會話			1	500.00	
〃	〃	〃	國音常用字一覽表			1	480.00	
〃	〃	〃	中學生作文典			3	1500.00	

直轄機關學校团体或事業　　　　　受損失者省立大庾中學

名稱　　　　印信　　　　（名稱或姓名）　　（印信或蓋章）

財產損失報告單

填送日期：三十四年十二月　　日

NO: 9

(1)損失年月日	(2)事件	地点	(4)損失項目	購置年月	單位	數量	查報時價值（國幣元）		(5)證件
卅四年二月	日寇侵陷	左佛	中學作文訂誤			1	700	00	
〃	〃	〃	最新通俗物理學			1	1200	00	
〃	〃	〃	國防物理學講話			1	1800	00	
〃	〃	〃	物理學計算問題解法			1	1200	00	
〃	〃	〃	物理學綱要題解			1	1200	00	
〃	〃	〃	物理學史			1	900	00	
〃	〃	〃	物理學之研究			1	1100	00	
〃	〃	〃	物理實驗教程			1	900	00	
〃	〃	〃	幾何八百題解			1	900	00	
〃	〃	〃	三角難解八題			2	1800	00	
〃	〃	〃	抗戰歌声			6	1500	00	
〃	〃	〃	抗戰歌曲			1	400	00	
〃	〃	〃	士兵歌曲集			3	1500	00	
〃	〃	〃	新歌选集			1	700	00	
〃	〃	〃	家庭娱樂			1	700	00	
〃	〃	〃	學校娱樂			1	700	00	
〃	〃	〃	公众娱樂			1	600	00	
〃	〃	〃	理化幻術			1	500	00	
〃	〃	〃	科學魔術			1	600	00	
〃	〃	〃	說書小人			1	700	00	
〃	〃	〃	舞台藝術			1	500	00	

160

直轄機關學校团体或事業　　　　受損失者省立大庾中學

名称　　　印信　　　（名稱或姓名）　　　（印信或蓋章）

財產損失報告單

填送日期：三十四年十二月　　日　　NO:10

(1) 損失年月日	(2) 事件	地點	(4) 損失項目	購置年月	單位	數量	查報時價值（國幣元）		(5) 證件
卅四年二月	日寇侵陷	左佛	演劇初程			1	600	00	
〃	〃	〃	現代劇作法			1	560	00	
〃	〃	〃	百科小叢書			85	17000	00	
〃	〃	〃	東方文庫			35	7000	00	
〃	〃	〃	小說月報叢刊			35	10500	00	
〃	〃	〃	小說世界月刊			39	11700	00	
〃	〃	〃	青年新知識叢刊			60	12000	00	
〃	〃	〃	幸福家庭小文庫			26	7800	00	
〃	〃	〃	科學通論			1	1000	00	
〃	〃	〃	藝術文集			1	400	00	
〃	〃	〃	現代藝術十二講			1	500	00	
〃	〃	〃	藝術漫談			1	500	00	
〃	〃	〃	漫画			1	800	00	
〃	〃	〃	公園怎樣建設			1	300	00	
〃	〃	〃	怎樣布置教室			1	420	00	
〃	〃	〃	書法指南			1	400	00	
〃	〃	〃	增訂草字彙			1	420	00	
〃	〃	〃	書法			1	240	00	
〃	〃	〃	圖画研究			1	280	00	
〃	〃	〃	怎樣學画			1	200	00	
〃	〃	〃	圖画類典			1	480	00	

直轄機關學校團体或事業　　　　受損失者　省立大庾中學

名稱　　　　印信　　　　（名稱或姓名）　　（印信或蓋章）

財產損失報告單

填送日期：三十四年十二月　　日

NO: 11

(1)損失年月日	(2)事件	地點	(3)損失項目	購置年月	單位	數量	查報時價值（國幣元）		(5)證件
卅四年二月	日鬼侵临	左佛	水彩画			1	700	00	
〃	〃	〃	萬有画庫			1	1000	00	
〃	〃	〃	基本工業圖案法			1	1500	00	
〃	〃	〃	最新立体圖案集			1	1600	00	
〃	〃	〃	衛生十戒歌			1	500	00	
〃	〃	〃	救国军歌四十曲			1	560	00	
〃	〃	〃	孩子們的組歌			1	480	00	
〃	〃	〃	和声和製曲			1	700	00	
〃	〃	〃	西洋製譜學提要			1	600	00	
〃	〃	〃	對譜音樂			1	500	00	
〃	〃	〃	作曲入門			1	600	00	
〃	〃	〃	樂理和作曲			2	2000	00	
〃	〃	〃	中外歌唱入門			1	700	00	
〃	〃	〃	算術兒歌			1	600	00	
〃	〃	〃	演劇集			1	400	00	
〃	〃	〃	全國攝影集			1	860	00	
〃	〃	〃	南太平洋遊記			1	700	00	
〃	〃	〃	水滸續集			4	1400	00	
〃	〃	〃	平塑與剪貼			1	500	00	
〃	〃	〃	生物學实驗			1	900	00	
〃	〃	〃	化學实驗教程			1	800	00	

162

直轄機關學校团体或事業　　　　受損失者省立大庚中學

名稱　　　印信　　　（名稱或姓名）　　（印信或蓋章）

財產損失報告單

填送日期：三十四年十二月　　日　　NO: 12

(1) 損失年月日	(2) 事件	地点	(4) 損失項目	購置年月	單位	數量	查報時價值（國幣元）		(5) 證件
卅四年二月	日寇侵佔	左佛	晚壯歌曲集			1	700	00	
〃	〃	〃	現代學校歌唱集			2	1600	00	
〃	〃	〃	祖歌44曲			1	800	00	
〃	〃	〃	中外名歌三百首			1	2700	00	
〃	〃	〃	新歌初集			1	600	00	
〃	〃	〃	口琴吹奏法			1	500	00	
〃	〃	〃	救亡歌曲			1	500	00	
〃	〃	〃	毛線結物圖解			1	400	00	
〃	〃	〃	家計簿記			1	600	00	
〃	〃	〃	一百名人家政史			1	800	00	
〃	〃	〃	家庭經濟學			1	500	00	
〃	〃	〃	家庭日用帳册			1	600	00	
〃	〃	〃	植物圖說			1	500	00	
〃	〃	〃	實驗動物學			1	600	00	
〃	〃	〃	動物生態學綱要			1	500	00	
〃	〃	〃	通俗天文學			1	700	00	
〃	〃	〃	統計公式及例解			1	600	00	
〃	〃	〃	中國文藝年鑑			2	4000	00	
〃	〃	〃	植物學通論			1	800	00	
〃	〃	〃	普通植物學系表			1	700	00	
〃	〃	〃	高等植物學			1	600	00	

直轄機關學校團体或事業　　　　受損失者省立大庾中學

名稱　　　　印信　　　　（名稱或姓名）　　　　（印信或蓋章）

25

財產損失報告單

填送日期：三十四年十二月　　日　　NO:13

(1) 損失年月日	(2) 事件	地点	(3) 損失項目	購置年月	單位	數量	查報時價值（國幣元）		(5) 證件
三十四年二月	日冦侵臨	丘佛	礦物學測量			1	500	00	
〃	〃	〃	地質學			1	1000	00	
〃	〃	〃	彩色美術字			1	1000	00	
〃	〃	〃	國際叢書			6	6000	00	
〃	〃	〃	小學教師叢書			3	1800	00	
〃	〃	〃	家常科學			9	3600	00	
〃	〃	〃	商品研究叢書			9	2700	00	
〃	〃	〃	家庭叢書			8	3200	00	
〃	〃	〃	通俗合作叢書			6	1800	00	
〃	〃	〃	合作叢書			8	2400	00	
〃	〃	〃	成語辨解			1	800	00	
〃	〃	〃	中文英譯示範			1	900	00	
〃	〃	〃	大江南線			1	500	00	
〃	〃	〃	漢口慘殺案			1	600	00	
〃	〃	〃	宋哲元[illegible]			1	500	00	
〃	〃	〃	中國方志學通論			1	800	00	
〃	〃	〃	方志學			1	900	00	
〃	〃	〃	中國溫泉考			1	500	00	
〃	〃	〃	三年計劃			1	400	00	
〃	〃	〃	青島			1	200	00	
〃	〃	〃	西藏的問題			1	460	00	

直轄機關學校团体或事業　　受損失者 省立大庾中學

名稱　　印信　　（名稱或姓名）　　（印信或蓋章）

№ 154

財產損失報告單

填送日期：三十四年十二月　　日　　NO: 14

(1) 損失年月日	(2) 事件	地点	(4) 損失項目	購置年月	單位	數量	查報時價值（國幣元）	(5) 證件
三十四年二月	日寇侵陷	左佛	滿州現狀			1	600.00	
〃	〃	〃	隴蜀之遊			1	800.00	
〃	〃	〃	今日之雲南			1	600.00	
〃	〃	〃	軍用函牘例解			1	280.00	
〃	〃	〃	公牘通論			1	280.00	
〃	〃	〃	新青年書信			1	400.00	
〃	〃	〃	唐宋十家尺牘			4	1600.00	
〃	〃	〃	近代十大家尺牘			4	1600.00	
〃	〃	〃	英文尺牘大全			1	1000.00	
〃	〃	〃	英文書信寫法			1	500.00	
〃	〃	〃	Hacowrit letter			1	600.00	
〃	〃	〃	活用英文尺牘			1	580.00	
〃	〃	〃	假期作業日記			1	250.00	
〃	〃	〃	日記指導			1	300.00	
〃	〃	〃	小雅民自述			1	300.00	
〃	〃	〃	民間神話全集			1	700.00	
〃	〃	〃	民間謎語大全			1	600.00	
〃	〃	〃	民間歌謠全集			1	600.00	
〃	〃	〃	民間述語全集			1	380.00	
〃	〃	〃	歷代童話故事集			1	800.00	
〃	〃	〃	稻草人			1	500.00	

直轄機關學校团体或事業　　　　受損失者 省立大庾中學

名稱　　　　印信　　　　（名稱或姓名）　　　　（印信或蓋章）

財產損失報告單

填送日期：三十四年十二月　　日

NO: 15

(1) 損失年月日	(2) 事件	地点	(3) 損失項目	購置年月	單位	數量	查報時價值（國幣元）		(5) 證件
卅四年二月	日寇侵陷	左拔	音韻學			1	1000	00	
〃	〃	〃	語言與文學			1	600	00	
〃	〃	〃	萬国通語論			1	700	00	
〃	〃	〃	一生			4	1600	00	
〃	〃	〃	德國短篇小說選			1	350	00	
〃	〃	〃	遺產			1	250	00	
〃	〃	〃	異端			1	300	00	
〃	〃	〃	蘇聯作家二十人集			1	560	00	
〃	〃	〃	新俄學生日記			1	190	00	
〃	〃	〃	我的生涯			1	400	00	
〃	〃	〃	莫泊桑小說集			1	800	00	
〃	〃	〃	鵲			1	500	00	
〃	〃	〃	四騎士			1	200	00	
〃	〃	〃	天路歷程			1	280	00	
〃	〃	〃	天文的奇緣			1	400	00	
〃	〃	〃	學術演講錄			1	400	00	
〃	〃	〃	演講學大要			1	380	00	
〃	〃	〃	演講學			1	400	00	
〃	〃	〃	名人演講集			1	800	00	
〃	〃	〃	中国宣傳文選			1	200	00	
〃	〃	〃	學習書信指導			1	380	00	

直轄機關學校团体或事業　　　　受損失者 省立大庾中學

名稱　　印信　　（名稱或姓名）　　（印信或蓋章）

166

財產損失報告單

填送日期：三十四年十二月　　日　　NO: 16

(1) 損失年月日	(2) 事件	地点	(4) 損失項目	購置年月	單位	數量	查報時價值（國幣元）		(5) 證件
卅四年二月	日寇侵陷	左鎮	社交尺牘大全			2	400	00	
〃	〃	〃	寫信秘訣			1	380	00	
〃	〃	〃	寫信百封			1	200	00	
〃	〃	〃	阿鳳			1	400	00	
〃	〃	〃	秋心			1	250	00	
〃	〃	〃	海外工讀十年紀實			1	800	00	
〃	〃	〃	敵兵陣中日記			1	200	00	
〃	〃	〃	軍中隨筆			2	300	00	
〃	〃	〃	戰地日記			1	200	00	
〃	〃	〃	北平夜話			1	280	00	
〃	〃	〃	張君勱先生演講集			1	500	00	
〃	〃	〃	禁烟演說演詞選刊			1	200	00	
〃	〃	〃	舞女			1	280	00	
〃	〃	〃	泰西軼事五十件			1	280	00	
〃	〃	〃	二漁夫			1	250	00	
〃	〃	〃	青鳥			1	200	00	
〃	〃	〃	海外軒渠錄			1	260	00	
〃	〃	〃	戰後			1	280	00	
〃	〃	〃	西線無戰事			1	250	00	
〃	〃	〃	俠隱記			2	560	00	
〃	〃	〃	北大演講集			1	300	00	

直轄機關學校団体或事業　　　　受損失者 省立大庾中學

名稱　　印信　　（名稱或姓名）　　（印信或蓋章）

財產損失報告單

填送日期：三十四年十二月　　日

NO:17

(1)損失年月日	(2)事件	地點	(3)損失項目	購置年月	單位	數量	當報時價值（國幣元）		(5)證件
卅四年二月	日寇侵臨	左佈	儒林外史			2	1000	00	
〃	〃	〃	蝕			1	300	00	
〃	〃	〃	毽子日			1	200	00	
〃	〃	〃	一個無產者的自傳			1	200	00	
〃	〃	〃	在西北原野			1	250	00	
〃	〃	〃	流外集			1	200	00	
〃	〃	〃	小說九篇			1	150	00	
〃	〃	〃	不平衡的力篇			1	150	00	
〃	〃	〃	迷羊			1	350	00	
〃	〃	〃	荻文小說習作選			1	280	00	
〃	〃	〃	還鄉集			1	400	00	
〃	〃	〃	初戀			1	250	00	
〃	〃	〃	紅葉集			1	150	00	
〃	〃	〃	吶喊			1	280	00	
〃	〃	〃	呼蘭河傳			1	200	00	
〃	〃	〃	異邦情調			1	250	00	
〃	〃	〃	歸去來			1	250	00	
〃	〃	〃	速寫與隨筆			1	200	00	
〃	〃	〃	中國文体举例			1	560	00	
〃	〃	〃	小說舊文鈔			1	600	00	
〃	〃	〃	小說論			1	480	00	

直轄機關學校团体或事業　　　　受損失者　省立大庾中學

名稱　　印信　　（名稱或姓名）　　（印信或蓋章）

財產損失報告單

填送日期：三十四年十二月　　日

NO:18

(1) 損失年月日	(2) 事件	地點	(4) 損失項目	購置年月	單位	數量	查報時價值（國幣元）	(5) 證件
卅四年二月	日寇侵陷	左坤	小說話			1	400.00	
〃	〃	〃	模範美文應用文			1	480.00	
〃	〃	〃	讀書三昧			1	400.00	
〃	〃	〃	英國小品文選			1	500.00	
〃	〃	〃	精神短篇美文選			1	1000.00	
〃	〃	〃	美文應用文			1	480.00	
〃	〃	〃	初中應用文			1	250.00	
〃	〃	〃	中學應用文			1	480.00	
〃	〃	〃	應用文			1	300.00	
〃	〃	〃	師範應用文			1	400.00	
〃	〃	〃	交際大全			1	900.00	
〃	〃	〃	歷代滑稽故事選集			1	400.00	
〃	〃	〃	水滸			〢	1200.00	
〃	〃	〃	修辭學			1	300.00	
〃	〃	〃	西遊記			〢	1200.00	
〃	〃	〃	鏡花緣			〢	1200.00	
〃	〃	〃	牡丹亭			1	280.00	
〃	〃	〃	輪迴第二年			1	250.00	
〃	〃	〃	斷腸集			1	350.00	
〃	〃	〃	十六年之雜碎			1	280.00	
〃	〃	〃	人間雜記			1	200.00	

直轄機關學校團体或事業　　　　受損失者省立大庾中學

名稱　　　印信　　　（名稱或姓名）　　（印信或蓋章）

財產損失報告單

填送日期　三十四年十二月　　日　　NO:19

(1) 損失年月日	(2) 事件	地点	(3) 損失項目	購置年月	單位	數量	查報時價值（國幣元）	(5) 證件
卅四年二月	日寇侵陷	左綿	生活的書			1	200.00	
"	"	"	應用文指導			1	400.00	
"	"	"	交際文件			1	300.00	
"	"	"	現代公文程式大全			1	800.00	
"	"	"	十年			1	380.00	
"	"	"	英譯小說彙編			1	400.00	
"	"	"	漢譯英文笑話集			1	400.00	
"	"	"	鮮晒集			1	300.00	
"	"	"	中國儒言			1	360.00	
"	"	"	晚清小說史			1	450.00	
"	"	"	弱小民族小說選			1	400.00	
"	"	"	英美名家小說集			1	580.00	
"	"	"	初級應用文			1	490.00	
"	"	"	應用文指導			1	400.00	
"	"	"	民族革命文選			1	500.00	
"	"	"	國語文類選			1	580.00	
"	"	"	中學生文藝			4	600.00	
"	"	"	山水小品集			1	380.00	
"	"	"	模範文選			2	780.00	
"	"	"	章太炎的白話文			1	500.00	
"	"	"	談龍集			1	400.00	

直轄機關學校团体或事業　　　　受損失者　省立大庾中學

名稱　　印信　　（名稱或姓名）　　（印信或蓋章）

財產損失報告單

填送日期：三十四年十二月　　日

NO: 20

(1) 損失年月日	(2) 事件	地点	(4) 損失項目	購置年月	單位	數量	查報時價值（國幣元）		(5) 證件
三十四年二月	日寇侵臨	左佛	戰地剪集			1	290	00	
〃	〃	〃	反正前後			1	180	00	
〃	〃	〃	壁下譯叢			1	290	00	
〃	〃	〃	魯迅而已集			1	560	00	
〃	〃	〃	義卷集			1	380	00	
〃	〃	〃	热风			1	280	00	
〃	〃	〃	落葉			1	200	00	
〃	〃	〃	小意思集			1	200	00	
〃	〃	〃	胡適之白話文鈔			1	800	00	
〃	〃	〃	她們的生活			1	300	00	
〃	〃	〃	抗戰小品文			1	280	00	
〃	〃	〃	何魯文鈔			1	480	00	
〃	〃	〃	抗戰報告劇			1	200	00	
〃	〃	〃	岳飛			1	150	00	
〃	〃	〃	街頭演劇			1	100	00	
〃	〃	〃	抗戰歌劇選			1	300	00	
〃	〃	〃	現代短劇譯叢			1	400	00	
〃	〃	〃	學校劇本集			1	300	00	
〃	〃	〃	山河淚			1	180	00	
〃	〃	〃	抗戰叢刊			1	100	00	
〃	〃	〃	新劇本			1	380	00	

直轄機關學校团体或事業　　　　受損失者　省立大庾中學

名稱　　　　印信　　　　（名稱或姓名）　　　　（印信或蓋章）

72

財產損失報告單

填送日期：三十四年十二月　　日　　NO:21

損失年月日 (1)	事件 (2)	地点	損失項目 (4)	購置年月	單位	數量	查報時價值（國幣元）		證件 (5)
卅四年二月	日寇侵陷	大庾	沙樂美			1	280	00	
〃	〃	〃	神與人的戲劇			1	300	00	
〃	〃	〃	最後関頭			1	290	00	
〃	〃	〃	佛西戲劇集			1	400	00	
〃	〃	〃	狗的跳舞			1	180	00	
〃	〃	〃	安那斯瑪			1	300	00	
〃	〃	〃	文鍵			1	200	00	
〃	〃	〃	古文白話文選			1	380	00	
〃	〃	〃	歷代三杯註读本			2	600	00	
〃	〃	〃	歷代文評選			1	860	00	
〃	〃	〃	新少年讀本			1	300	00	
〃	〃	〃	憂国文選			1	400	00	
〃	〃	〃	楚辞			1	400	00	
〃	〃	〃	宋詞之研究			1	580	00	
〃	〃	〃	中国詞史大綱			1	800	00	
〃	〃	〃	詞繪			1	500	00	
〃	〃	〃	唐宋名家詞選			1	600	00	
〃	〃	〃	花間集注			1	560	00	
〃	〃	〃	庚子国变彈詞			1	400	00	
〃	〃	〃	戲曲論			1	450	00	
〃	〃	〃	謙虚拉			1	300	00	

直轄機關學校团体或事業　　　　受損失者　省立大庾中學

名稱　　　印信　　　　（名稱或姓名）　　（印信或蓋章）

172

191

財產損失報告單

填送日期：三十四年十二月　　日

NO: 22

(1) 損失年月日	(2) 事件	地點	(3) 損失項目	購置年月	單位	數量	查報時價值（國幣元）	(5) 證件
卅四年二月	日寇侵陷	左佛	譯戲劇選			1	480.00	
〃	〃	〃	從軍樂			1	200.00	
〃	〃	〃	抗戰劇本說明			1	300.00	
〃	〃	〃	最佳抗戰劇選			1	800.00	
〃	〃	〃	瞭黑棗			2	600.00	
〃	〃	〃	國戲流措術			1	290.00	
〃	〃	〃	革命紀念日的劇本			1	350.00	
〃	〃	〃	美術入門研究			1	480.00	
〃	〃	〃	英文兒童詩歌			1	400.00	
〃	〃	〃	國魂詩選			1	600.00	
〃	〃	〃	田間詩選			1	560.00	
〃	〃	〃	愛國詩選			2	1400.00	
〃	〃	〃	愛國詩歌選			1	600.00	
〃	〃	〃	民族詩壇叢刊			2	400.00	
〃	〃	〃	將來之花園			1	280.00	
〃	〃	〃	晨朝			1	380.00	
〃	〃	〃	石任詩存			1	500.00	
〃	〃	〃	麗淋			1	200.00	
〃	〃	〃	露思			1	250.00	
〃	〃	〃	詩文選			1	400.00	
〃	〃	〃	抗日曲集			3	800.00	

直轄機關學校团体或事業　　受損失者 省立大庾中學

名稱　　印信　　（名稱或姓名）　　（印信或蓋章）

財產損失報告單

填送日期：三十四年十二月　　日

NO:23

(1) 損失年月日	(2) 事件	地点	(4) 損失項目	購置年月	單位	數量	查報時價值（國幣元）		(5) 證件
卅四年二月	日寇侵略	[illegible]	英國近代詩歌選譯			1	560	00	
〃	〃	〃	少年英文詩歌			1	460	00	
〃	〃	〃	曲[illegible]			1	600	00	
〃	〃	〃	春水			1	500	00	
〃	〃	〃	在出版界二十年			1	250	00	
〃	〃	〃	英文論文寫作法			1	480	00	
〃	〃	〃	中國詩學大綱			1	800	00	
〃	〃	〃	文學與詩歌			1	500	00	
〃	〃	〃	詩賦詞曲概論			1	600	00	
〃	〃	〃	詩賦學綱要			2	1000	00	
〃	〃	〃	解文指南			1	300	00	
〃	〃	〃	詩學原理			1	400	00	
〃	〃	〃	中國詩的新途徑			1	500	00	
〃	〃	〃	鍾嶸詩品之研究			1	380	00	
〃	〃	〃	詩人性格			1	300	00	
〃	〃	〃	中華詩選			1	1000	00	
〃	〃	〃	古今名詩選			4	1800	00	
〃	〃	〃	唐詩三百首讀本			2	900	00	
〃	〃	〃	陶淵明詩話			1	400	00	
〃	〃	〃	清詩評注讀本			3	800	00	
〃	〃	〃	中國文學史表解			1	1000	00	

直轄機關學校团体或事業　　　　受損失者 省立大庾中學

名稱　　　　印信　　　　（名稱或姓名）　　　　（印信或蓋章）

174

財產損失報告單

填送日期：三十四年十二月　　日

NO: 24

(1) 損失年月日	(2) 事件	地點	(4) 損失項目	購置年月	單位	數量	查報時價值（國幣元）	(5) 證件
卅四年二月	日寇侵陷	左沸	中國文學史話第一冊			1	800.00	
〃	〃	〃	中國文學史略			1	1000.00	
〃	〃	〃	中國文學小史			1	1000.00	
〃	〃	〃	中國文史之哲學論叢			1	680.00	
〃	〃	〃	中國近代文學之變遷			1	750.00	
〃	〃	〃	非革命文學			1	500.00	
〃	〃	〃	肅軒共總貨			1	200.00	
〃	〃	〃	抗戰言論集			2	800.00	
〃	〃	〃	救亡言論集			1	300.00	
〃	〃	〃	世界名人救亡言論集			1	500.00	
〃	〃	〃	[illegible]言論集			1	600.00	
〃	〃	〃	不為奴隸論文集			1	480.00	
〃	〃	〃	吳稚暉選著			1	800.00	
〃	〃	〃	林直勉先生遺著			1	400.00	
〃	〃	〃	馮玉祥先生名著集			1	500.00	
〃	〃	〃	胡漢民先生名著集			1	600.00	
〃	〃	〃	梁任公選著第一輯			2	1200.00	
〃	〃	〃	中國音樂文學史			1	600.00	
〃	〃	〃	歷代文粹			2	800.00	
〃	〃	〃	中英譯法			1	800.00	
〃	〃	〃	編譯小補			1	250.00	

19

直轄機關學校团体或事業　　　　受損失者　省立大庾中學

名稱　　　　印信　　　　（名稱或姓名）　　（印信或蓋章）

財產損失報告單

填送日期：三十四年十二月　　日

NO:25

(1) 損失年月日	(2) 事件	地點	(4) 損失項目	購置年月	單位	數量	查報時價值（國幣元）	(5) 證件
卅四年二月	日寇侵陷	左坊	給初學寫作的一封信			1	180.00	
〃	〃	〃	創造社会			1	380.00	
〃	〃	〃	作品與作家			1	400.00	
〃	〃	〃	自傳之音			1	280.00	
〃	〃	〃	郁達夫論			1	500.00	
〃	〃	〃	茅盾論			1	560.00	
〃	〃	〃	王獨清論			1	500.00	
〃	〃	〃	中国文人故事			1	900.00	
〃	〃	〃	現代中国作家論			2	1800.00	
〃	〃	〃	作家·評傳			1	600.00	
〃	〃	〃	高尔基研究			1	700.00	
〃	〃	〃	文學的故事			1	600.00	
〃	〃	〃	近代文學面面観			1	500.00	
〃	〃	〃	中国文學概論			1	1000.00	
〃	〃	〃	中国文學概論講話			1	890.00	
〃	〃	〃	中国文學通論			1	1000.00	
〃	〃	〃	中国文學史提要			1	900.00	
〃	〃	〃	朱文小叢書			4	600.00	
〃	〃	〃	文學概論講述			1	500.00	
〃	〃	〃	文學概論			1	580.00	
〃	〃	〃	平民文學概論			1	460.00	

直轄機關學校团体或事業　　　　受損失者　省立大庾中學

名稱　　　印信　　　（名稱或姓名）　　　（印信或盖章）

財產損失報告單

填送日期：三十四年十二月　　日

NO:26

(1) 損失年月日	(2) 事件	地点	(4) 損失項目	購置年月	單位	數量	查報時價值（國幣元）		(5) 證件
卅四年二月	日寇侵陷	上海	中古文學概論			1	610	00	
〃	〃	〃	近古文學概論			1	850	00	
〃	〃	〃	大戰後之世界文學			1	380	00	
〃	〃	〃	新興文學概論			1	401	00	
〃	〃	〃	編輯與評論			1	800	00	
〃	〃	〃	近世文學批評			1	300	00	
〃	〃	〃	新文學評論			1	500	00	
〃	〃	〃	出了象牙之塔			1	500	00	
〃	〃	〃	文心雕龍			1	460	00	
〃	〃	〃	幼學故事瓊林			1	600	00	
〃	〃	〃	寫作的健康與疾病			1	350	00	
〃	〃	〃	文藝方法論			1	400	00	
〃	〃	〃	文學研究法			1	400	00	
〃	〃	〃	編譯的理論與實際			2	1350	00	
〃	〃	〃	編譯案例講義			1	700	00	
〃	〃	〃	英文漢譯例解			1	480	00	
〃	〃	〃	英文編譯指南			2	1000	00	
〃	〃	〃	英文中譯法			2	1200	00	
〃	〃	〃	袖珍中國戰地圖			1	1000	00	
〃	〃	〃	袖珍上海分圖			1	500	00	
〃	〃	〃	近代劇選			1	500	00	

直轄機關學校团体或事業　　　　受損失者　省立大庾中學

名稱　　印信　　（名稱或姓名）　　（印信或蓋章）

財產損失報告單

填送日期：三十四年十二月　　日

N:27

損失年月日(1)	事件(2)	地点	損失項目(4)	購置年月	單位	數量	查報時價值（國幣元）		證件(5)
卅四年二月	日寇侵陷	大庾	義姑			1	300	00	
〃	〃	〃	文化與教育			1	700	00	
〃	〃	〃	中國文化建設問題			1	500	00	
〃	〃	〃	西康童話			1	200	00	
〃	〃	〃	國音字母			1	100	00	
〃	〃	〃	英文直体習字帖			6	700	00	
〃	〃	〃	上海的定期刊物			1	100	00	
〃	〃	〃	課外閱讀筆記簿			1	150	00	
〃	〃	〃	簡易英文習字帖			2	200	00	
〃	〃	〃	英漢合璧叢書			6	5000	00	
〃	〃	〃	紅樓夢			6	1000	00	
〃	〃	〃	中華百科辭典			1	12000	00	
〃	〃	〃	辭通			1	13000	00	
〃	〃	〃	王雲五大辭典			1	9000	00	
〃	〃	〃	教育大辭書			1	11000	00	
〃	〃	〃	哲學辭典			1	4500	00	
〃	〃	〃	音樂辭典			1	3000	00	
〃	〃	〃	數學辭典			1	2500	00	
〃	〃	〃	化學辭典			1	2500	00	
〃	〃	〃	算學辭典			1	5000	00	
〃	〃	〃	博物辭典			1	5000	00	

直轄機關學校团体或事業　　　　受損失者 省立大庾中學

名稱　　印信　　　　(名稱或姓名)　　(印信或盖章)

財產損失報告單

填送日期：三十四年十二月　　日

NO:28

損失年月日 (1)	事件 (2)	地点	損失項目 (3)	購置年月	單位	數量	查報時價值（國幣元）		證件 (5)
卅四年二月	日寇侵陷	左傳	中華辭典			1	5000	00	
〃	〃	〃	康熙字典			1	4500	00	
〃	〃	〃	中華大辭典			4	20000	00	
〃	〃	〃	中國醫學大辭典			1	13000	00	
〃	〃	〃	辭海			2	35000	00	
〃	〃	〃	植物學大辭典			1	6500	00	
〃	〃	〃	商人寶鑑			1	1500	00	
〃	〃	〃	英文習語大全			1	15000	00	
〃	〃	〃	英漢大辭典			1	18000	00	
〃	〃	〃	英漢模範辭典			1	7000	00	
〃	〃	〃	日華辭典			1	2500	00	
〃	〃	〃	文藝辭典			1	8000	00	
〃	〃	〃	中國文學大辭典			1	10500	00	
〃	〃	〃	中外地名辭典			1	3500	00	
〃	〃	〃	中外名人辭典			1	8500	00	
〃	〃	〃	現代外國名人辭典			1	7000	00	
〃	〃	〃	英漢社交大全			1	3500	00	
〃	〃	〃	國語辭典			1	3000	00	
〃	〃	〃	經濟學辭典			1	5500	00	
〃	〃	〃	中國法律大辭典			1	4200	00	
〃	〃	〃	政治法律大辭典			1	3000	00	

直轄機關學校団体或事業　　　　受損失者　省立大庚中學

名稱　　印信　　（名稱或姓名）　　（印信或蓋章）

財產損失報告單

填送日期：三十四年十二月　　日

NO：29

(1) 損失年月日	(2) 事件	地点	(4) 損失項目	購置年月	單位	數量	查報時價值（國幣元）	證件 (5)
卅四年二月	日寇侵陷	左佛	法律大辭典			3	10000 00	
〃	〃	〃	社会科學小辭典			1	550 00	
〃	〃	〃	地質礦物學大辭典			1	12000 00	
〃	〃	〃	植物學大辭典			1	7000 00	
〃	〃	〃	動物學大辭典			1	15000 00	
〃	〃	〃	應用文件大辭典			1	750 00	
〃	〃	〃	公文用語大辭典			2	14000 00	
〃	〃	〃	寫信辭典			1	1200 00	
〃	〃	〃	尺牘辭源			1	1800 00	
〃	〃	〃	教書輔論			1	1500 00	
〃	〃	〃	天文學名詞			1	6500 00	
〃	〃	〃	物理學名詞			1	1850 00	
〃	〃	〃	名言大辭典			2	1800 00	
〃	〃	〃	評註諸子菁華錄			7	3000 00	
〃	〃	〃	惜抱軒詩文集			8	2500 00	
〃	〃	〃	各種往傳小學			7	1500 00	
〃	〃	〃	珠玉詞			1	300 00	
〃	〃	〃	歷代名人家書			4	450 00	
〃	〃	〃	曹子建集			2	300 00	
〃	〃	〃	楊歌			1	150 00	
〃	〃	〃	古代名人書札續編			4	2000 00	

直轄機關學校团体或事業　　　　受損失者省立大庾中學

名稱　　　印信　　　（名稱或姓名）　　　（印信或蓋章）

221

財產損失報告單

填送日期：三十四年十二月　　日

NO: 30

(1)損失年月日	(2)事件	地点	(4)損失項目	購置年月	單位	數量	查報時價值(國幣元)		(5)證件
卅四年二月	日寇侵臨	左佛	說文解字			4	2500	00	
〃	〃	〃	虞字析中			1	350	00	
〃	〃	〃	章譚合鈔			5	2800	00	
〃	〃	〃	飲冰室文集全篇			20	4500	00	
〃	〃	〃	中国文學史			4	1500	00	
〃	〃	〃	蒼古山房文字談			2	700	00	
〃	〃	〃	國學用書類述			1	900	00	
〃	〃	〃	當代八家文鈔			20	2500	00	
〃	〃	〃	古今尺牘大觀			30	3200	00	
〃	〃	〃	佩文韻府			60	35000	00	
〃	〃	〃	美術叢書			100	45000	00	
〃	〃	〃	古今碑帖集成			150	43000	00	
〃	〃	〃	大學叢書			14	35000	00	
〃	〃	〃	中国文化史叢書			12	25000	00	
〃	〃	〃	四部備要(經部)			3	20000	00	
〃	〃	〃	四部備要(子部)			2	15000	00	
〃	〃	〃	四部備要(史部)			8	75000	00	
〃	〃	〃							
〃	〃	〃							
〃	〃	〃							
〃	〃	〃							

181

直轄機關學校团体或事業　　　　受損失者 省立大庾中學

名稱　　　　印信　　　　(名稱或姓名)　　　　(印信或蓋章)

江西省立大庚中学财产损失报告单（器具类）（一九四五年十二月）

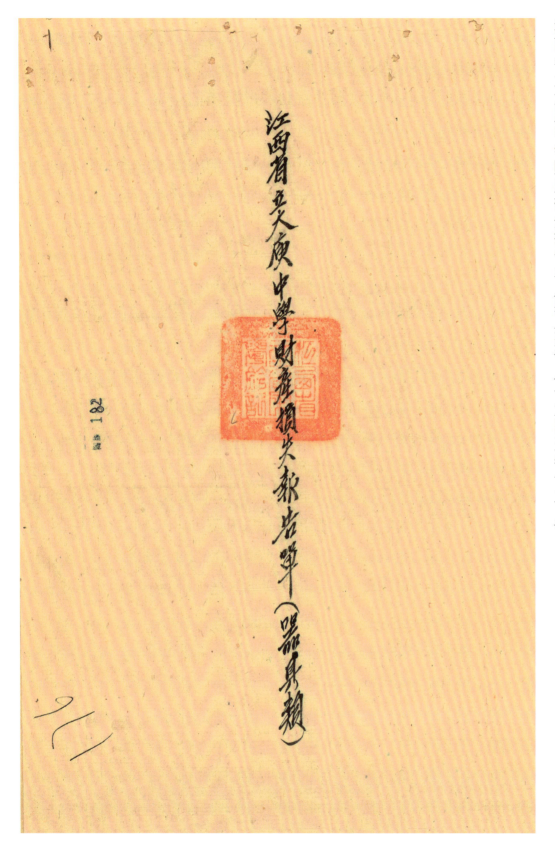

江西省立大庚中學財產損失報告單（器具類）

182

財產損失報告單

填送日期：三十四年十二月　　日

1V0:1

(1) 損失年月日	(2) 事件	地点	(4) 損失項目	購置年月	單位	數量	查報時價值（國幣元）		(5) 證件
卅四年二月	日軍侵陷	大庾	教桌		張	8	52000	00	
〃	〃	〃	双位學生桌		〃	85	297500	00	
〃	〃	〃	單位學生桌		套	42	126000	00	
〃	〃	〃	条桌		張	68	204000	00	
〃	〃	〃	兩屜条桌		〃	4	22000	00	
〃	〃	〃	綠漆兩屜条桌		〃	1	6500	00	
〃	〃	〃	三屜書桌		〃	5	32500	00	
〃	〃	〃	藍色五屜办公桌		〃	10	80000	00	
〃	〃	〃	黑漆五屜办公桌		〃	3	21000	00	
〃	〃	〃	黑漆六屜办公桌		〃	4	36000	00	
〃	〃	〃	黑漆練用办公桌		〃	3	29400	00	
〃	〃	〃	洋式長餐桌		〃	3	30000	00	
〃	〃	〃	黑漆長餐桌（九檔）		〃	1	12000	00	
〃	〃	〃	黑漆方圓兩用桌		〃	2	26000	00	
〃	〃	〃	白色圓桌		〃	5	12500	00	
〃	〃	〃	黑漆小圓桌		〃	1	9000	00	
〃	〃	〃	方桌		〃	25	70000	00	
〃	〃	〃	双位學生靠椅		〃	150	330000	00	
〃	〃	〃	明漆籐墊圓椅		〃	4	32000	00	
〃	〃	〃	明漆靠椅		〃	5	25000	00	
〃	〃	〃	黑漆靠椅		〃	30	150000	00	

直轄機關學校团体或事業　　　　受損失者 省立大庾中學

名稱　　　印信　　　（名稱或姓名）　　（印信或蓋章）

財產損失報告單

填送日期：三十四年十二月　　日

NO:2

(1)損失年月日	(2)事件	地点	(4)損失項目	購置年月	單位	數量	查報時價值（國幣元）		(5)證件
卅四年二月	日寇侵陷	大庾	舊式明漆靠椅		張	6	21000	00	
〃	〃	〃	短木凳		〃	27	17550	00	
〃	〃	〃	長条凳		〃	150	195000	00	
〃	〃	〃	明漆會議凳		〃	12	14400	00	
〃	〃	〃	方竹椅		〃	73	29200	00	
〃	〃	〃	黑漆茶几		〃	6	7800	00	
〃	〃	〃	明漆茶几		〃	2	2600	00	
〃	〃	〃	明漆西邨茶几		〃	4	7200	00	
〃	〃	〃	四門儀器櫥		頂	2	30000	00	
〃	〃	〃	双門書櫥		〃	4	40000	00	
〃	〃	〃	双門儲存櫥		〃	5	50000	00	
〃	〃	〃	單門儲存櫥		〃	8	16000	00	
〃	〃	〃	收音机儲存櫥		〃	1	10000	00	
〃	〃	〃	棉衣儲存櫥		〃	1	10000	00	
〃	〃	〃	格子双門儲存櫥		〃	1	12000	00	
〃	〃	〃	學生用十二格書櫥		〃	4	72000	00	
〃	〃	〃	學生用九格書櫥		〃	15	202500	00	
〃	〃	〃	學生用八格書櫥		〃	27	324000	00	
〃	〃	〃	學生用九格書櫥		〃	16	216000	00	
〃	〃	〃	綠漆成績櫥		〃	5	60000	00	
〃	〃	〃	織編貨櫥		〃	3	75000	00	

184

直轄機關學校团体或事業　　　　受損失者　省立大庾中學

名稱　　　印信　　　（名稱或姓名）　　　（印信或蓋章）

財產損失報告單

填送日期：三十四年十二月　　日

NO:3

(1) 損失年月日	(2) 事件	地点	(4) 損失項目	購置年月	單位	數量	查報時價值（國幣元）	(5) 證件
三四年7月	日寇侵略	大庾	六門玻璃儲貨廚		頂	1	30000.00	
〃	〃	〃	無腳双門矮廚		〃	1	7000.00	
〃	〃	〃	無脚單門矮廚		〃	1	6000.00	
〃	〃	〃	茶櫥		〃	2	10000.00	
〃	〃	〃	碗櫥		〃	4	20000.00	
〃	〃	〃	單門小櫥		〃	1	4000.00	
〃	〃	〃	存物樟木箱		只	8	24000.00	
〃	〃	〃	存物杉木箱		〃	4	6400.00	
〃	〃	〃	藍漆存物箱		〃	2	4000.00	
〃	〃	〃	搜集箱		〃	16	12800.00	
〃	〃	〃	收音机箱		〃	1	1500.00	
〃	〃	〃	通告箱		〃	18	12800.00	
〃	〃	〃	字紙箱		〃	20	10000.00	
〃	〃	〃	鉛皮儲藏箱		〃	3	18000.00	
〃	〃	〃	紅色小皮箱		〃	1	7000.00	
〃	〃	〃	黑色荔皮箱		〃	1	7000.00	
〃	〃	〃	木櫃		〃	2	5000.00	
〃	〃	〃	明漆木櫃		〃	2	6000.00	
〃	〃	〃	書架		〃	11	27500.00	
〃	〃	〃	儲物架		〃	25	62500.00	
〃	〃	〃	四層儲物架		〃	3	9000.00	

直轄機關學校团体或事業　　　　受損失者 省立大庾中學

名稱　　　　印信　　　　（名稱或姓名）　　　　（印信或蓋章）

財產損失報告單

填送日期：三十四年十二月　　日

NO:4

(1)損失年月日	(2)事件	地点	(4)損失項目	購置年月	單位	數量	查報時價值（國幣元）		(5)證件
三十四年一月	日寇侵佔	大庾	茶架		只	2	3000	00	
〃	〃	〃	面盆架		〃	27	8750	00	
〃	〃	〃	小木架		〃	4	1400	00	
〃	〃	〃	長木架		〃	1	1600	00	
〃	〃	〃	衣架		〃	1	2000	00	
〃	〃	〃	雨具架		〃	4	6400	00	
〃	〃	〃	雜誌架		〃	2	1000	00	
〃	〃	〃	圓盒架		〃	20	10000	00	
〃	〃	〃	箱架		〃	24	24000	00	
〃	〃	〃	矮脚箱架		〃	228	114000	00	
〃	〃	〃	旗架		〃	2	1400	00	
〃	〃	〃	床架		〃	24	384000	00	
〃	〃	〃	槍架		〃	6	6000	00	
〃	〃	〃	飯瓢架		〃	2	2000	00	
〃	〃	左佛	資級訓長相架		個	2	8000	00	
〃	〃	〃	資級編長相架		〃	2	6000	00	
〃	〃	〃	黑漆資長相架		〃	4	6000	00	
〃	〃	〃	金邊資長相架		〃	4	5000	00	
〃	〃	〃	黑漆封相架		〃	13	10400	00	
〃	〃	〃	黑漆資長相架		〃	13	23400	00	
〃	〃	〃	金邊封表格架		〃	12	9600	00	

直轄機關學校团体或事業　　受損失者　省立大庾中學

名稱　　印信　　（名稱或姓名）　　（印信或蓋章）

財產損失報告單

填送日期：三十四年十二月　　日

NO:5

(1)損失年月日	(2)事件	地点	(4)損失項目	購置年月	單位	數量	查報時價值（國幣元）	(5)證件
卅四年二月	日寇侵凼	大庚	金黃邊片長方相架		個	6	25600 00	
〃	〃	〃	樟木嵌方相架		〃	8	12000 00	
〃	〃	〃	黑漆嵌方相架		〃	1	2500 00	
〃	〃	〃	嵌玻璃成績架		〃	32	57600 00	
〃	〃	〃	總理相架		〃	2	4000 00	
〃	〃	〃	總裁相架		〃	2	4000 00	
〃	〃	〃	權奇公相架		〃	1	2000 00	
〃	〃	〃	单床		張	10	27500 00	
〃	〃	〃	双床		〃	85	467500 00	
〃	〃	〃	大黑版		块	17	93500 00	
〃	〃	〃	小黑版		〃	7	21000.00	
〃	〃	〃	強查板		〃	70	21000 00	
〃	〃	左佛	62×41玻璃版		〃	6	60000 00	
〃	〃	〃	46×31玻璃版		〃	2	16000 00	
〃	〃	〃	銅版		〃	3	15000 00	
〃	〃	〃	典錫九龍壺		座	2	224000 00	
〃	〃	〃	典錫茶壺		把	6	40000 00	
〃	〃	〃	紅銅九龍壺		座	1	10000 00	
〃	〃	〃	自來絲眼壺		把	1	10000 00	
〃	〃	〃	瓷茶壺		〃	2	7000 00	
〃	〃	大庚	大井缸		只	7	28000 00	

直轄機關學校团体或事業　　　　受損失者 省立大庚中學

名稱　　　印信　　　（名稱或姓名）　　（印信或蓋章）

181

財產損失報告單

填送日期：三十四年十二月　日

NO:6

(1) 損失年月日	(2) 事件	地點	(3) 損失項目	購置年月	單位	數量	查報時價值（國幣元）		(5) 證件
卅四年二月	日寇侵臨	大庾	濶口缸		只	5	10000	00	
〃	〃	〃	小井缸		〃	9	7200	00	
〃	〃	左拔	马燈		盏	1	2000	00	
〃	〃	〃	花籃式汽燈		〃	9	90000	00	
〃	〃	〃	倒大汽燈		〃	4	40000	00	
〃	〃	〃	手提四角玻璃燈		〃	8	4000	00	
〃	〃	〃	風燈		〃	50	20000	00	
〃	〃	〃	瓷痰盂		只	13	13000	00	
〃	〃	〃	搪瓷痰盂		〃	23	46000	00	
〃	〃	〃	白方瓷水盂		〃	10	15000	00	
〃	〃	〃	灰色圓瓷水盂		〃	2	3000	00	
〃	〃	〃	通身镜		座	2	50000	00	
〃	〃	〃	長方形小镜		面	1	2200	00	
〃	〃	〃	銅墨盒		只	2	2000	00	
〃	〃	〃	典錫方印盒		〃	1	1000	00	
〃	〃	〃	洋鉄長方印盒		〃	2	600	00	
〃	〃	〃	瓷鉄長方印盒		〃	2	600	00	
〃	〃	〃	洋鉄長方青蓮盒		〃	2	600	00	
〃	〃	〃	算盤		〃	4	12000	00	
〃	〃	〃	座鐘		面	1	12000	00	
〃	〃	〃	掛鐘		〃	2	28000	00	

188

直轄機關學校团体或事業　　受損失者省立大庾中學

名稱　　印信　　（名稱或姓名）　　（蓋章）

財產損失報告單

填送日期：三十四年十二月　　日

NO: 7

損失年月日(1)	事件(2)	地點	損失項目(4)	購置年月	單位	數量	查報時價值（國幣元）	證件(5)
卅四年二月	日寇侵佔	大庾	双鈴鬧鐘		面	2	20000.00	
〃	〃	〃	大秤		把	2	16000.00	
〃	〃	〃	小秤		〃	2	6000.00	
〃	〃	〃	脚踏車		乘	1	60000.00	
〃	〃	〃	墨硯		副	13	3900.00	
〃	〃	〃	銅吊鐘		個	1	5000.00	
〃	〃	〃	風琴		架	2	160000.00	
〃	〃	〃	搪瓷面盆		只	6	24000.00	
〃	〃	〃	橢圓脚盆		〃	2	6000.00	
〃	〃	〃	草剪		把	1	5000.00	
〃	〃	〃	跑表		個	1	40000.00	
〃	〃	〃	百公尺皮尺		支	1	20000.00	
〃	〃	〃	童軍五幅營幕		具	1	50000.00	
〃	〃	〃	童軍團旗		面	1	10000.00	
〃	〃	〃	童軍喫旗		对	108	108000.00	
〃	〃	〃	童軍單旗		面	53	53000.00	
〃	〃	〃	童軍中隊旗		〃	20	20000.00	
〃	〃	〃	童軍小隊旗		〃	60	60000.00	
〃	〃	〃	童軍大銅鍋灶		副	1	10000.00	
〃	〃	〃	運動背心		件	50	150000.00	
〃	〃	〃	雨衣		〃	2	40000.00	

主管機關學校團体或事業　　　　受損失者 省立大庾中學

名稱　　印信　　（名稱或姓名）　　（印信或蓋章）

189

財產損失報告單

填送日期：三十四年十二月　　日

NO: 8

(1) 損失年月日	(2) 事件	地点	(4) 損失項目	購置年月	單位	數量	查報時價值（國幣元）		(5) 證件
卅四年二月	日寇侵陷	左坊	背包		個	3	6000	00	
〃	〃	〃	粮袋		〃	118	118000	00	
〃	〃	〃	炊具		套	2	6000	00	
〃	〃	〃	水壶		只	2	1000	00	
〃	〃	〃	兜套水壶		〃	126	126000	00	
〃	〃	〃	大洋鼓		面	1	15000	00	
〃	〃	〃	小洋鼓		〃	2	10000	00	
〃	〃	〃	铜洋號		支	16	48000	00	
〃	〃	〃	鐮鎬		把	17	25500	00	
〃	〃	〃	锄頭		〃	10	20000	00	
〃	〃	〃	铁钯		〃	10	10000	00	
〃	〃	〃	足球		個	2	19000	00	
〃	〃	〃	排球		〃	3	24000	00	
〃	〃	〃	藍球		〃	3	27000	00	
〃	〃	〃	铁球		〃	2	11000	00	
〃	〃	〃	鉋鐵		塊	35	35000	00	
〃	〃	〃	劳作刀		把	50	30000	00	

直轄機關學校团体或事業　　　　受損失者 省立大庾中學

名稱　　　　印信　　　　（名稱或姓名）　　　　（印信或蓋章）

江西私立唐稷初级中学关于遵令填报抗战损失表致省教育厅的呈（一九四六年一月五日）

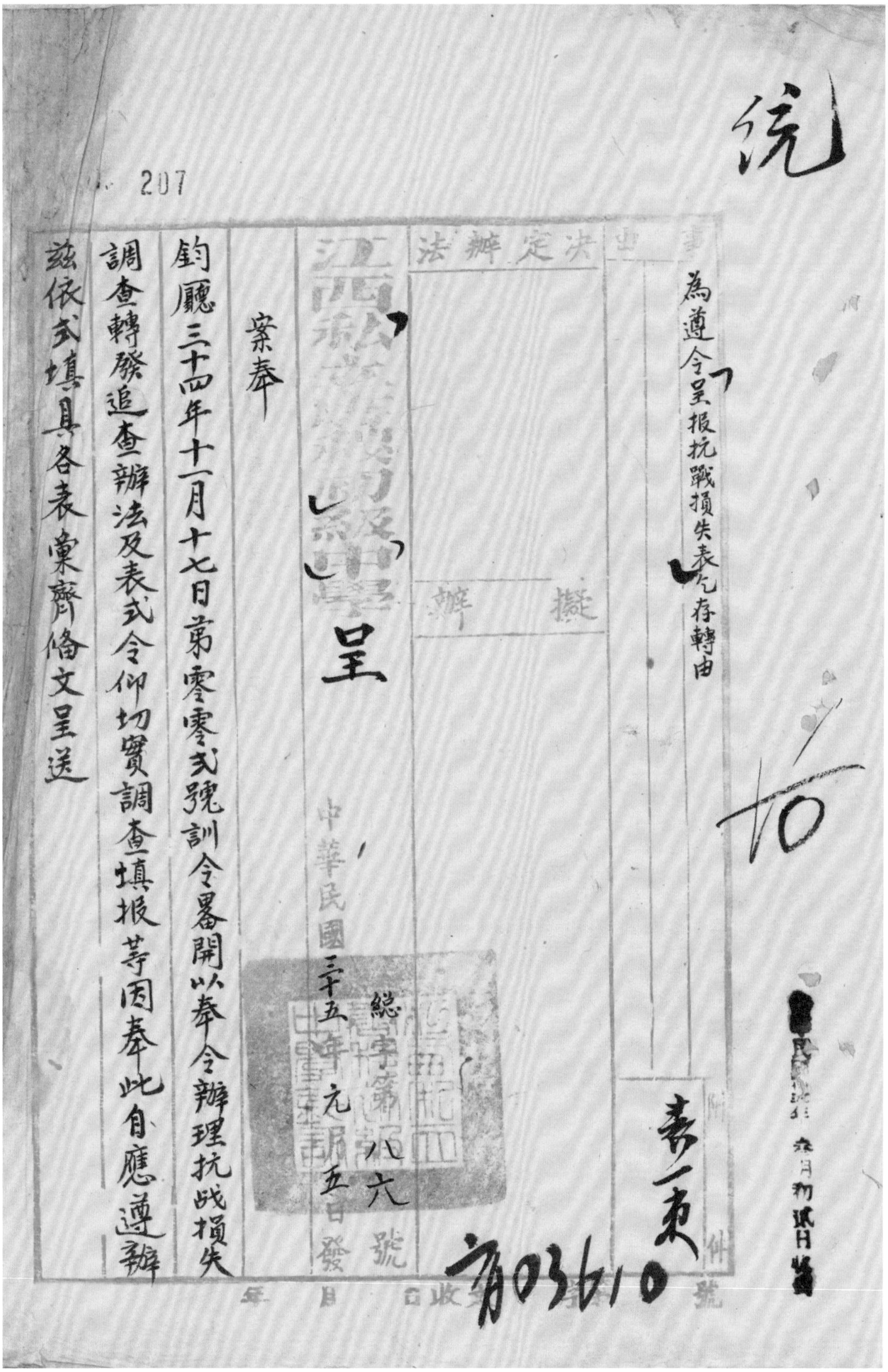
事由：為遵令呈報抗戰損失表乞存轉由

決定辦法

擬辦

江西私立唐稷初級中學　呈

案奉

鈞廳三十四年十一月十七日第零零弍號訓令略開以奉令辦理抗戰損失調查轉發追查辦法及表式令仰切實調查填報等因奉此自應遵辦茲依式填具各表彙齊備文呈送

中華民國三十五年元月五日發　總字第八六號

208

鈞廳乞存轉備案實爲公便

謹呈

江西省政府教育廳廳長程

附呈抗戰損失調查表表(三十一)份表(五)份表(十六)份表(十七)份

江西私立唐稷初級中學代理校長許修和

附（一）江西私立唐稷初级中学财产直接损失汇报表及财产损失报告单（一九四六年一月）

209

江西私立唐稷初級中學財產直接損失彙報表（表式5）

學校名稱

年份：(1) 民國三十三年

事件：(2) 日軍進攻桂林

地點：(3) 桂林

填送日期 三十五年 元 月 日

分類	查報時之價值（國幣元）
共計	140,000元
建築物	
器具	
現款	
圖書	
儀器	140000元
醫藥用品	
其他	

附財產損失報告單 1 張

教育廳長或縣長 (4)（簽蓋）　　報告者校長或鄉鎮長（簽蓋）校長許修和

調查專員（簽蓋）

說明：1.即損失發生之年份。

2.即發生損失之事件，如日機轟炸日軍進攻等。

3.即事件發生之地點，包括某市某縣某鄉鎮某村等。

4.省立學校及私立中學由教育廳長簽蓋，調查專員簽蓋從缺，縣立學校及私立小學由縣長簽蓋。

財產損失報告單 (表式3)

填送日期三十五年元月

(1) 損失年月日	(2) 事件	(3) 地點	(4) 損失項目	購置年月	單位	數量	查報時價值 (國幣元)	(5) 證件
三十三年九月	日軍進攻桂林	桂林	儀器	三十二年十[illegible]月[illegible]購	件	109	140000元	

直轄機關學校團體或事業　　　　受損失者

江西私立唐稷初級中學

名稱　　　印信　　　(名稱或姓名)　　　(印信或蓋章)

說明：1、即事件發生之日期，如某年某月某日或某年某月某日至某年某月某日，

2、即發生損失之事件，如日機之轟炸日軍之進攻等。

3、即事件發生之地點，如某市某縣某鄉某鎮某村等。

4、即一切動產（如衣服什物財帛舟車證券等）及不動產（如房屋田園礦產等）所有損失逐項填明，

5、如有證件應將名稱與件數填入"證件"欄內，

6、受損失者如係機關學校團體或事業請填其名稱，如係私人或事業之員工填其姓名，

210

江西私立唐稷初級中學財產間接損失報告表（表式17）

（機關學校名稱）

損失發生之年份：民國　　年

填送日期三十五年元月　日

分類	數額（單位：國幣元）
共計	3,400,000元
遷移費	
防空設備費	3,000,000元
疏散費	
救濟費(1)	400,000元
撫卹費(1)	

報告者2）校長許修和

說明：1.爲本機關支出者。

2.由應報告機關長官署名並加蓋機關印信縣級機關學校並加由調查專員簽蓋。

附（三）江西私立唐稷初级中学员工财产直接损失汇报表及财产损失报告单（一九四六年一月）

211

江西私立唐稷初級中學員工財產直接損失彙報表（表式16）

（機關學校或公營事業名稱）

填送日期三十五年元月　日

分類	查報時之價值（國幣元）
共計	635,879,964元
房屋	69,043,000元
器具	46,712,112元
衣物	48,787,348元
現款	120,000,000元
圖書	350,481,504元
其他	856,000元

附財產損失報告單 10 張

主管長官（簽蓋）校長許修和　填表人（簽蓋）許鼎元

說明：1.本表根據本機關各個員工財產損失報告單編製。

2.主管長官及製表人應將報告單嚴加審核，如填報不實，應連帶負責　縣級機關學校或公營事業並加由調查專員簽蓋。

財產損失報告單 （表式3）

填送日期三十四年 十二 月

(1) 損失年月日	(2) 事件	(3) 地點	(4) 損失項目	購置年月	單位	數量	查報時價值（國幣元）	(5) 證件
二六年十月	八一三	上海	雷染織廠	二十五年	房屋 織机	十間 二十架	1,500,000元 2,000,000元	
三十年七月	敵人進江西中部	江西金谿	房屋	三十年	房屋 傢具	八間 全套	250,000元 50,000元	

直轄機關學校團體或事業　　　　受損失者 袁子傑

名稱　　　印信　　　（名稱或姓名）　　　（印信或蓋章）

説明：1.即事件發生之日期，如某年某月某日或某年某月某日至某年某月某日。

2.即發生損失之事件，如日機之轟炸日軍之進攻等。

3.即事件發生之地點，如某市某縣某鄉某鎮某村等。

4.即一切動產（如衣服什物財帛舟車證券等）及不動產（如房屋田園礦產等）所有損失逐項填明。

5.如有證件應將名稱與件數填入"證件"欄內。

6.受損失者如係機關學校團體或事業，填其名稱，如係私人，填其姓名。

财產損失報告單（表式3）

填送日期三十四年 十二 月二十日

(1) 損失年月日	(2) 事件	(3) 地點	(4) 損失項目	購置年月	單位	數量	查報時價值（國幣元）	(5) 證件
26年8月1日	日軍進攻北平	北平	房屋 什物	~~光緒□年□月~~ 〃	所 件	6所 300件	~~90,000,000,~~ 50,000,000, 7,000,000	
26年9月15日	〃河北新樂	新樂	衣服	民國10年1月	件	100件	5,000,000,	
27年1月10日	〃安徽六安	六安	衣服 銀器	26年8月 元年1月	件	100 30	4,000,000, 4,500,000,	
27年6月8日	日軍轟炸漢口	漢口	金器 金石書畫	民10年6月 21年4月	件 張	20 9張	40,000,000, 80,000,000,	
27年8月1日	日軍轟炸漢口	漢口	劉石庵寫屏 何紹基對	光緒11年1月	件	1件 1件	100,000,000, 100,000,000,	
32年7月10日	〃桂林	桂林	衣服 什物	27年2月 〃	件	100 50	35,000,000, 35,000,000,	
33年12月20日	〃江西贛縣	贛縣	董其昌真蹟	光緒2年1月	件	1件	150,000,000,	

直轄機關學校團體或事業 江西會昌唐縵中等　　受損失者 吳復（住北平□巷□號37號）

名稱　　印信　　（簽名或蓋名）　　（印信或蓋章）

216

217

說明：1. 即事件發生之日期，如某年某月某日或某年某月某日至某年某月某日。

2. 即發生損失之事件，如日機之轟炸日軍之進攻等。

3. 即事件發生之地點，如某市某縣某鄉某鎮某村等。

4. 即一切動產（如衣服什物財產貨幣證券等）及不動產（如房屋田園礦產等）所有損失逐項填明。

5. 如有證件應將名稱與件數填入「證件」欄內。

6. 受損失者如係機關學校團體或事業，填其名稱，如係機關學校團體或事業之員工，填其姓名。

(1) 損失年月日	(2) 事件	(3) 地點	(4) 損失項目	購置年月	單位	數量	查報時價值（國幣元）	(5) 證件
27.3	轟炸	福州	房屋	25.5	棟	2	五十萬	
30.5	淪陷	〃	衣物	26.3	箱	5	四十萬	
33.10	〃 〃	〃	財物	20.1	件	約50	六十萬	

直轄機關學校團體或事業 [illegible]中学　　受損失者 陳鈞瑜

名稱　　印信　　（簽名或蓋名）　　（印信或蓋章）

說明：1、即事件發生之日期，如某年某月某日或某年某月某日至某年某月某日。

2、即發生損失之事件，如日機之轟炸日軍之進攻等。

3、即事件發生之地點，如某市某縣某鄉某鎮某村等。

4、即一切動產（如衣服什物財帛舟車證券等）及不動產（如房屋田園礦產等）所有損失逐項填明。

5、如有證件應將名稱與件數填入"證件"欄內。

6、受損失者如係機關學校團體或事業填其名稱，如係私人填其姓名。

財產損失報告單（表式3）

填送日期 三十四年　　月

(1) 損失年月日	(2) 事件	(3) 地點	(4) 損失項目	購置年月	單位	數量	查報時價值（國幣元）	(5) 證件
卅四年七月廿日	敵人進攻兴国	[illegible]南江背乡刘屋村	衣服什物	民卅年七月	件	100	1,500,000	

直轄機關學校團體或事業 江西私立匡耀中学，受損失者 刘汛彭（住兴国竹坝刘村）

名稱　　印信　　（名稱或姓名）刘汛彭（印信或蓋章）

說明：1. 即事件發生之日期，如某年某月某日或某年某月某日至某年某月某日。

2. 即發生損失之事件，如日機之轟炸日軍之進攻等。

3. 即事件發生之地點，如某市某縣某鄉某鎮某村等。

4. 即一切動產（如衣服什物財帛舟車器具等）及不動產（如房屋田園礦產等）所有損失逐項填明。

5. 如有證件應將名稱與件數填入“證件”欄內。

6. 受損失者如係機關學校團體或事業請填其名稱，如係個人填其姓名。

財產損失報告單（表式3）

填送日期 三十四年 十二月二十日

(1) 損失年月日	(2) 事件	(3) 地點	(4) 損失項目	購置年月	單位	數量	查報時價值（國幣元）	(5) 證件
26年9月15日	日軍進攻	保定	房屋		一所	十五棟	12825000.00	
26年10月10日	日機轟炸	邢台	衣服什物		二箱	二十五件	855000.00	
27年7月2日	日軍進攻	開封	衣服什物		二箱	二十件	596800.00	
27年9月13日	日機轟炸	長沙	衣服什物		一束	十件	298400.00	
27年11月30日	日機轟炸	桂林	衣服什物		一箱	十二件	358280.00	
31年6月8日	日軍進攻	廣豐	衣服什物		一束	八件	8320.00	

221

直轄機關學校團體或事業 江西省會昌西崗唐稷中學 受損失者 任鍾光

名稱 任鍾光 印信 （簽名或姓名）任鍾光（印信或蓋章）

江西會昌西崗唐稷中學

222

說明：1、即事件發生之日期，如某年某月某日或某年某月某日至某年某月某日。

2、即發生損失之事件，如日機之轟炸日軍之進攻等。

3、即事件發生之地點，如某市某縣某鄉某鎮某村等。

4、即一切動產（如衣服什物財帛舟車證券等）及不動產（如房屋田園礦產等）所有損失逐項填明。

5、如有證件應將名稱與件數填入"證件"欄內。

6、受損失者如係機關學校團體或事業填其名稱，如係機關學校或事業之員工填其姓名。

財產損失報告單（表式3）

填送日期 三十四年 十二月廿三日

(1) 損失年月日	(2) 事件	(3) 地點	(4) 損失項目	購置年月	單位	數量	查報時價值（國幣元）	(5) 證件
二十九年九月十二日	日軍進攻	嶺州	被服	二十七年	条	1	20000	
仝上	仝上	仝上	蚊帳	二十七年	頂	1	5000	
仝上	仝上	仝上	板箱	二十七年	隻	1	3000	
仝上	仝上	仝上	衣服	二十七年 二十八年	件	6	20000	

223

直轄機關學校團體或事業 江西私立廣楊初級中學　受損失者 謝金龍

名稱　　印信　　（名稱或姓名）謝金龍（印信或蓋章）

224

說明：1、即事件發生之日期，如某年某月某日或某年某月某日至某年某月某日。

2、即發生損失之事件，如日機之轟炸日軍之進攻等。

3、即事件發生之地點，如某市某縣某鄉某鎮某村等。

4、即一切動產（如衣服什物財帛舟車證券等）及不動產（如房屋田園礦產等）所有損失逐項填明。

5、如有證件應將名稱與件數填入"證件"欄內。

6、受損失者如係機關學校團體或事業，填其名稱；如係個人，填其姓名。

財產損失報告單（表式2）

填送日期三十四年 十 二 月

(1)損失年月日	(2)事件	(3)地點	(4)損失項目	購置年月	單位	數量	查報時價值（國幣元）	(5)證件
27.5.11	日軍進攻	廈門	衣服		件	15	100000	
27.11.	日機轟炸	集美	書籍		本	100	100000	
30.4.	日軍進攻	福州	衣服 棉被 書籍		件 本	10 2 50	8000 3000 5000	
31.6.	日機轟炸	浦城	衣物 皮箱 什毯		件	10 2 20	100000 20000 200000	
34.1.	日軍進攻	贛州	衣服 什物		件	20 20	100000 100000	

直轄機關學校團體或事業 唐稷中學　　受損失者 王佐 [印]

名稱　　印信　　（名稱或姓名）　　（印信或蓋章）

說明：1. 即事件發生之日期，如某年某月某日或某年某月某日至某年某月某日。

2. 即發生損失之事件，如日機之轟炸日軍之進攻等。

3. 即事件發生之地點，如某市某縣某鄉某鎮某村等。

4. 即一切動產（如衣服什物財帛舟車證券等）及不動產（如房屋田園礦產等）所有損失逐項填明。

5. 如有證件應將名稱與件數填入"證件"欄內。

6. 受損失者如係機關學校團體或事業填其名稱，如係機關學校或事業之員工填其姓名。

財產損失報告單 （表式3）

填送日期三十四年十二月二十三日

227

(1) 損失年月日	(2) 事件	(3) 地點	(4) 損失項目	購置年月	單位	數量	查報時價值（國幣元）	(5) 證件
三十一年六月廿日	日軍進攻	廣豐	衣物	二十九年 二十八年	件	20.0	40000.0	無
仝上	仝上	仝	書籍	二十五年	本	6.0	20000.0	

直轄機關學校團體或事業江西私立廣豐初級中學　受損失者凌衡天

名稱　　印信　　（名稱或姓名）凌衡天（印信或蓋章）

228

說明：1.即事件發生之日期，如某年某月某日或某年某月某日至某年某月某日。

2.即發生損失之事件，如日機之轟炸日軍之進攻等。

3.即事件發生之地點，如某市某縣某鄉某鎮某村等。

4.即一切動產（如衣服什物財帛舟車證券等）及不動產（如房屋田園礦產等）所有損失逐項填明。

5.如有證件應將名稱與件數填入“證件”欄內。

6.受損失者如係機關學校團體或事業填其名稱，如係個人填其姓名。

財產損失報告單 （表式3）

填送日期 三十四年 十二月二十三日

229

(1) 損失年月日	(2) 事件	(3) 地點	(4) 損失項目	購置年月	單位	數量	查報時價值（國幣元）	(5) 證件
二十八年三月十二日	日軍進攻南昌	新建縣城	房屋	二十三年十月	間	16	1968000	被焚
仝上	仝上	仝	衣服	不一	件	186	1722000	
仝上	仝上	仝	傢具	不一	件	243	239112	
仝上	仝上	仝	圖書	不一	冊	1124	276504	
仝上	仝上	仝	租谷	二八年至三四年	石	580	856000	租簿

直轄機關學校團體或事業 江西私立唐援初级中学 受損失者 楊家瑶

名稱　　印信　　（名稱或姓名）楊家瑶（印信或蓋章）

230

說明：1、即事件發生之日期，如某年某月某日或某年某月某日至某年某月某日。

2、即發生損失之事件，如日機之轟炸日軍之進攻等。

3、即事件發生之地點，如某市某縣某鄉某鎮某村等。

4、即一切動產（如衣服什物財帛舟車證券等）及不動產（如房屋田園礦產等）所有損失逐項說明。

5、如有證件應將名稱與件數填入“證件”欄內。

6、受損失者如係機關學校團體或事業填其名稱，如係私人填其姓名。

財產損失報告單 （表式3）

填送日期三十四年 十二 月 二十四日

231

(1) 損失年月日	(2) 事件	(3) 地點	(4) 損失項目	購置年月	單位	數量	查報時價值（國幣元）	(5) 證件
26年9月1日	日軍進攻	深澤	房屋		二所	20間	2000000	
26年10月10日	日机轟炸	順德	衣服		一箱	18件	150000	
27年7月5日	日軍進攻	樟樹鎮	衣服		一束	10件	120000	
27年9月1日	日机轟炸	長沙	書籍		一箱	120本	80000	
27年11月30日	仝上	桂林	衣服		一束	20件	150000	
31年6月8日	仝上	上饒	衣服		一箱	12件	70000	
34年2月	日軍進攻	西江	衣服		一束	10件	50000	

直轄機關學校團體或事業江西私立唐穆初級中学 受損失者 趙培士

名稱 印信 （名稱或姓名）趙培士（印信或蓋章）

232

說明：1、即事件發生之日期，如某年某月某日或某年某月某日至某年某月某日。

2、即發生損失之事件，如日機之轟炸日軍之進攻等。

3、即事件發生之地點，如某市某縣某鄉某鎮某村等。

4、即一切動產（如衣服什物財帛舟車證券等）及不動產（如房屋田園礦產等）所有損失逐項填明。

5、如有證件應將名稱與件數填入"證件"欄內。

6、受損失者如係機關學校團體或事業，填其名稱，如係機關學校或事業之人員，填其姓名。

財產損失報告單（表式3）

填送日期三十四年十二月二十三日

(1) 損失年月日	(2) 事件	(3) 地點	(4) 損失項目	購置年月	單位	數量	查報時價值（國幣元）	(5) 證件
三十年六月廿日	日軍進攻	廣豐	衣物	二十九年 二十八年	件	20.00	40000.00	無
仝上	仝上	仝	書籍	二十五年	本	6.00	20000.00	

直轄機關學校團體或事業 江西私立唐稷初級中學 受損失者 凌衡天

名稱　　　　印信　　　　（名稱或姓名）凌衡天（印信或蓋章）

說明：1. 即事件發生之日期，如某年某月某日或某年某月某日至某年某月某日。

2. 即發生損失之事件，如日機之轟炸、日軍之進攻等。

3. 即事件發生之地點，如某市某縣某鄉某鎮某村等。

4. 即一切動產（如衣服、什物、財帛、舟車、證券等）及不動產（如房屋、田園、礦產等）所有損失，逐項填明。

5. 如有證件，應將名稱與件數填入(5)證件欄內。

6. 受損失者如係機關、學校、團體或事業，填其名稱；如係私人，填其姓名。

234

233

财产损失报告单（表式3）

填送日期三十四年　　月

(1) 损失年月日	(2) 事件	(3) 地点	(4) 损失项目	购置年月	单位	数量	查报时价值（国币元）	(5) 证件
卅四年七月廿日	敌人进攻吴国	江口刘 西角村	[illegible]	民卅年七月	件	100	1500.000	

直辖机关学校团体或事业　江西私立唐樱初级中学　　受损失者　刘永春（住吴国坊场刘村）

248

名称　　　　印信　　　　（名称或姓名）刘永春（印信或盖章）

247

说明：1、即事件发生之日期，如某年某月某日或某年某月某日至某年某月某日。

2、即发生损失之事件，如日机之轰炸、日军之进攻等。

3、即事件发生之地点，如某市某县某乡某镇某村等。

4、即一切动产（如衣服、什物、财帛、舟车、证券等）及不动产（如房屋、田园、矿产等）所有损失逐项填明。

5、如有证件应将名称与件数填入"证件"栏内。

6、受损失者如系机关学校团体或事业，填其名称；如系私人或事业之负责人，填其姓名。

江西广丰私立培英初级职业学校关于奉令汇报员工寇灾财产损失报告单致省教育厅的呈（一九四六年四月十九日）

0082 54

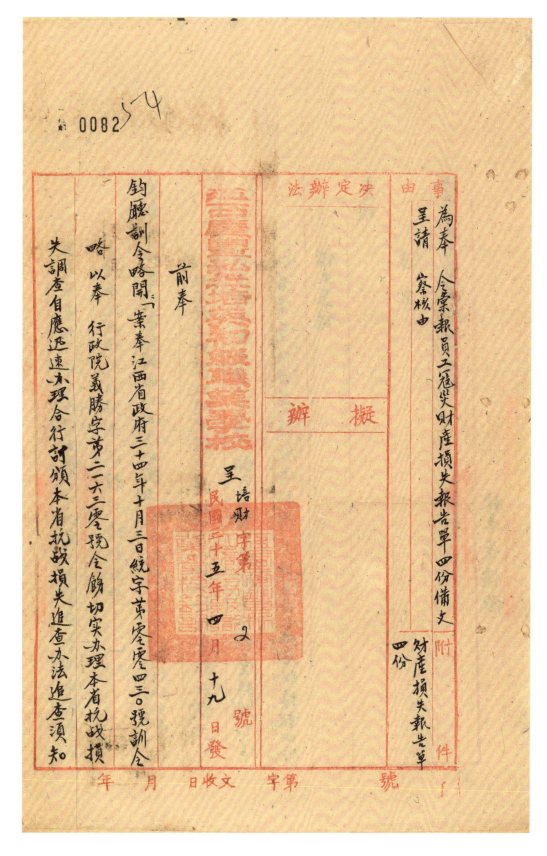

事由：為奉令彙報員工寇災財產損失報告單四份備文呈請察核由

附件：財產損失報告單四份

決定辦法

擬辦

江西廣豐私立培英初級職業學校 呈 培財字第2號

民國三十五年四月十九日發

前奉

鈞廳訓令略開：「案奉江西省政府三十四年十月三日統字第零零四三〇號訓令略以奉行政院義勝字第二一六三零號令飭切實办理本省抗战損失調查自應迅速办理合行訂頒本省抗战損失追查办法追查須知

年　月　日收文　字第　號

0083

並轉發表式<3><4><5><16><17>五種令仰切实办理等因奉此自應遵办

查調查抗战損失前經奉令轉飭填報在案……」

等因。奉此，查頒發表式<4><5><16><17>四種，職

校均未奉到，以致無從依式彙報。

職

校不得已將學校損失報告單於四月十五日填報寄郵在案。並將財產損失報告單（即表式<3>）翻印，分發各教職員填報彙轉。現已填就者，有葉慎徽、葉慎欽、吳揚、鄧月娟等四人，理合將填就四份，備文呈請

察核。

謹呈

江西省政府教育廳廳長程

校長葉慎徽

55

0084

财產損失報告單（表式3）

填送日期三十五年　四　月　十八　日

(1) 損失年月日	(2) 事件	(3) 地点	(4) 損失項目	購置年月	单位	數量	查報時價值（國幣元）	(5) 証件
三十一年六月十一日	日機轟炸	廣丰五都	衣服	二十九年七月	套	10	50,000.00	
〃	〃	〃	書籍文具	三十年九月	箱	4	200,000.00	
〃	〃	〃	棉被	二十八年七月	鋪	3	150,000.00	
〃	〃	〃	毛毯	二十九年九月	条	3	45,000.00	
〃	〃	〃	黄豆	三十年十月	担	20	300,000.00	
〃	〃	〃	房間	十七年五月置	間	8	240000.00	
〃	〃	〃	瓷皿	二十五年八月	件	20	50000.00	

直轄機關學校團體或事業　培英職業學校校長　受損失者　葉慎徽

名稱　印信

56

0085

財產損失報告單（表式3）

填送日期三十五年　四月　十七日

1頁

(1) 損失年月日	(2) 事件	(3) 地點	(4) 損失項目	購置年月	單位	數量	查報時價值（國幣元）	(5) 證件
農曆31年5月9日	敵寇焚燬	廣豐五都	房屋	10年12月	棟	3	910000.00	証件焚燬
〃	〃	〃	稻谷	自種	担	30	240000.00	〃
〃	〃	〃	菜子	〃	〃	5	140000.00	〃
〃	〃	〃	小麥	〃	〃	20	250000.00	〃
〃	〃	〃	黄菸	30年8月	〃	50	2500000.00	〃
〃	〃	〃	布疋	30年7月	疋	10	400000.00	〃
〃	日軍進攻焚燬	〃	衣服 器皿	29年8月 28年9月	件	80 30	160000.00 60000.00	以上証件確係遺失保長証明書1件

直轄機關學校團體或事業　培英職業學校教員　受損失者　葉慎欽

名稱　　印信

0087 5-8

財產損失報告單（表式3）

填送日期三十五年 [illegible] 月十七日

2頁

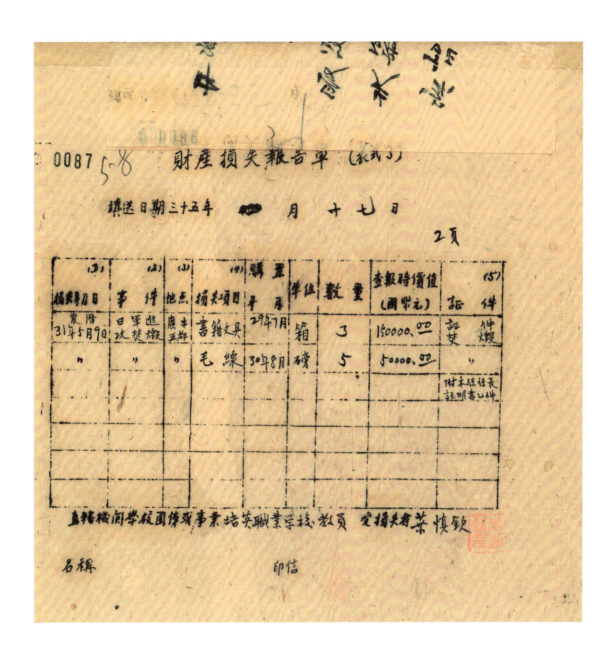

(1) 損失年月日	(2) 事件	(3) 地点	(4) 損失項目	購置年月	單位	數量	查報時價值（國幣元）	(5) 證件
農曆31年5月9日	日軍進攻焚燬	廣寧五都	書籍文具	29年7月	箱	3	150000.00	證件焚燬
〃	〃	〃	毛線	30年8月	磅	5	50000.00	〃
								附本保保長證明書1件

直轄機關學校團體或事業 培英職業学校 教員 受損失者 葉慎欽

名稱 印信

0088

59

財產損失報告單（表式3）

填送日期三十五年 四 月 十八 日

(1) 損失年月日	(2) 事件	(3) 地點	(4) 損失項目	購置年月	單位	數量	查報時價值（國幣元）	(5) 證件
三十一年五月二十日	日軍進攻	廣豐五都鎮	棉被一床	二十八年三月購		二鋪	100000元	
			印花毯	二十八年三月		一条	15000元	
			皮箱	二十六年五月		一隻	10000元	
			蚊帳	二十八年三月		一鋪	30000元	
			皮鞋	三十年七月		二双	18000元	
			衣服	二九年四月		八套	120000元	
			書籍文具	二十六年九月		一箱	180000元	

直轄機關學校團體或事業 受損失者 吴揚

名稱 廣豐私立培英初級職業學校教員 印信

0089

財產損失報告單（表式3）

60

填送日期三十五年 四 月 十八 日

(1) 損失年月日	(2) 事件	(3) 地點	(4) 損失項目	購置年月	單位	數量	查報時價值（國幣元）	(5) 證件
31年6月16日	日机轰炸	廣丰五都	蚊帳	二十七年六月	鋪	1	12000元	證件遺失
"	"	"	棉被	二十六年八月	条	2	30000元	"
"	"	"	虎毯	十二年十月	条	1	10000元	"
"	"	"	毛線	三十年三月	斤	4	60000元	"
"	"	"	衣服	二十八年七月	套	8	100000元	"
"	"	"	靴	卅一年一月	双	2	15000元	"
"	"	"	面盆	十六年四月	個	2	10000元	"

直轄機關學校團體或事業 培英職業學校教員 受損失者 鄭月娟（印）

名稱 印信

江西私立幼幼中学校关于填报抗战损失请求转呈中央致省教育厅的呈（一九四六年四月二十日）

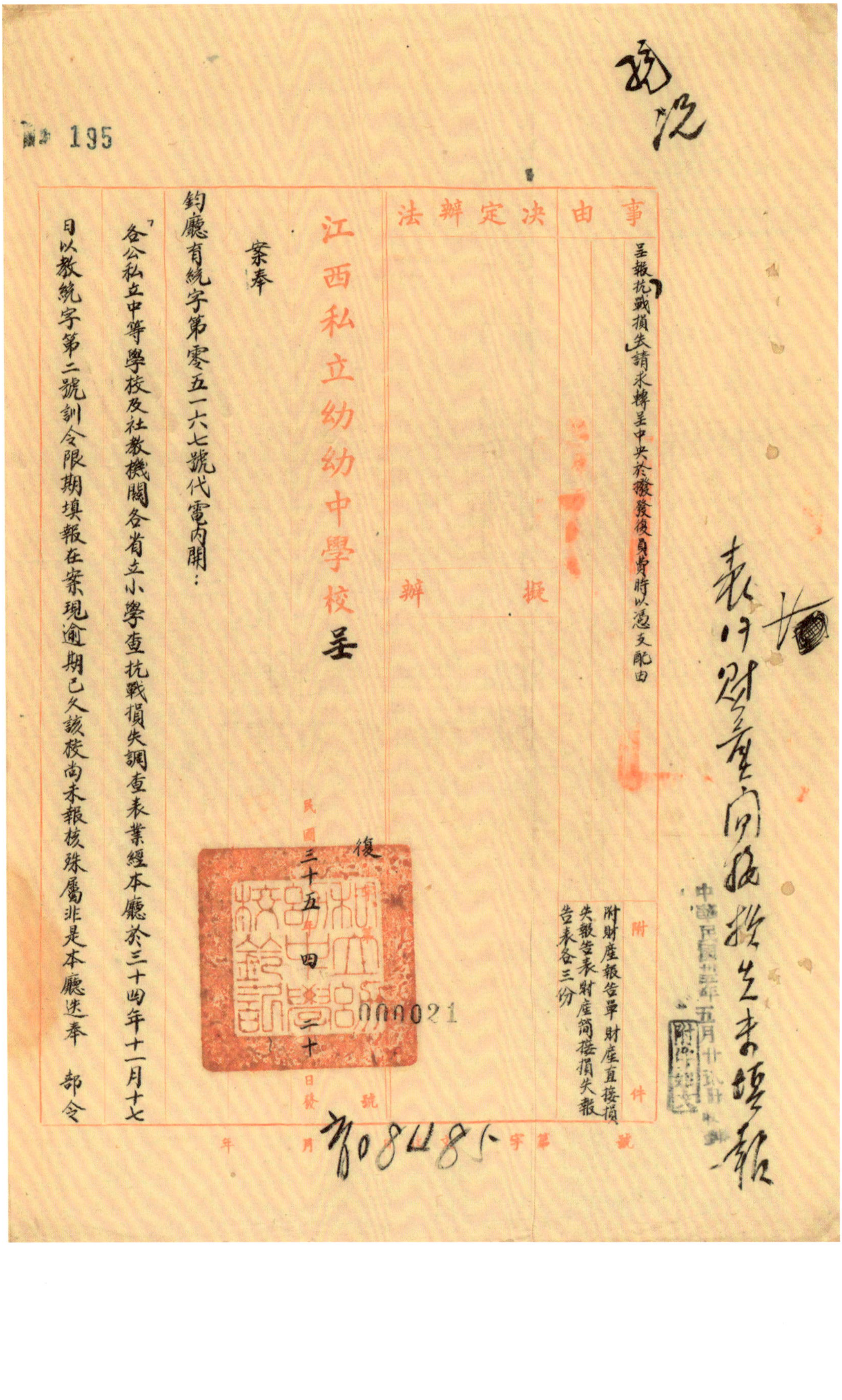

195

事由：呈報抗戰損失請求轉呈中央於撥發復員費時以憑支配由

決定辦法

擬辦

附件：附財產報告單、財產直接損失報告表、財產間接損失報告表各三份

江西私立幼幼中學校 呈

民國三十五年四月二十日發 復字第 號

000021

案奉

鈞廳育統字第零五一六七號代電內開：

「各公私立中等學校及社教機關、各省立小學查抗戰損失調查表業經本廳於三十四年十一月十七日以教統字第二號訓令限期填報在案，現逾期已久，該校尚未報核，殊屬非是，本廳迭奉部令

196

限期彙轉特再電仰該校將應報各表限四月二十五日以前送達本廳統計室如再逾限不報以無損失論將來中央撥發復員費時不予支配仰即遵照」

等因奉此自應亟行遵辦備文呈送

鈞廳察核並乞轉呈中央以便撥發復員費時藉憑支配實爲德便

謹呈

江西省政府教育廳廳長程

江西私立幼幼中學校長陳家英（陳家英印）

附呈財產報告單三份

「財產間接損失報告表三份」

「財產直接損失報告表三份」

附（一）财产损失报告单（一九四六年四月二十日）

財產損失報告單（表式3）

填送日期三十五年四月二十日

(1)損失年月日	(2)事件	(3)地點	(4)損失項目	購置年月	單位	數量	查報時價值（國幣元）	(5)證件
28,5,26	敵機轟炸	贛城	三層洋樓學生宿舍	16,7	學生宿舍	三大間	1377252元	
34,2,	敵陷贛城	贛城	禮堂四人條凳	26,7		220張	752538元	
28,6,	遷移上猶寶華	上猶縣寶華寺	遷移費	26,6	分一二兩部	分一、二兩部	2052105元	
34,7,	遷回贛縣	贛城	遷回費	34,7	一二兩部	一、二兩部	487482元	

直轄機關學校團體或事業　　　　受損失者

名稱　私立幼幼中學　印信　（名稱或姓名）　（印信或蓋章）

說明：1. 即事件發生之日期，如某年某月某日或某年某月某日至某年某月某日。

2. 即發生損失之事件，如日機之轟炸，日軍之進攻等。

3. 即事件發生之地點，如某市某縣某鄉某鎮某村等。

4. 即一切動產（如衣服、什物、財帛、舟車、證券等）及不動產（如房屋、田園、礦產等）所有損失逐項填明。

5. 如有證件，應將名稱與件數填入「證件」欄內。

6. 受損失者如係機關學校團體或事業，填其名稱；如係機關學校團體或事業之員工，填其姓名。

199

附（二）私立幼幼中学财产直接损失汇报表（一九四六年四月二十日）

197

私立幼幼中學財產直接損失彙報表（表式5）

學校名稱

年份：(1) 民國二十八年、三十四年

事件(2) 敵機轟炸、敵陷贛城

地點(3) 贛城

填送日期三十四年 四 月二十 日

分類	查報時之價值（國幣元）
共計	2,129,790元
建築物	1,377,252元
器具	752538元
現款	
圖書	
儀器	
醫藥用品	
其他	

附財產損失報告單　　張

教育廳長或縣長(4)（簽蓋）　　報告者校長或鄉鎮長（簽蓋）

調查專員（簽蓋）

說明：1.卽損失發生之年份。

2.卽發生損失之事件，如日機轟炸日軍進攻等。

3.卽事件發生之地點，包括某市某縣某鄉鎮某村等。

4.省立學校及私立中學由教育廳長簽蓋，調查專員簽蓋從缺，縣立學校及私立小學由縣長簽蓋。

附（三）私立幼幼中学财产间接损失报告表（一九四六年四月二十日）

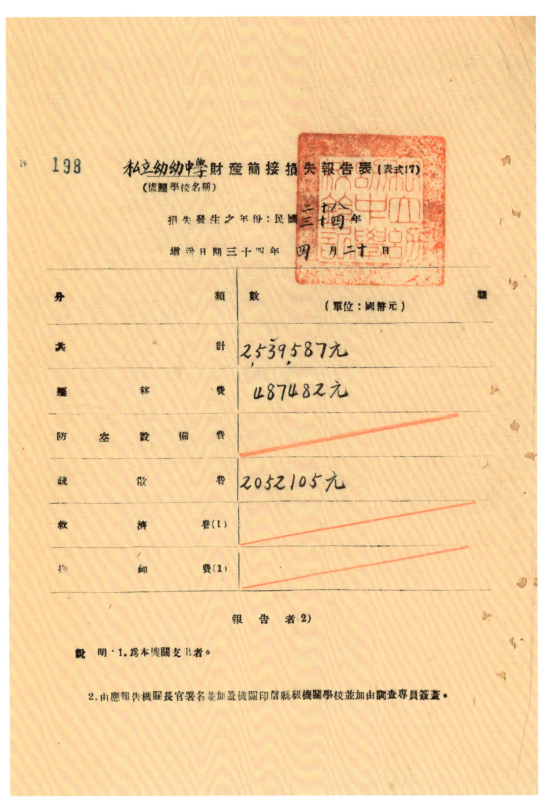

198

私立幼幼中學財產間接損失報告表（表式17）
（機關學校名稱）

損失發生之年份：民國二十八 三十四年

填送日期三十四年 四 月二十 日

分類	數額（單位：國幣元）
共計	2,539,587元
遷移費	487482元
防空設備費	
疏散費	2052105元
救濟費(1)	
撫卹費(1)	

報告者(2)

說明：1.爲本機關支出者。

2.由應報告機關長官署名並加蓋機關印信縣級機關學校並加由調查專員簽蓋。

六 江西新喻县立中学校关于一九四五年秋敌寇陷境损失奇重请拨款救济致省教育厅的呈（一九四六年五月三十日）

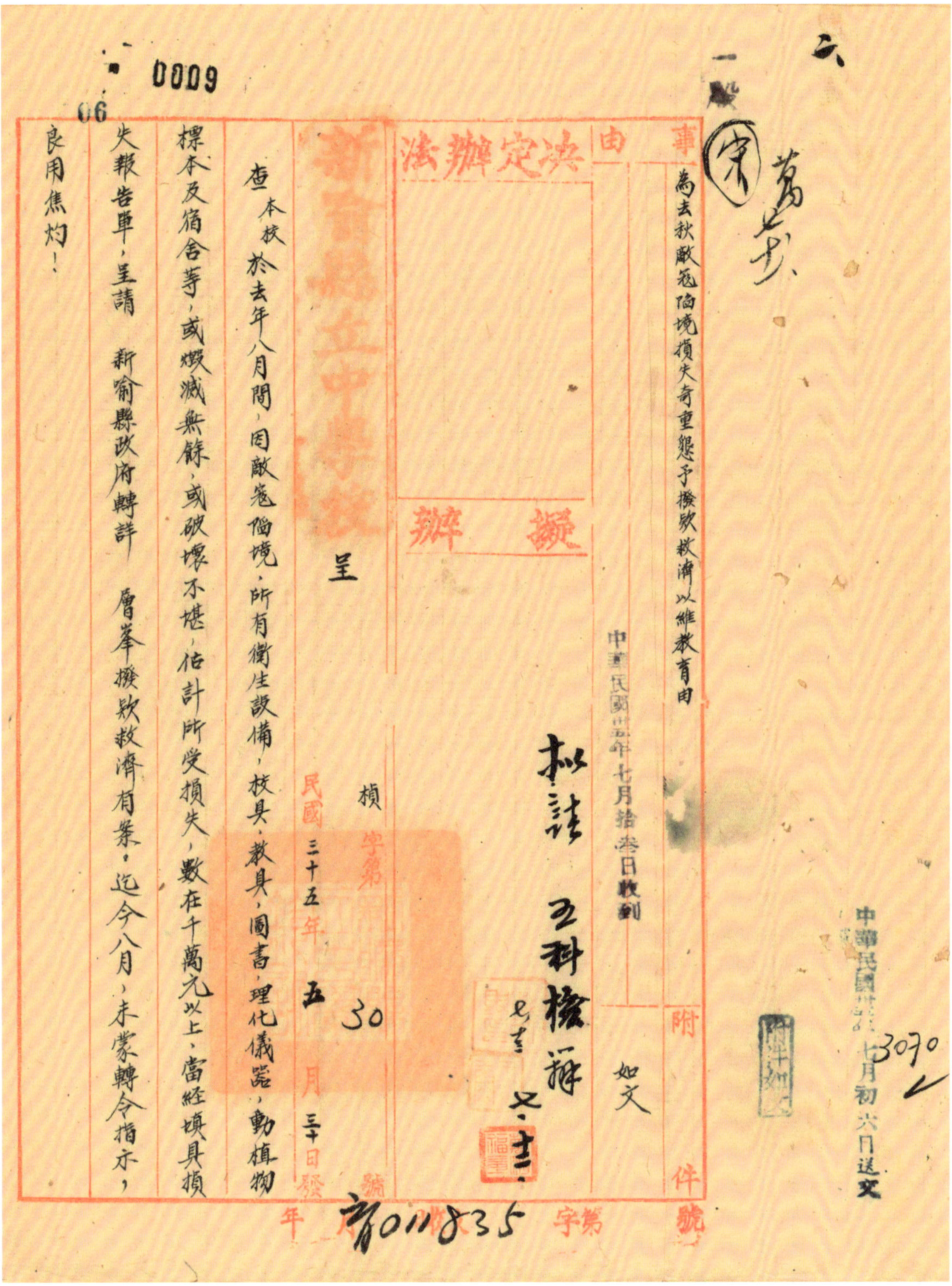

0009

事由：為去秋敵寇陷境損失奇重懇予撥款救濟以維教育由

附件：如文

中華民國卅五年七月初六日送文

中華民國卅五年七月拾叁日收到

擬辦

決定辦法

批註：五科核辦 七.十三

新喻縣立中學校 呈

民國三十五年五月三十日發 槙字第30號

查本校於去年八月間，因敵寇陷境，所有衛生設備、校具、教具、圖書、理化儀器、動植物標本及宿舍等，或燬滅無餘，或破壞不堪，估計所受損失，數在千萬元以上，當經填具損失報告單，呈請新喻縣政府轉詳鈞廳撥款救濟有案。迄今八月，未蒙轉令指示，良用焦灼！

竊本校設立以來，雖僅四載，而於醫藥器械、校具、教具、圖書、儀器、標本等之置備，不遺餘力，精力交瘁，始獲粗具端倪，豈意敵寇不仁，概行燬滅殆盡，曷勝傷痛！尤可恨者，厥為校舍，本校在設立之初，原無適當房舍，乃假瀛洲書院為校舍，因陋就簡，畧事修理，尚可容身，乃獸寇一至，一炬而燬宿舍至十五間之巨，此正如初出土面之幼苗，遍體遭受慘重之摧殘，往昔欣欣向荣之概，今則一變而為枯萎凋零矣。回首曩昔，毋任悵惘！苟不予以扶植，將安望其成長？

然扶植之法，首重經費，校長日夜思維，實感無處下手，將欲向鄰封勸募，而富豪之家，大都多多益善，慳吝為懷，即或囊槖有解，亦不過聊助幾文，何異杯水車薪？若向本境派募，而全縣為敵蹂躪之鄉鎮，已達三分之二，啼飢號寒者，觸目皆是！彼輩尚待救濟之不暇，何忍派募而冀其扶植？凡此皆為

0020

救濟總署江西分署第八工作隊曾蔭生隊長所實地察勘之事實，非敢藉言寇災而故作聳聽之危言也。

爲此，迫不獲已，除已函報 救濟總署江西分署外，理合造具損失報告單再行瀆陳

鈞長台前，萬懇俯念 本校災情之慘重，迅予核撥巨款，亟予救濟，俾便從事修建宿舍，補充各種設備，臨穎神馳，毋任迫切盼禱之至！

謹呈

江西省政府教育廳廳長程

附損失報告單一份

新喻縣立中學校長胡廷楨

附：新喻县立中学财产损失报告单（一九四六年五月二日）

新喻縣立中學財產損失報告單

民國三十五年五月二日

損失項目	單位	數量	價值（國幣元）
焚燬校舍	間	15	5,600,000.00
校具	件	585	3,200,000.00
文具	件	140	1,400,000.00
廚房用具	件	120	500,000.00
圖書	冊	565	750,000.00
課本	冊	500	600,000.00
理化儀器	件	265	250,000.00
動植物標本	件	200	50,000.00
醫葯器械			900,000.00
合計			11250,000.00

校長胡廷楨（印）

江西省南丰县政府关于报送县立民众教育馆战时财产损失表及扩展计划书请拨款救济等致省政府的呈（一九四六年十一月十八日）

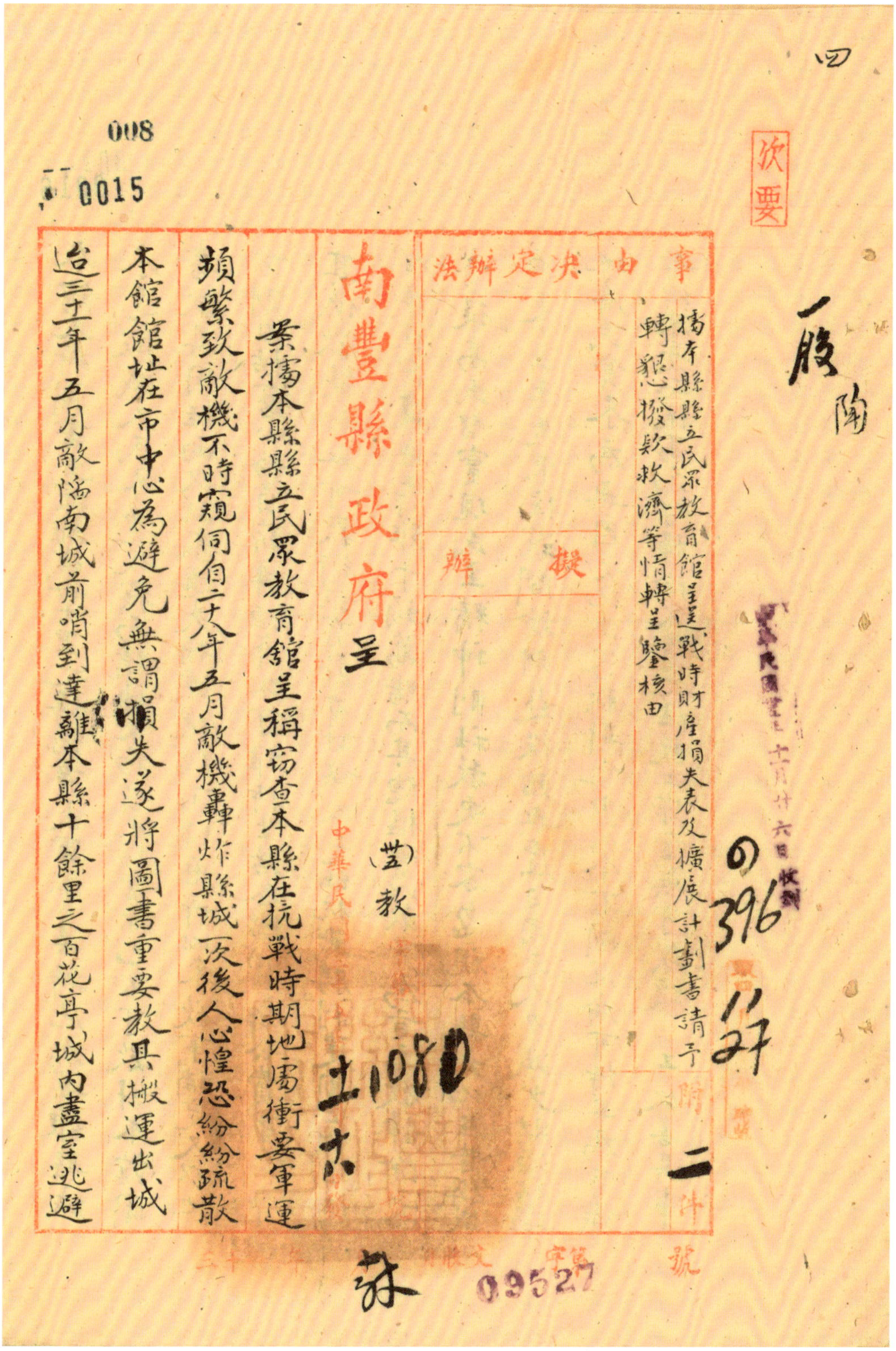

四

次要

事由：據本縣縣立民眾教育館呈送戰時財產損失表及擴展計劃書請予轉懇撥款救濟等情轉呈鑒核由

擬辦

決定辦法

附件：二

南豐縣政府呈 （卅）教

案據本縣縣立民眾教育館呈稱竊查本縣在抗戰時期地屬衝要軍運頻繁致敵機不時窺伺自二十八年五月敵機轟炸縣城一次後人心惶恐紛紛疏散本館館址在市中心為避免無謂損失遂將圖書重要教具搬運出城迨三十一年五月敵陷南城前哨到達離本縣十餘里之百花亭城內盡室逃避

0016

本館又將圖書遠徙離城六十里之傅坊幸大軍雲集轉危為安雖縣城未遭燬滅人民未遭殺戮而精神及物質之損害亦已不可數計本館圖書教具因經兩次疏散遺失損壞狼狽不堪歷年以來欲事補充又以地方財力枯窘公務員薪津恒年不可維持生活各機關辦公費事業費其低微幾於無可敷衍詎有餘力計議及此茲抗戰勝利建國工作亟待開展伏思建國工作雖千頭萬緒而其總樞實以教育為首要欲掃除文盲提高民智實現民主精神則社教更不容忽視本縣文化在昔稱盛邇來匪患迭乘抗戰間輸財赴役殆無虛日因之人力減少財源枯竭地瘠民貧未為無因文化低落職斯之由及今不圖沉淪可待早為有識者所深憂而提高民智掃除文盲之社教工作當無可或緩但工欲善其事

必先利其器圖書為增進文化之精神食糧本縣在昔家藏尚富今則除知識份子略有幾部應用書外餘則可謂絕無僅有而本館自兩次疏散並經歷年過往軍隊在館駐紮所拖借計圖書遺損達兩仟五佰餘冊校具遺損十餘件器具十餘件估值不下千貳百萬元縣庫一貧如洗勸募又不可得因陋就簡徒切隱憂將以為地方文化從茲每況愈下而已近閱報載善後救濟分署為救助本省各級教育機關提撥鉅款而教廳復有支配縣中及縣社教機關數字之列惟恐限於失陷縣分仍將向隅竊以教育以平均發展為原則況本縣鄰近失陷區而敵人所至之百花亭即為本縣轄境所不同者未遭姦淫焚殺之慘痛社教機關如本館之圖書用具因疏散損壞過半等於直接受敵人之摧殘用敢不揣冒昧造具損失表及擴展計劃書各一份除面呈 行政考察第七團蕭團長外理合具文呈請鈞長鑒核轉

0018

呈會奉函救濟分署俯念本館確因遭敵寇影響圖書損失過鉅地方經費有
限惠撥法幣八百萬元以備補充圖書及增設無線電收音機與擴大器之用俾本
縣文化得以提高至為公便等情附呈擴展計劃書及財產損失表各三份據此查本
縣在抗戰時期雖未淪陷但民國二十八年夏之敵機轟炸該館損失甚鉅三十一
年夏南城淪於敵手本縣位於前哨該館疏散遷設鄉間一切設備圖書毀壞
遺失過半故直接間接損失確均鉅大據呈前情理合檢同原擴展計劃書及財產
損失表各一份呈請
鑒核准予轉函善後救濟分署撥款補助以便發展本縣社會教育為禱
謹呈
江西省政府主席王

檢呈本縣縣立民眾教育館戰時財產損失表及擴展計劃書

各一份

南豐縣縣長周祥

附（一）南丰县立民众教育馆财产损失表（一九四六年十月）

0023 0022 012

南豐縣立民衆教育館財產損失表

中華民國三十五年十月　日造

分類	數額	説明	備考
圖書	7500,000元	1. 本館因避敵機轟炸及南城失陷兩次遷移遠鄉與遣散遇往軍隊駐紮館内所遺損及拋棄圖書達二千五伯餘冊平均每冊以三千元計算約損失如前數	
教具	4500,000元	1. 同前項事由計遺損動物標本四件衛生模型六件生理及新式器械圖二套以及各項器具估計復現價如前數	

館長夏静山（印）

南豐縣立民眾教育館擴展計劃書

三十五年十月　日造

項目	事由	所需經費	備註
一、補充圖書	一、本館原有圖書因敵機轟炸及軍隊侵南城兩次遷移遺損，計五佰餘冊，擬從新補充中西文各項參考書以及有關地方文獻之善本書籍共二千冊，備民眾及各機關學校借閱之需	一、購書二千冊，每冊平均以三千元計算，約需陸佰萬元	一、按照本館財產損失共損失一千二百萬元，茲以物價過高，全部補充勢不可能，斟酌必需補充及增設電化教育用具，全共需八佰萬元
二、補充教具	一、同前項事由計遺損標本模型掛圖二千餘種，擬補充動物標本四佰件、衛生模型六件、生理掛圖及新兵器掛圖式套	一、約需一佰萬元	
三、增設電化教育用具	一、本館為提倡科學運動消息，擬購辦無線電收音機及幻燈大器等各種設備	一、約需一佰萬元	

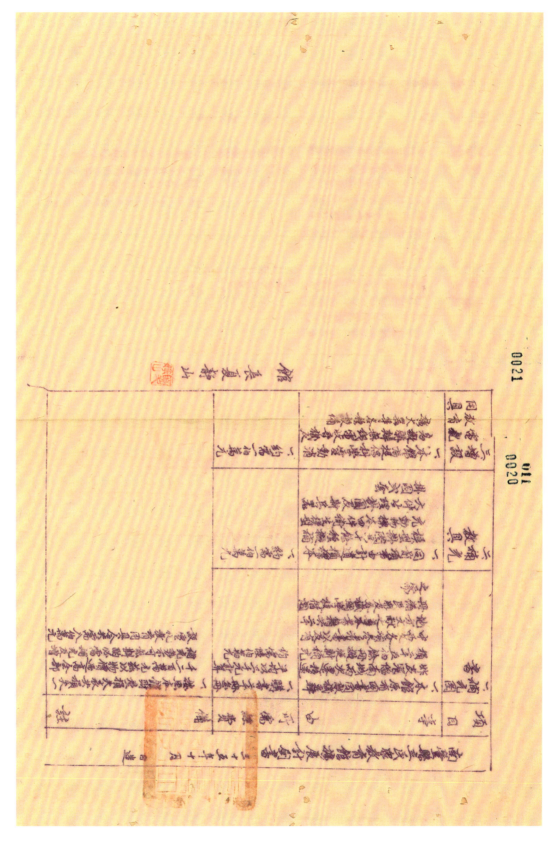

館長夏靜山